KB153362

붙어다니는 짝꿍단어 1500

결정적 어휘력 콜로케이션

About the Authors

김성우 gaia92@empal.com
서울대학교 영어교육과 졸업. 언어를 배우고 소통하는 것의 소중함을 알기에 그 방법에 대해 항상 고민하고 있다. 윤선생영어교실 이러닝팀 팀장, 크로센 언어학습게임 기획자 등으로 일했다. 현재는 펜실베니아 주립대학에서 영어교육을 공부하고 있다.

이준섭 haiseop@naver.com
서울대학교 영어교육과 졸업. 이화여자외국어고등학교에서 신나는 교사 생활을 하고 있다. 디트리히 본회퍼의 신학, 그리고 사진 찍는 일에 관심이 많다. seoulrain.net라는 블로그를 운영 중이다.

이해언 cubicnrilke@naver.com
서울대학교 영어교육과 졸업. 영어공부에 대한 동기부여가 약한 사람들도 즐겁게 영어공부를 할 수 있도록 돕는 게 꿈이다. 현재 서울대학교 영어교육과 대학원에 재학 중이며, CDI홀딩스의 ESL 연구소에서 콘텐츠 연구개발 업무를 맡고 있다.

장인철 lieder2000@naver.com
서울대학교 영어교육과 및 동 대학원 졸업. 한국 사회에서 영어와 영어교육 담론의 형성과 그 영향에 대한 문제에 관심이 많다. 보다 근본적으로 영어교육을 고민하고 있다.

붙어다니는 짝꿍단어 1500
결정적 어휘력 콜로케이션

2판1쇄 인쇄 2022년 12월 15일
2판1쇄 발행 2022년 12월 20일

지은이 김성우 외
펴낸이 엄경희

펴낸곳 서프라이즈
주소 서울 마포구 연남로5길 19-5
전화 02)719-9758 팩스 02)719-9768
이메일 books4u@naver.com
등록 제313-2003-00382호

ⓒ 2022, 2008 김성우 외

이 책은 도서출판 서프라이즈가 저작권자와의 계약에 따라 발행한 것이므로 본사의 허락 없이는 이 책의 내용을 어떠한 형태나 수단으로도 이용하지 못합니다.

ISBN 978-89-92473-27-9 13740

책값은 뒤표지에 있습니다.

결정적 어휘력

붙어다니는 짝꿍단어 1500

콜로케이션

Essential English Collocations

김성우 이준섭 이해언 장인철 공저

서프라이즈

콜로케이션, 어휘 학습의 새로운 패러다임

WHAT IS COLLOCATION?
콜로케이션이란 무엇인가요?

'a tall boy'나 'a tall building'은 둘 다 맞는 표현입니다. 그러나 'a high building'과 'a high boy' 중에서는 'a high building'만이 맞는 표현으로 'a high boy'는 쓰지 않는 표현입니다. 다시 말해 building은 high나 tall과 같은 형용사와 같이 쓰이는 반면에 boy는 tall하고만 결합하여 사용됩니다.

이와 같이 특정한 단어와 다른 단어가 붙어서 자주 쓰일 경우를 '연어' 혹은 '콜로케이션(collocation)'이라고 합니다. Collocation에서 'col'은 '같이'라는 뜻이고 'loc'는 '말'이라는 뜻이니까 '같이 쓰이는 말'이라는 의미가 되는 것입니다. 다음은 콜로케이션의 예입니다.

• a heavy smoker: 줄담배 피우는 사람. smoker라는 단어는 heavy 라는 형용사와 자주 결합되어 쓰입니다.

• get approval from ~: ~로부터 허락을 얻다. approval이라는 명

사는 동사 get과 같이 쓰이는 경우가 많습니다. 또한 approval 뒤에 from이라는 전치사가 와서 '~로부터' 라는 뜻을 표현하게 되지요.

- attitudes towards ~: ~에 대한 태도. attitude는 towards라는 전치사와 잘 결합합니다.
- closely related with ~: ~와 밀접하게 관련되어 있는. related는 closely의 수식을 받아 '(~와) 밀접하게 관련된' 이라는 뜻이 됩니다.

WHY COLLOCATION?
복잡하게 왜 콜로케이션을 학습해야 하나요?

그렇다면 개별 단어가 아니라 여러 단어가 동시에 나오는 콜로케이션을 학습해야 하는 이유는 무엇일까요? 단어 하나하나를 외우기도 어려운데 왜 굳이 콜로케이션을 학습해야 하는 것일까요? 아래에서 세 가지로 말씀드릴 테니 밑줄 쫙 쳐 주세요.

콜로케이션을 공부하는 이유 세 가지!

첫째, 언어의 4 SKILL, 즉 듣기, 말하기, 읽기, 쓰기에 커다란 도움을 준다.

둘째, 언어습득의 과정은 개별 단어를 학습하는 것이 아니라 말의 덩이를 학습하는 것이다.

셋째, 콜로케이션은 자의적인 언어의 결합이다.

먼저, 콜로케이션을 공부하는 것은 말하기와 쓰기에 커다란 도움을 줍니다. 예를 들어 볼까요? give라는 동사를 잘 아시죠? 이 단어의 의미는 매우 많습니다. 하지만 give의 의미를 안다고 해서 이 단어를 정말 알고 있다고 할 수 있을까요? 그렇지 않습니다. 구체적으로 실제 언어에서 give가 어떻게 쓰이는지, 즉 'give의 콜로케이션'을 제대로 알아야만 이 단어를 알 수 있다고 할 수 있을 겁니다. 따라서 'give someone a gift(선물을 주다)'와 같은 일상의 간단한 표현에서 'give one's word(약속하다)'와 같은 다소 어려운 표현까지를 꿰뚫고 있을 때 give를 정말 알고 있다고 말할 수 있는 것입니다. 따라서 평소에 give와 관련된 콜로케이션을 학습하고 숙지해야만 말하기와 쓰기에 있어서 적재적소에 give를 사용할 수 있는 것이지요. 이런 관점에서 최근 iBT TOEFL의 필수 영역이 되고 있는 Writing의 기본은 바로 콜로케이션 사용 능력이라고 할 수 있겠네요.

콜로케이션의 효용은 읽기와 듣기에서도 크게 나타납니다. 평소에 콜로케이션을 많이 알고 있으면 읽기 속도가 한층 빨라질 수 있고, 읽기에 자신감을 갖게 됩니다. 또한 듣기에서도 개별 단어들의 의미를 꿰어 맞추는 데 드는 에너지를 절약할 수 있겠지요. 예를 들어 'surf the net'라는 표현을 읽거나 들었을 때, 'surf'가 '파도 타다'란 것을 알고 있고, 'net'이 '인터넷'이란 걸 알고 있다 하더라도 두 단어의 결합이 '웹서핑을 하다, 인터넷으로 이리저리 다니다'라는 뜻이라는 것을 모른다면 두 단어를 결합시켜 의미를 통하게 하는 데 시간이 걸리고, 이 시간들이 모이고 모이면 읽기와 듣기에 있어서 실력 차의 원인이 되는 것입니다. 따라서 어느 정도의 어휘 지식이 있는 상태에서 TOEIC, TOEFL 등의 시험점수 향상을 노리는 분이라면 콜로케이션 학습은 필수적인 과정입니다.

둘째는, 언어를 배우는 과정은 콜로케이션을 학습하는 과정입니다. 우리가 말을 배우는 과정을 생각해 보면 단어를 하나하나 배운다기보다는 특정 상황 속에서 여러 단어가 뭉쳐진 언어 입력을 통해 배우는 것입니다. 아이가 처음에는 '엄마', '아빠', '물'과 같이 개별 단어를 배우지만 얼마 안 가서 '물 마시자', '엄마랑 놀자'와 같은 표현을 통째로 받아들이게 되지요. '물을 마시다', '~랑(와) 놀다'와 같은 콜로케이션에 노출되게 되는 것입니다. 따라서 개별 어휘 학습을 넘어선 콜로케이션 학습이 반드시 필요한 것이지요.

마지막으로 콜로케이션은 종종 논리로 설명하기 힘들기 때문에 반드시 의식적으로 학습하고 암기해야 하는 경우가 많습니다. 예를 들어 '경고'라는 의미의 warning을 생각해 봅시다. '경고하다'라고 하면 어떤 동사를 쓸까요? 많은 분들이 'make warnings'라는 대답을 해 주시네요. 하지만 영어에서는 'make warnings'보다는 'provide warnings'를 압도적으로 많이 사용한답니다. 다시 말해서 'make warnings'가 문법적으로나 의미적으로 특별한 이상이 없음에도 'provide warnings'가 더욱 자연스럽다는 것이지요. 따라서 특정한 표현의 경우에는 논리가 아니라 암기를 통한 학습으로 정리해 놓아야만 합니다.

Now, COLLOCATION!
이젠 콜로케이션입니다!

어휘 책을 수시로 들여다보면서도 영어로 말 한마디 제대로 하지 못하고 영작 한 줄 정확히 하지 못하는 우리, 개별 단어를 알지만 듣기만 하면 머릿속이 텅 비어 버리고 글을 읽으려면 많은 시간을 낑낑거려야 하는 우리. 《결정적 어휘력 콜로케이션》은 이러한 우리의 영어 학습을 반성하는 데서 기획된 책입니다. 이 책을 통해 콜로케이션이라는 새로운 어휘 학습의 패러다임을 제시합니다. 그리고 영어 학습에서 승자가 되는 기쁨을 우리 모두와 나누고 싶습니다.

《결정적 어휘력 콜로케이션》, 이런 분들에게 추천합니다!

- 듣기 스크립트를 보면 단어들은 다 아는데 막상 들으면 제대로 안 들린다고요? 《결정적 어휘력 콜로케이션》을 추천합니다.
- Reading Speed를 확 올리고 싶다고요? 《결정적 어휘력 콜로케이션》을 추천합니다.
- 단어는 꽤 아는데 말이 안 나온다고요? 《결정적 어휘력 콜로케이션》을 추천합니다.
- TOEIC 점수는 그럭저럭 나오는데 Writing은 꽝이라고요? 《결정적 어휘력 콜로케이션》을 추천합니다.

콜로케이션 학습으로 이제까지의 단순 어휘 학습의 한계를 훌쩍 뛰어넘으세요!

Contents 차례

Part Two	Collocations on Essential Subjects 핵심 주제별 명사 콜로케이션

Part One.
Collocations with 10 Essential Verbs

10대 필수 동사 콜로케이션

Collocations with

DO ❶

동사 do는 '~을 하다' 라는 넓은 의미로 사용된다. '하다' 라는 단어의 쓰임이 매우 많은 것처럼, 영어에서도 뒤에 여러 명사가 와서 다양한 콜로케이션을 만들어 낼 수 있다. 예를 들어 do research는 '연구를 하다', do overtime은 '야근하다' 와 같은 의미로 쓰인다.

Collocation at a Glance

Verb+Noun	Meaning	Verb+Noun	Meaning
do an activity	활동하다	do a trade	무역하다
do an assignment	숙제하다	do an experiment	실험하다
do business	사업하다	do overtime	시간외 근무하다
do a job	일하다	do service	(공공) 근로하다
do work	일하다	do research	연구하다

Collocation in Use

do an activity 활동하다

There are several *activities* we can *do* in our English class.
우리가 영어 수업에서 할 수 있는 몇 가지 활동이 있다.

do an assignment 숙제하다

He *did the assignment* while drinking, so it has many typos.
그는 술을 마시면서 숙제를 해서 숙제에 오탈자가 많다.

do business 사업하다

She is the last person to *do business* with.

그녀는 사업을 같이 할 만한 사람이 아니다.

do a job 일하다

You *did a* great *job*.

정말 잘했어.

do work 일하다

I *did* a lot of *work* yesterday.

난 어제 정말 많은 일을 했어.

do a trade 무역하다

They had to bribe the gangsters to *do the trade*.

그들은 무역을 하기 위해 깡패들에게 뇌물을 주어야만 했다.

do an experiment 실험하다

We have *done the experiment* with our classmates.

우리는 급우들과 함께 실험을 진행해 오고 있다.

do overtime 시간외 근무하다

She *did* almost three hours' *overtime* a week.

그녀는 시간외 근무를 일주일에 거의 세 시간 했다.

do service (공공) 근로하다

The government requires all men to *do* two years' military *service*.

정부는 모든 남성이 2년의 군 복무를 할 것을 요구한다.

do research 연구하다

He is *doing research* on intercultural communication.

그는 문화 간 의사소통에 대해 연구하고 있다.

Collocation Exercises

A. 의미가 잘 통하도록 적절한 표현을 아래에서 찾아 문장을 완성하시오.

activities	**assignment**	**business**	**drugs**
experiment	**job**	**overtime**	**peace**
research	**service**	**trade**	**work**

1. Edward is the last person to do _____ with. His stores had gone bankrupt three times.

2. The nurse did almost three hours' _____ a week. She was always exhausted when she came home.

3. He is doing _____ on multinational corporations. He says his findings will surprise the world.

4. In spite of her physical handicaps, she did a great _____. We were really moved.

5. In some schools, students need to do extracurricular _____ for graduation.

6. Even though you have done the _____ with your classmates, you must turn in your own individual report expressed in your own

words.

7. At this time, only men should do military _____. However women are advocating for equality, so then, should women also do military _____?

8. Don't do the _____ yourself. It's not your homework—it's your child's.

9. To study the global economy is one thing. To do the actual _____ is another.

10. They are looking for some companies to do the construction _____ for the new shopping mall.

B. 아래 문장을 영작하시오.

11. 우리는 한국의 전통 춤에 대한 연구를 하고 있다.

12. 그는 담배를 피우며 숙제를 했다.

13. 그 나라는 모든 남성에게 3년간의 군 복무를 요구한다.

14. 나는 그가 일을 잘 했다고 생각하지 않아. 그는 그저 운이 좋았을 뿐이야.

15. 여러 사업들을 동시에 하기보다는 한 가지에 집중하는 것이 낫다.

Collocations with
DO ❷

track 02

동사 do는 '~을 하다' 라는 매우 넓은 의미로 사용된다. 당연히 일상생활에서 쓰이는 여러 표현들에 동사 do가 등장한다. 예를 들어 do hair는 '머리를 하다', do laundry는 '빨래를 하다', do food는 '음식을 하다'와 같은 의미로 사용된다.

Collocation at a Glance

Verb+Noun	Meaning	Verb+Noun	Meaning
do an article	기사를 쓰다	do hair	머리를 손질하다
do the dishes	설거지하다	do the laundry	빨래하다
do drugs	마약을 하다	do a favor	호의를 베풀다
do exercise	운동하다	do nails	손톱을 손질하다
do food	음식을 하다	do something/anything	무엇인가를 하다

Collocation in Use

do an article 기사를 쓰다

Thanks for *doing an article* on the new trend of kilt wearing.
킬트 의상의 새로운 경향에 대해 기사를 써 주셔서 감사합니다.

do the dishes 설거지하다

Doing the dishes is not a woman's job any more.
설거지하는 것은 더 이상 여성의 일이 아니다.

do drugs 마약을 하다

Doing drugs may be popular, but it can carry life-long consequences.

마약을 하는 것은 흔하지만 그것은 평생 영향을 미칠 수 있다.

do exercise 운동하다

Apart from watching films, we can also *do exercise* to release stress.

우리는 스트레스를 없애기 위해 영화를 보는 것 외에 운동을 할 수도 있다.

do food 음식을 하다

John is *doing* the *food* to celebrate your new business.

존은 너의 새로운 사업을 축하하기 위해서 요리를 하고 있어.

do hair 머리를 손질하다

Wow, she's awesome! I love the way she *does hair*.

와우, 그녀는 멋져. 나는 그녀가 머리를 손질하는 방식이 좋아.

do the laundry 빨래하다

I'm not the only one who *does the laundry*, vacuuming, and walking the dog.

빨래하고, 청소하고, 개를 산책시키는 사람은 나 혼자가 아니다.

do a favor 호의를 베풀다

Would you *do* me *a favor* and water my plants while I'm gone?

호의를 베풀어서 제가 없는 동안 화초에 물을 주실 수 있겠어요?

do nails 손톱을 손질하다

If you want to express your femininity, *do* your *nails* and wear a little lipstick.

만약 너의 여성성을 표현하고 싶다면 손톱을 손질하고 약간의 립스틱을 바르렴.

do something/anything 무엇인가를 하다

I can't *do anything* without my little sister following me.

나는 나를 따라다니는 여동생 없이는 아무것도 할 수 없다.

Collocation Exercises

A. 의미가 잘 통하도록 적절한 표현을 아래에서 찾아 문장을 완성하시오.

article	**dishes**	**drugs**	**exercise**
favor	**food**	**hair**	**homework**
laundry	**nails**	**puzzle**	**something**

1. It would be good to do _____ other than yoga.

2. One of the best ways for addicts to stop doing _____ is to seek counseling and therapy.

3. We called a catering service to do the _____ for the party.

4. I am planning to do a(n) _____ about Korean culture.

5. For a much more fashionable look, do your _____ in a red color.

6. My father always does _____ that irritates me.

7. I like the way she does _____ because the styles are always unique.

8. She may forget to add the soap when she does the _____.

9. I cannot thank him enough. He did such a great _____ to me when I was in need of help.

10. As he did the food for me, I volunteered to do the _____. It was a "nice division of labor" because I am a terrible cook.

B. 아래 문장을 영작하시오.

11. 여행 전후로 손톱을 정리하세요.

12. 나는 그가 일을 조용하게 처리하는 방식이 마음에 든다.

13. 당신 자신을 표현하고 싶다면, 글을 한 번 써 보세요.

14. 그는 두 아들이 끔찍한 교통사고로 죽었을 때 마약을 하기 시작했다.

15. 많은 남편들은 '아내가 빨래하는 것을 돕는다'고 말한다. 하지만 그것은 그들 자신의 일이다.

Collocations with
DO ❸

동사 do는 DAY2에서 살펴보았던 일상생활에서 쓰이는 구체적인 여러 표현들 외에 추상적인 활동을 나타내는 데에도 쓰일 수 있다. 예를 들어 do a calculation은 '계산을 하다', do sum은 '덧셈을 하다', do thinking은 '사고하다'와 같은 의미로 사용된다.

Collocation at a Glance

Verb+Noun	Meaning	Verb+Noun	Meaning
do arrangement	정렬하다, 꾸미다	do reverse	반대로 하다
do a calculation	계산하다	do sum	셈하다
do evil	악한 짓을 하다	do thinking	사고하다
do honor	영광이 되다	do translation	번역하다
do injustice	부당하게 대하다	do the trick	결과를 이루다, 효과가 있다

Collocation in Use

do arrangement 정렬하다, 꾸미다

Every week I would bring a bunch of flowers home to *do* an *arrangement* for my mother.

나는 매주 어머니를 위해 꽃꽂이를 하려고 한 다발의 꽃을 집에 가지고 오곤 했다.

do a calculation 계산하다

Jennifer *did a* quick *calculation* and determined that John could jump about eight times faster than Drake.

제니퍼는 재빠르게 계산해서 존이 드레이크보다 8배정도 빨리 점프할 수 있다고 단정했다.

do evil 악한 짓을 하다

If you *do evil*, it might return to you in the form of disasters, diseases, or wars.

만약 네가 악한 짓을 한다면, 그것은 너에게 재난, 질병, 또는 전쟁의 형태로 돌아올지도 모른다.

do honor 영광이 되다

Such a noble achievement *does* great *honor* to this young officer.

이같이 위대한 업적은 이 젊은 관리에게 큰 영광이다.

do injustice 부당하게 대하다

A nation has no right to *do injustice* to another country.

한 국가가 다른 국가를 부당하게 대할 권리는 없다.

do reverse 반대로 하다

"Buy low and sell high" is a rule for successful investment. Yet so many people *do* the *reverse*.

'싸게 사고 비싸게 팔아라'는 성공적인 투자를 위한 규칙이다. 그러나 많은 사람들이 반대로 한다.

do sum 셈하다

I am able to *do* this *sum*, either in my head or with pencil and paper.

나는 암산으로든, 필산으로든 이 계산을 할 수 있다.

do thinking 사고하다

Ask questions of your students that make them *do* the *thinking* and talking.

너의 학생들이 사고하고 말할 수 있는 질문을 하라.

do translation 번역하다

For the time being, he *does translation* of game manuals from French to English.

당분간 그는 게임 매뉴얼을 프랑스어에서 영어로 번역한다.

do the trick 결과를 이루다, 효과가 있다

Twenty minutes of exercise every day may *do the trick* to help you lose weight.

매일 20분의 운동은 몸무게를 줄이는 데 도움이 될 만하다.

Collocation Exercises

A. 의미가 잘 통하도록 적절한 표현을 아래에서 찾아 문장을 완성하시오.

arithmetic	**arrangement**	**calculation**	**damage**
evil	**honor**	**injustice**	**reverse**
sum	**thinking**	**translation**	**trick**

1. It does us great _____ to have the President here for our graduation.

2. Enter the first gate and then the second gate. Do the _____ when leaving.

3. To separate education from culture is to do _____ to ethnic minorities.

4. One of my friends does _____ from French to English for his job.

5. Can you do this _____ in your head? I want you to add all the numbers from 1 to 100.

6. If you want to win the game, offence alone won't do the _____.

7. If you do _____ to somebody, you will get that back.

8. We can also do the _____ of the music we created for you.

9. He asked me whether we could make our students do the critical _____. He has been interested in how we can let the students take different perspectives rather than just accept the given content.

10. Although he is not so good at doing a(n) _____, he is a gifted child at mathematics.

B. 아래 문장을 영작하시오.

11. 머리로든 마음으로든 나는 악행을 할 수 있다.

12. 학생들로 하여금 사고하고 말하도록 하는 것이 교사의 본분이다.

13. 네가 네 남동생보다 빨리 뛰고 싶다면, 이 책이 도움이 될 것이다.

---

14. 아직도 많은 기관들이 장애인에게 부당한 대우를 한다.

---

15. 반대로 시도해 보는 건 어때? 그럼 문제가 쉽게 풀릴 것 같아.

Collocations with FIND ❶

track 04

오늘부터는 동사 find를 포함하는 콜로케이션에 대해 자세히 알아보자. find는 흔히 '구하다' 혹은 '찾다'라고 번역되는데, 사람을 목적어로 하는 경우를 많이 볼 수 있다. 예를 들어 find a culprit는 '범인을 찾다', find a recruit는 '신입사원을 구하다', find a replacement는 '후임을 구하다'와 같은 의미로 쓰인다.

Collocation at a Glance

Verb+Noun	Meaning	Verb+Noun	Meaning
find an ally	동맹을 찾다	**find** a recruit	신입사원을 구하다
find an alternative	대안을 찾다	**find** a replacement	후임을 구하다
find a culprit	범인을 발견하다	**find** a sponsor	후원자를 구하다
find a mate	짝을 찾다	**find** a survivor	생존자를 발견하다
find an occupation	직장을 구하다	**find** a volunteer	자원봉사자를 구하다

Collocation in Use

find an ally 동맹을 찾다

If you cannot *find an ally*, you should make one.

네가 동맹을 찾을 수 없다면, 하나 정도는 만들어야만 한다.

find an alternative 대안을 찾다

He couldn't *find an alternative*. He was at a cul-de-sac.

그는 대안을 찾을 수 없었다. 그는 사면초가에 처해 있었다.

find a culprit 범인을 발견하다

The culprit was *found* in New York.

그 범인은 뉴욕에서 발견되었다.

find a mate 짝을 찾다

Some birds use noise to *find a mate*.

어떤 새들은 짝을 찾기 위해 소리를 이용한다.

find an occupation 직장을 구하다

As the economy slows down, it is hard to *find a* decent *occupation*.

경기가 침체됨에 따라 제대로 된 직장을 구하는 것이 힘들다.

find a recruit 신입사원을 구하다

The company had no difficulty in *finding recruits*.

그 회사는 신입사원을 구하는 데 어려움이 없었다.

find a replacement 후임을 구하다

We need to *find a replacement* for him.

우리는 그에 대한 후임을 구하는 것이 필요하다.

find a sponsor 후원자를 구하다

He finally *found* the greatest *sponsor* of his life.

그는 마침내 그의 삶에 최고의 후원자를 구했다.

find a survivor 생존자를 발견하다

The reporter *found* 7 tsunami *survivors* in the village.

리포터는 그 마을에서 7명의 쓰나미 생존자를 발견했다.

find a volunteer 자원봉사자를 구하다

Nowadays it is very hard to *find volunteers*.

요즘은 자원봉사자를 구하기가 아주 어렵다.

Collocation Exercises

A. 의미가 잘 통하도록 적절한 표현을 아래에서 찾아 문장을 완성하시오.

ally	**alternative**	**culprit**	**mate**
occupation	**recruits**	**replacement**	**rookies**
sponsor	**survivors**	**ticket**	**volunteer**

1. He was 33 years old and thought he was old enough to find a soul
   _____.

2. We must find a(n) _____ now or we have no option but to
   follow the boss's directions.

3. Listen! You have too many enemies out there. If you cannot find a(n)
   _____, you should make one.

4. We placed an advertisement in the local newspaper to find a(n)
   _____ for the NGO activities.

5. You must show your ability to find a(n) _____ in that company.

6. The painter found a wealthy _____ and was able to open her
   own exhibition in the prestigious Metropolitan Museum.

7. They found 20 _____ in the fire accident.

8. We need to find a(n) _____ for him. He's going to quit next week.

9. Fingerprints on the phone in the room offered the police a crucial clue to finding the _____.

10. It is getting more and more difficult to find _____ for the special force. Most young people prefer doing administrative jobs to working in the field.

B. 아래 문장을 영작하시오.

11. 그는 자연과학 분야 박사학위가 있어서 그 연구소에서 일자리를 구하는 데 어려움이 없었다.

_____

12. 대통령은 다음 주까지 총리를 대신할 사람을 찾아야 한다.

_____

13. 그 회사는 자동차 리콜에 대한 대안을 찾으려고 노력했다.

_____

14. 경찰은 범인을 찾는 데 실패했다. 사실 그는 경찰서 안의 화장실 안에 숨어 있었다.

_____

15. 인사과의 가장 중요한 역할 중 하나는 신입사원을 찾는 것이다.

_____

Collocations with

FIND ❷

DAY 05

track 05

오늘은 find 뒤에 감정이나 마음의 상태를 나타내는 추상적인 명사들이 오는 콜로케이션을 집중적으로 학습한다. 예를 들어 find comfort는 '위안을 찾다', find inspiration은 '영감을 얻다', find the nerve는 '용기를 찾다'와 같은 의미로 쓰인다.

Collocation at a Glance

Verb + Noun	Meaning	Verb + Noun	Meaning
find comfort	위안을 찾다	find the nerve	용기를 찾다
find courage	용기를 찾다	find peace	평화를 찾다
find forgiveness	용서를 구하다	find relief	위안을 찾다
find happiness	행복을 찾다	find salvation	구원을 찾다
find inspiration	영감을 찾다	find satisfaction	만족을 찾다

Collocation in Use

find comfort 위안을 찾다

I *found comfort* in listening to music rather than in talking with people.

나는 사람들과 이야기하는 것보다 음악을 듣는 것에서 위안을 찾았다.

find courage 용기를 찾다

He will *find courage* in the voice of his wife.

그는 아내의 목소리에서 용기를 찾을 것이다.

find forgiveness 용서를 구하다

Can he *find forgiveness* from his daughter?

그는 딸로부터 용서를 구할 수 있을까?

find happiness 행복을 찾다

I *found* true *happiness* in sharing my life with family.

나는 나의 삶을 가족들과 공유하는 것에서 참된 행복을 찾았다.

find inspiration 영감을 찾다

He used to *find* his musical *inspiration* from the traditional fair.

그는 전통 축제에서 음악적 영감을 찾곤 했다.

find the nerve 용기를 찾다

The boy *found the nerve* to talk back to the tall girl.

그 소년은 키 큰 소녀에게 다시 말을 걸 용기를 찾았다.

find peace 평화를 찾다

Do you think we can *find peace* in prayer?

당신은 기도에서 평화를 찾을 수 있다고 생각합니까?

find relief 위안을 찾다

She couldn't *find relief* in watching the old video of her son.

그녀는 오래된 아들의 비디오를 보는 것으로는 위안을 찾을 수 없었다.

find salvation 구원을 찾다

Some people seem to *find salvation* in art.

몇몇 사람들은 예술에서 구원을 찾는 것 같다.

find satisfaction 만족을 찾다

He is the type of person who *finds satisfaction* in group harmony
rather than in personal achievement.

그는 개인적인 성취보다 집단의 조화에서 만족을 찾는 유형의 사람이다.

Collocation Exercises

A. 의미가 잘 통하도록 적절한 표현을 아래에서 찾아 문장을 완성하시오.

comfort	**courage**	**difficulty**	**forgiveness**
friends	**happiness**	**inspiration**	**nerve**
peace	**relief**	**salvation**	**satisfaction**

1. "Some people seem to find _____ in money and fame. But
   what man has created cannot save us," said the minister.

2. At that moment, the story of David and Goliath flashed in his mind.
   He found the _____ to stand up to the older students who were
   teasing him. The result? Of course, he was beaten up.

3. A variety of welfare policies are designed to help people find
   _____ and achieve self-actualization.

4. He is the type of person who finds _____ in "doing perfect"
   rather than "doing good."

5. Whenever I was in difficulty, I found _____ in religion. But she
   said it was just a self-deception.

6. What is the best way to overcome fear? It is to find _____ within yourself.

7. She couldn't find _____ in looking at the pictures of her son. He was gone forever and no one was able to bring him back.

8. This world is full of agonies but we can find _____ in meditation and inspirational dialogues.

9. He found _____ for his fantasy novel from the ancient myths.

10. The offender could not find _____ from the deceased victim, which made him suffer from a sense of guilt for a long time.

B. 아래 문장을 영작하시오.

11. 그는 음악적 영감을 한국 미술에서 찾곤 했다.

12. 그녀는 돈을 버는 것에서 진정한 행복을 찾을 수 없었다.

13. 그 어머니는 죽은 딸의 사진을 보는 것에서 위안을 찾으려 애썼다.

14. 그 사람은 상관에게 말대답을 할 용기를 찾지 못했다.

15. 정치에서 구원을 찾느니 로또에서 구원을 찾는 게 낫다.

Collocations with
FIND ❸

오늘은 find 뒤에 정보나 논리와 관계되는 명사들이 오는 콜로케이션을 공략한다. 예를 들어 find discrepancy는 '상이한 점을 찾다', find a precedent는 '선례를 찾다', find a pretext는 '구실을 찾다' 와 같은 의미로 쓰인다.

Collocation at a Glance

Verb + Noun	Meaning	Verb + Noun	Meaning
find a clue	단서를 찾다	find information	정보를 구하다
find (a) discrepancy	차이점을 찾다	find meaning	의미를 찾다
find evidence	증거를 찾다	find a precedent	선례를 찾다
find an explanation	설명을 찾다	find a pretext	구실을 찾다
find a flaw	결점을 찾다	find a relationship	관계를 찾다

Collocation in Use

find a clue 단서를 찾다

The police could not *find any clues* and the case has been wrapped in mystery.

경찰은 어떤 단서도 찾을 수 없었고 사건은 미궁으로 빠져들고 있다.

find (a) discrepancy 차이점을 찾다

You must explain *the discrepancy* I have *found* between the two files.

너는 내가 두 파일 사이에서 발견한 차이점을 설명해야만 한다.

find evidence 증거를 찾다

The boy *found* some *evidence* against the plaintiff.

그 소년은 원고에 불리한 증거를 찾았다.

find an explanation 설명을 찾다

She couldn't *find a* reasonable *explanation* for it.

그녀는 그것에 대한 합당한 설명을 찾을 수가 없었다.

find a flaw 결점을 찾다

No *flaw* was *found* in his solution to the equation. It was perfect.

그 방정식에 대한 그의 해답에서 어떠한 결점도 찾을 수 없었다. 그것은 완벽했다.

find information 정보를 구하다

The spy failed in *finding* confidential *information* from the government.

그 스파이는 정부에서 비밀 정보를 구하는 데 실패했다.

find meaning 의미를 찾다

You cannot *find* the *meaning* of your life by gambling.

너는 도박으로 네 삶의 의미를 찾을 수 없어.

find a precedent 선례를 찾다

We could not *find any precedent* for this kind of project.

우리는 이와 같은 종류의 프로젝트에 대해 어떠한 선례도 찾을 수 없었다.

find a pretext 구실을 찾다

She couldn't *find a* plausible *pretext* for being late.

그녀는 늦은 것에 대한 설득력 있는 구실을 찾을 수가 없었다.

find a relationship 관계를 찾다

He is doing a project to *find the relationship* between love and hormones.

그는 사랑과 호르몬 사이의 관계를 찾으려는 프로젝트를 수행하고 있다.

Collocation Exercises

A. 의미가 잘 통하도록 적절한 표현을 아래에서 찾아 문장을 완성하시오.

cause	clue	discrepancy	explanation
evidence	flaw	information	lessons
meaning	precedent	pretext	relationship

1. The state tried to find a(n) _____ for searching the home, but it was absolutely absurd.

2. Even cutting-edge technology cannot find a proper _____ for the miraculous construction of the pyramids in Egypt.

3. Can you explain the _____ I have found between the two

documents? The two must be identical but they are different.

4. Don't try to find the _____ in other people without examining your own first.

5. We could not find a(n) _____ for this kind of project. That means we must start from scratch.

6. Do you want to find _____ in life? Then you must read a lot, travel often, and do work that inspires you.

7. The spy succeeded in finding confidential _____ from the secret agency.

8. The thief was so cautious that the detective could not find any _____ that he committed the crime.

9. The doctoral student found crucial _____ against his advisor's hypothesis. However, he did not publish it.

10. His research shows that we can find a strong _____ between one's cultural background and his way of developing a topic in writing.

B. 아래 문장을 영작하시오.

11. 그 해커는 두 파일에서 상이한 점을 전혀 발견할 수 없었다.

12. 사람들은 수천 년 동안 철학과 종교에서 삶의 의미를 찾으려 애써 왔다.

13. 미국은 이라크 공격에 대해 대량살상무기(WMD: weapons of mass destruction)라는 그들이 믿기에 그럴듯한 구실을 찾아냈다.

14. 그는 책에서 중요한 단서를 발견했다. 글자 중 몇몇에 표시가 되어 있었다.

15. 우리는 비슷한 선례를 찾을 수 없었으므로 처음부터 시작해야 했다.

Collocations with
GET ❶

오늘부터는 영어에서 가장 많은 의미를 지닌 동사 중 하나인 get의 콜로케이션에 대해 학습한다. 동사 get은 '~을 받다(얻다)'의 의미로 사용되는 경우가 많다. 예를 들어 get an approval은 '승인을 받다', get a guarantee는 '보장을 받다', get a chance는 '기회를 얻다'와 같은 의미로 쓰인다.

Collocation at a Glance

Verb+Noun	Meaning	Verb+Noun	Meaning
get access	접근하다	get an edge	우위를 점하다
get an apology	사과를 받다	get exposure	노출되다
get (an) approval	승인을 얻다	get a guarantee	보장받다
get a benefit	이익을 얻다	get the last word	최종적으로 결정하다
get a chance	기회를 얻다	get a sentence	선고받다

Collocation in Use

get access 접근하다

He failed to *get access* to classified information.

그는 기밀 정보에 접근하는 데 실패했다.

get an apology 사과를 받다

I never *got an apology* from my mother for what she did.

나는 어머니가 한 일에 대해 사과를 결코 받지 못했다.

get (an) approval 승인을 얻다

The project has not yet *got the approval* from the board of management.

그 프로젝트는 아직 경영진으로부터 승인을 얻지 못했다.

get a benefit 이익을 얻다

Everybody wants to *get a benefit* from their business.

모든 사람들은 자신들의 사업에서 이익을 얻기를 원한다.

get a chance 기회를 얻다

I *got a chance* to meet with the basketball coach.

나는 농구팀 감독을 만날 기회를 얻었다.

get an edge 우위를 점하다

The argument was heated and no one *got an edge* over the other.

논쟁은 가열되었고 누구도 다른 이보다 우위를 점하지 못했다.

get exposure 노출되다

You can succeed if you utilize an effective, yet inexpensive way to *get exposure* for your business.

만약 너의 사업에 대해 효과적이지만 비싸지 않게 노출될 방법을 이용한다면 성공할 수 있을 것이다.

get a guarantee 보장받다

He won't *get a guarantee* of perfect health even though the operation was successful.

그 수술이 성공적이라 할지라도 그는 완벽한 건강을 보장받을 수는 없을 것이다.

get the last word 최종적으로 결정하다

She always *got the last word* in every single argument.

그녀는 항상 모든 논쟁에서 합의에 도달했다.

get a sentence 선고받다

He *got a sentence* of life in prison for the murder charge.

그는 살인에 대해 종신형을 선고받았다.

Collocation Exercises

A. 의미가 잘 통하도록 적절한 표현을 아래에서 찾아 문장을 완성하시오.

access	**apology**	**approval**	**benefit**
chance	**edge**	**experience**	**exposure**
guarantee	**last word**	**reputation**	**sentence**

1. The obstinate man never let the others get the _____ and the argument failed to get an agreement.

2. How long will it take to get the _____ once I submit a complete and accurate application?

3. The dead boy's parents got the driver's _____.

4. You only get one _____ to make a first impression.

5. If you want to get a(n) _____ with the dietary approach to losing weight, you may have to be acutely aware of your food combinations.

6. You cannot get _____ to restricted web communities until the administrators grant you admission to them.

7. He got a(n) _____ of 5 years for shooting someone.

8. An increasing number of job seekers are visiting plastic surgeons in a quest to get a(n) _____ on competitors for jobs in a still-tough economy.

9. You need to get enough _____ to different genres of writing to become a proficient writer.

10. After he got a(n) _____ of promotion from his manager, he decided to stay with the company.

B. 아래 문장을 영작하시오.

11. 최근 들어, 중동 지방 테러리스트들의 활동이 언론에 많이 보도되고 있다.

12. 이긴다는 보장이 없어도, 정의의 편에 서서 싸워야 한다.

13. 긴 전쟁 끝에 그 나라는 적국에 대해 우위를 점하게 되었다.

14. 그는 그 비밀 도서관에 대한 접근권이 있다. 그러나 그는 문맹이다.

15. 그는 팀장의 승인을 얻었다. 하지만 돈이 없어서 휴가를 가지 못했다.

Collocations with
GET ②

오늘은 get의 뒤에 지식이나 느낌을 나타내는 명사가 와서 '~을 익히다', '~을 이해하다' 라는 의미로 사용되는 경우에 대해 살펴본다. 예를 들어 get a grasp은 '이해하다', get the hang of는 '~의 요령을 익히다', get a point는 '요점을 파악하다' 와 같은 의미로 쓰인다.

Collocation at a Glance

Verb+Noun	Meaning	Verb+Noun	Meaning
get an answer	답을 얻다	get an impression	인상을 받다
get the feeling	느낌을 받다	get the joke	농담을 알아듣다
get a grasp	이해하다	get a perspective	관점을 얻다
get the hang of	~의 요령을 익히다	get a point	요점을 파악하다
get an idea	생각을 얻다	get (a) taste	(경험을) 맛보다

Collocation in Use

get an answer 답을 얻다

You *got* all the *answers* right.

너는 모든 답을 맞혔어.

get the feeling 느낌을 받다

Under circumstances in Orwellian societies, you'll *get the feeling* you're being watched.

오웰식 사회의 환경에서 당신은 감시 받고 있다는 느낌을 받을 것이다.

get a grasp 이해하다

I can help you *get a grasp* of campus life.

나는 당신이 캠퍼스 생활을 이해하는 데 도움을 줄 수 있습니다.

get the hang of ~의 요령을 익히다

Once you *get the hang of* playing the trumpet, you'll like it.

일단 당신이 트럼펫 연주의 요령을 익히고 나면, 그것을 좋아하게 될 것입니다.

get an idea 생각을 얻다

Where did you *get the idea* that I'll be moving to England?

내가 영국으로 이사 갈 것이라는 생각을 어디서 얻었니?

get an impression 인상을 받다

I *got the impression* that she was trying to set me up on a blind date.

나는 미팅에서 그녀가 나를 치켜세우려 한다는 인상을 받았다.

get the joke 농담을 알아듣다

The man who laughed last probably did not *get the joke*.

가장 마지막에 웃은 그 남자는 아마 농담을 못 알아들었을 것이다.

get a perspective 관점을 얻다

I've *got a* new *perspective* on my school.

나는 우리 학교에 대해 새로운 시각을 얻었다.

get a point 요점을 파악하다

You almost *got the point*, but still missed something.

너는 요점을 거의 파악했지만 여전히 무엇인가를 놓치고 있었어.

get (a) taste (경험을) 맛보다

Through several years of experience, he *got a taste* of life in rural areas.

몇 년의 경험을 통해서 그는 전원의 삶을 맛보았다.

Collocation Exercises

A. 의미가 잘 통하도록 적절한 표현을 아래에서 찾아 문장을 완성하시오.

answer	**direction**	**feeling**	**grasp**
hang	**impression**	**idea**	**joke**
perspective	**point**	**reason**	**taste**

1. You obviously don't get the _____. How long does it take to understand the simplest of things?

2. When I looked into your eyes for the first time, I got the _____ at once that we already had met before.

3. Participatory observation and close analysis of conversation might be the best way to truly get a(n) _____ for the people and the culture.

4. There's always one person who doesn't get the _____ while all the others fall out laughing.

5. Where did you get the _____ that I'll be moving soon?

6. I don't think you got the _____. Before jumping to the

conclusion, pause and think twice about whether it makes sense.

7. A neat and readable resume can make the employers get the
   _____ that you are serious about finding a job.

8. When I got the _____ of the bass at age 14, I started playing
   with groups all over the country.

9. His evasive answers made it hard to get a full _____ of this
   situation.

10. If you get a fresh _____ on your writing process, you can
    break "writer's block" more easily.

B. 아래 문장을 영작하시오.

11. 나는 이 책이 영어를 이해하기에 아주 좋은 책이라는 것을 알게 되었다.

12. 성숙해지면 인생에 대한 관점이 달라진다.

13. 난 그녀를 처음 봤을 때 그녀가 친절하다는 인상을 받았다.

14. 드럼 연주 요령을 익히는 것은 괴롭지만 즐겁다.

15. 그는 늘상 요지를 알았다고 말하지만 계속해서 실수를 한다.

Collocations with
GET ③

결과나 점수를 받는 경우에 get이 자주 쓰인다. 예를 들어 get a grade는 '성적을 받다', get a promotion은 '승진하다', get a result는 '결과를 얻다', get a score는 '점수를 받다' 와 같은 의미로 쓰인다. get a name이 '평판을 얻다' 라는 뜻이라는 것도 알아 두자.

Collocation at a Glance

Verb + Noun	Meaning	Verb + Noun	Meaning
get a grade	학점을 받다	get a name	평판을 얻다
get hiccups	딸꾹질하다	get a promotion	승진하다
get a job	직업을 얻다	get a result	결과를 얻다
get leave	휴가를 얻다	get a score	점수를 받다
get a liking	호감을 갖다	get a shot	사진을 찍다

Collocation in Use

get a grade 학점을 받다

I deserved to *get a* good *grade* on the test because I studied weeks in advance!

몇 주 미리 공부를 했기 때문에 나는 시험에서 좋은 점수를 받을 만했다.

get hiccups 딸꾹질하다

The child *gets hiccups* very easily.

그 아이는 매우 쉽게 딸꾹질을 한다.

get a job 직업을 얻다

I *got a job* as an assistant.

나는 조수 직업을 얻었다.

get leave 휴가를 얻다

My brother recently *got* paternity *leave* when his child was born.

내 형은 최근 아이가 태어났을 때 육아 휴가를 받았다.

get a liking 호감을 갖다

He *got a liking* for literature.

그는 문학에 호감을 가지고 있었다.

get a name 평판을 얻다

She *got a name* for herself by singing on Broadway.

그녀는 브로드웨이에서 노래를 불러 평판을 얻었다.

get a promotion 승진하다

I *got a promotion* to group manager in my department.

나는 부서에서 그룹 책임자로 승진했다.

get a result 결과를 얻다

He took the TOEIC test several times, but always *got* the same *result.*

그는 여러 번 토익 시험을 쳤지만 항상 같은 결과를 얻었다.

get a score 점수를 받다

I wonder how I *got this score.* Probably there are some problems in the evaluating process.

나는 어떻게 이 같은 점수를 받았는지 궁금해. 아마도 채점 과정에 문제가 좀 있는 것 같아.

get a shot 사진을 찍다

I used my camera phone and *got a shot* of the actress as she was leaving the restaurant.

나는 내 카메라 폰을 사용해서 그 여배우가 레스토랑을 떠날 때 사진을 찍었다.

Collocation Exercises

A. 의미가 잘 통하도록 적절한 표현을 아래에서 찾아 문장을 완성하시오.

grades	**hiccups**	**job**	**leave**
liking	**loans**	**name**	**promotion**
perspective	**results**	**score**	**shots**

1. Someone put a frog in my jacket pocket. As soon as I found it, I was so surprised that I got _____ for an hour.

2. We made a lot of efforts on the product and got good _____. We made big money.

3. He dared to get out his camera and got some _____ of the storm as it moved toward him.

4. Some students obviously get some good _____ for turning in work that isn't as good as other students'.

5. Working experience, a positive attitude, and good communication skills enable you to get a permanent, full-time _____.

6. Have you still got some _____ left? Then, how about going on a

fishing trip with me?

7. She's actually starting to get a(n) _____ for me this time. The present really worked.

8. I worked as hard as the others but never got a(n) _____. I'm going to look for another job.

9. For an extra fee, you can get your writing _____ with the comments attached.

10. The politician desires to get his _____ in the papers.

B. 아래 문장을 영작하시오.

11. 그 영화감독은 그의 흥행작을 만드는 것으로 좋은 평판을 얻었다.

_____

12. 그는 시험에서 최고 점수를 받았다.

_____

13. 그녀는 병가 내기를 거부하고 계속 일을 했다.

_____

14. 총리 앞에서 딸꾹질을 하게 되는 것은 참으로 당황스러운 일이다.

_____

15. 그는 승진하지 못해서 기분이 울적해졌다.

_____

Collocations with
GIVE ❶

오늘부터는 give의 콜로케이션에 대해 공부해 본다. give는 추상적인 행동을 설명하는 경우, 예를 들어 'give a hand(도와주다)'나 구체적인 행동을 묘사하는 경우, 예를 들어 'give a look(바라보다)'나 'give the eye(추파를 던지다)'에 모두 사용된다.

Collocation at a Glance

Verb+Noun	Meaning	Verb+Noun	Meaning
give birth	낳다	give the eye	추파를 던지다
give a boost	호황을 낳다	give a hand	도와주다
give chase	추격하다	give a look	살펴보다
give a cue	암시를 주다	give a ring	전화하다
give details	자세한 설명을 하다	give a view	관점을 제공하다

Collocation in Use

give birth 낳다

I *gave birth* to my first baby on the bedroom floor in my apartment.

나는 아파트 방바닥에서 첫 애를 낳았다.

give a boost 호황을 낳다

This product will encourage customers to buy more music, thus *giving a boost* to the industry.

이 상품은 고객이 더욱 많은 음악을 사게 해서 산업에 호황을 낳을 것이다.

give chase 추격하다

At that moment, he was *giving chase* to a suspected criminal.

그 순간 그는 용의자를 추적하고 있었다.

give a cue 암시를 주다

A baby *gives a cue* to the mother when it wants to be fed or comforted.

아기는 먹고 싶거나 편안해지고 싶을 때 어머니에게 암시를 준다.

give details 자세한 설명을 하다

If your appeal is based on a medical need, please *give* any *details* that you think are relevant to your claim.

당신의 탄원이 의학적 요구에 근거해 있다면, 당신의 주장과 관련이 있다고 생각되는 자세한 설명을 해 주십시오.

give the eye 추파를 던지다

I noticed he was *giving* her *the eye* as she walked by in a revealing dress.

나는 그녀가 드러나는 옷을 입고 걸어갈 때 그가 그녀에게 추파를 던지고 있다는 것을 알아챘다.

give a hand 도와주다

I *gave* them *a hand* moving a few of the larger items.

나는 그들이 몇 가지 큰 물건을 옮기는 것을 도와주었다.

give a look 살펴보다

The photo collection *gives a look* into California's nature.
그 사진전은 캘리포니아 자연을 살펴본다.

give a ring 전화하다

By buying several calling cards, he could often *give* me *a ring* during his business trip abroad.
전화카드를 몇 장 사서, 그는 해외출장 중에 나에게 종종 전화를 할 수 있었다.

give a view 관점을 제공하다

Jason's journals *give a view* of American society.
제이슨의 일기는 미국 사회에 대한 관점을 제공해 준다.

Collocation Exercises

A. 의미가 잘 통하도록 적절한 표현을 아래에서 찾아 문장을 완성하시오.

birth	boost	chase	cry
cue	details	eye	hand
hint	look	ring	view

1. The article about the 1987 election seems to arouse the greatest interest, largely because it gives a(n) _____ into previously little known political events.

2. The patrol boat gave _____ and a 3000 km race ensued, with the two boats sometimes less than 1000 meters apart.

3. The beautiful woman simply grinned and waved as passers-by gave her the _____.

4. Use a light bulb just bright enough for you to read by. A bright light gives a(n) _____ to your brain that it is time to wake up.

5. This Saturday they moved in, so I said hello and gave them a(n) _____ moving a few of the larger items.

6. This page gives _____ of the badminton leagues we play in.

7. I'll give you a _____ when I get back to the office.

8. The woman gave _____ to quintuplets by using fertility drugs.

9. A good deed can give a big _____ to your reputation.

10. This telescope will give a better _____ of landscapes than any other ones.

B. 아래 문장을 영작하시오.

11. 그 미국 여자가 이사해 들어온 날부터, 내 남편은 그녀에게 추파를 던지고 있다.

12. 이 기사는 여성들에게 정자 은행을 이용하는 것이 불임 문제를 해결하는 최상의 방법이라는 암시를 주는 것 같다.

13. 어떤 불운한 남자가 아름답지만 변덕스러운 내 손녀를 뒤쫓았다.

14. 그는 마을 관현악단을 조직함으로써 지역 사회에 활력을 불어넣었다.

15. 그는 결정적 시기에 대한 그의 관점에 의거하여 조기 언어교육에 대해 자세한 설명을 해 주었다.

Collocations with
GIVE ❷

give는 무언가를 전달한다는 의미로 자주 사용된다. 예를 들어 '설명하다' 라는 말은 '설명을 누구에게 전해 주다' 라는 뜻으로 생각하여 give an account라는 콜로케이션으로 표현할 수 있으며, '지시하다' 는 '지시사항을 전달하다' 라는 뜻을 담고 있으므로 give an instruction과 같이 표현할 수 있다.

Collocation at a Glance

Verb + Noun	Meaning	Verb + Noun	Meaning
give an alibi	알리바이를 대다	**give** an example	예를 들다
give an account	설명하다	**give** an instruction	지시하다, 사용법을 설명하다
give comfort	위안을 주다	**give** odds	(이길) 확률이 있다
give a demonstration	시범을 보이다	**give** a total of	총합이 ~이다
give evidence	증언하다	**give** voice	발언권을 주다

Collocation in Use

give an alibi 알리바이를 대다

She *gave an alibi* that she had been in the London Park Hotel at that time.

그녀는 그 당시에 런던파크 호텔에 있었다는 알리바이를 제시했다.

give an account 설명하다

It is difficult for me to write about it, but I can *give* you *an account* by phone.

그것에 관해 쓰는 것은 힘들고 제가 전화로 설명해 줄 수는 있습니다.

give comfort 위안을 주다

The church commended the dead to God, buried them, and *gave comfort* to the bereaved ones.

교회는 고인의 영혼을 하나님께 맡기고 그들을 땅에 묻은 후 유가족들을 위로했다.

give a demonstration 시범을 보이다

The Chairman introduced Mr. Jackson who *gave a demonstration* of a product named Big Mouth.

의장이 소개한 잭슨 씨가 Big Mouth라는 제품을 시연했다.

give evidence 증언하다

Before you *give evidence*, you will be asked to take an oath.

증언하시기 전에, 선서를 하라고 할 것입니다.

give an example 예를 들다

I explained the concept and *gave an example* of a way to use it in our school.

나는 그 개념을 설명하고 우리 학교에서 이용할 수 있는 방안 하나를 예로 제시했다.

give an instruction 지시하다, 사용법을 설명하다

This manual *gives* you *instructions* on how to play the graphic software.

이 설명서는 그 그래픽 프로그램 사용법에 관해 설명해 준다.

give odds (이길) 확률이 있다

Past experiences *give odds* for her winning as pretty slim.

예전 경험에 비추어 보면 그녀가 이길 확률은 매우 낮다.

give a total of 총합이 ~이다

There are perhaps 6-10 fleets *giving a total of* 1500 to 3000 ships.

아마 6~10개 정도의 함대가 있으며 함선의 총합이 1,500척에서 3,000척에 달한다.

give voice 발언권을 주다

Give voice to a child who may be in danger.

위험에 처한 아이들이 말할 수 있도록 하라.

Collocation Exercises

A. 의미가 잘 통하도록 적절한 표현을 아래에서 찾아 문장을 완성하시오.

account	**alibi**	**comfort**	**demonstration**
evidence	**example**	**explanation**	**instruction**
odds	**outline**	**total**	**voice**

1. Since he cannot give a(n) _____ without exposing his secret identity, Clark is forced to go to jail until the mess can be straightened out.

2. The accused was required to give a(n) _____, but he kept silent.

3. I even gave _____ of approximately 20:1. In other words, they lose a dollar if he stays in office; I pay them twenty if he leaves on time.

4. It's been ten years. All that time I never once found the courage to give _____ to the words that for so long I had held in my heart.

5. He gave a(n) _____ of the successful work of the Brain Injury Council, whose membership is mostly made up of people with brain injuries and their families.

6. After burying him, the pastor gave _____ to the visitors.

7. The catalogue for 1900-1910 gives a(n) _____ of 302 registrations.

8. This report by Amnesty International gives _____ that the National Security Law infringes on human rights.

9. During the driving practice, I was given the _____ to drive at a steady speed.

10. Can you give me a(n) _____ on how to put these together?

B. 아래 문장을 영작하시오.

11. 나는 뇌 손상을 입은 사람들에게 위로를 건넬 용기조차 없었다.

12. 네가 그 사람들에게 20달러를 줄 수밖에 없었던 이유를 내게 설명해 달라.

13. 그녀는 학생들에게 교과서를 소리 내어 읽으라고 지시했다.

14. 우리는 비참한 조건으로 고통 받고 있는 외국인 노동자들에게 발언권을 주어야 한다.

15. 소년은 집에서 공부를 하고 있었다는 알리바이를 댔으나 그의 옷은 매우 더러웠다.

Collocations with
GIVE ❸

give 뒤에 행사를 나타내는 명사가 와서 '어떤 행사를 개최하다' 라는 의미의 콜로케이션을 만들 수 있다. 예를 들어 give an audition은 '오디션을 하다', give a party는 '파티를 하다' 와 같은 의미로 사용될 수 있다. 또 '양보하다, 자리를 내주다' 라는 의미의 give way (to something)도 자주 사용된다.

Collocation at a Glance

Verb+Noun	Meaning	Verb+Noun	Meaning
give access	접근권을 주다	give a party	파티를 열다
give an audition	오디션을 하다	give a rebate	환불해 주다
give (a) dimension	차원(깊이, 넓이, 길이 등)을 더하다	give a start	시작하다
give a discount	할인해 주다	give a wave	(손을 흔들며) 작별 인사를 하다
give first-aid	응급 치료를 하다	give way	길을 내주다

Collocation in Use

give access 접근권을 주다

Public authorities may *give access* to an official document.
당국이 공식 문건에 대한 열람권을 줄 수도 있다.

give an audition 오디션을 하다

I am going to take the speakers to one of our studios and *give* them *an audition*.

나는 그 연사들을 우리 스튜디오 중 한 곳에 데려가서 오디션을 해 볼 셈이네.

give (a) dimension 차원(깊이, 넓이, 길이 등)을 더하다

I think male vocals can *give a dimension* to the song that will really enhance the melody.

남성 보컬이 그 노래를 한 차원 높여서 멜로디가 한 층 더 나아질 거라고 생각한다.

give a discount 할인해 주다

We can *give* you *a discount* if you pay the full amount in cash.

전액을 현금으로 지불하시면 할인해 드릴 수 있습니다.

give first-aid 응급 치료를 하다

Please *give* them *first-aid* until an ambulance arrives.

앰뷸런스가 도착할 때까지 사람들에게 응급 치료를 하세요.

give a party 파티를 열다

If you are *giving a party*, you might expect guests to bring a great gift.

파티를 열 생각이시라면, 손님들이 대단한 선물 하나쯤 가지고 오리라고 기대할 수도 있겠죠.

give a rebate 환불해 주다

Our company will *give* you *a rebate* ranging from $75 to $125 on the purchase of a new dishwasher.

저희 회사는 식기 세척기 신제품을 구입한 분들에게 75달러에서 125달러까지 환불해 드릴 것입니다.

give a start 시작하다

If it is economically reasonable, the government will *give a start* to this project.

경제적으로 비싸지 않다면, 정부는 이 프로젝트에 착수할 것이다.

give a wave (손을 흔들며) 작별 인사를 하다

She *gave* me *a* small good-bye *wave* and then disappeared around the corner.

그녀는 내게 짧게 손을 흔들며 작별 인사를 건네고 나서 모퉁이를 돌아 사라졌다.

give way 길을 내주다

Silent movies *gave way* to talkies, as ice boxes gave way to refrigerators.

무성 영화는 발성 영화에 자리를 내주었다. 마치 아이스박스가 냉장고에 밀려났던 것처럼.

Collocation Exercises

A. 의미가 잘 통하도록 적절한 표현을 아래에서 찾아 문장을 완성하시오.

access	audition	background	dimension
discount	first-aid	groan	party
rebate	start	wave	way

1. I would like to give a big _____ and enjoy eating some of the unusual food that people ate in those days.

2. We offer a prompt payment incentive; we will give you a(n)

_____ if you pay the full amount on or before the date the first installment is due.

3. Since the last century, the proud tradition of American television journalism has been giving _____ to an entertainment-driven industry.

4. This web site gives _____ to the Library of Congress and to a variety of other services and information.

5. Polluted cities can give a(n) _____ to the residents who buy hybrid (gasoline-electric) cars and turn in a conventional gasoline car for recycling.

6. Brian asked me if I would take the speakers to one of our studios and give them a(n) _____ .

7. Although everybody is obliged by law to give _____ to an injured person, it is not a rare sight that cars pass the scene of a road accident without even stopping.

8. When I saw him looking so sheepish in his car, I couldn't help slowing down to give him a(n) _____ and a smile.

9. Many Koreans share the belief that early English education will give their children a head _____ to academic and social achievements.

10. The special features in DVDs give an interesting extra _____ to the movie watching.

B. 아래 문장을 영작하시오.

11. 일단 그들을 내 작업실 중의 한 곳으로 데리고 온 후, 커다란 파티를 열겠다.

12. 제게 그 웹사이트 번역을 시작하게 해 주셔서 감사합니다.

13. 내가 차에 앉아 있는 그를 지나쳤을 때, 그는 다른 차에게 길을 내주고 있었다.

14. 그녀는 나에게 활기차게 손을 흔들었다. 하지만 눈물을 흘리고 있었다.

15. 그 제작사는 200명에게 오디션을 하고도 아무도 뽑지 않았다.

Collocations with
HAVE ①

have를 단순히 '가지다' 라고 번역하기에는 많은 무리가 있다. 기본적으로 'have + 목적어' 는 '목적어를 하다' 의 의미라고 생각하면 된다. 예를 들어, have an argument는 '논쟁하다', have an agreement는 '합의하다', have a check는 '점검하다' 라는 뜻이다.

Collocation at a Glance

Verb +Noun	Meaning	Verb +Noun	Meaning
have an abortion	낙태를 하다	have a baby	아이를 가지다
have an affair	(불륜) 연애를 하다	have a chat	잡담하다
have an agreement	합의하다	have a check	검사하다
have an argument	논쟁하다	have a check-up	건강검진을 받다
have an arrangement	협정을 맺다	have a go	시도해 보다

Collocation in Use

have an abortion 낙태를 하다

Nowadays, so many Koreans are deciding to *have an abortion*.

요즘 상당히 많은 한국인들이 낙태 수술을 결정하고 있다.

have an affair (불륜) 연애를 하다

She's *having an affair* with one of her students.

그녀는 자기 학생들 중 한 명과 연애 중이다.

have an agreement 합의하다

None of the candidates *has an agreement* to save the economy.

후보 중 누구도 경제를 살리기 위해 의견을 모으지 않는다.

have an argument 논쟁하다

I got totally exhausted after *having an argument* with her.

그녀와 논쟁을 벌인 후 나는 완전히 지쳐 버렸다.

have an arrangement 협정을 맺다

The company *has an arrangement* with the bank for three years' low interest loans.

그 회사는 그 은행과 3년간 저금리 대출을 제공 받는 계약을 맺었다.

have a baby 아이를 가지다

Mary was confused how she could *have a baby* because she was not yet married to Joseph.

마리아는 어떻게 자신이 아이를 갖게 되었는지 혼란스러웠다. 왜냐하면 그녀는 아직 요셉과 결혼하지 않았기 때문이다.

have a chat 잡담하다

We *had a* lively *chat* with each other.

우리는 서로 활기차게 이야기를 나누었다.

have a check 검사하다

Have a check before the luggage is put on the plane.

짐이 비행기에 실리기 전에 점검해 보아라.

have a check-up 건강검진을 받다

You should *have a* physical *check-up* for military service.
군 복무를 위해서 신체검사를 받으셔야 합니다.

have a go 시도해 보다

I want to *have a go* at sky-diving.
나는 스카이다이빙을 한번 해 보고 싶다.

Collocation Exercises

A. 의미가 잘 통하도록 적절한 표현을 아래에서 찾아 문장을 완성하시오.

abortions	affair	agreement	argument
arrangement	baby	chat	check
check-ups	comment	go	support

1. Both sides had a(n) _____ about who should pay the legal fees.

2. Part of taking care of yourself is having regular _____ to see if your body is healthy.

3. Her husband strenuously denied that he had a(n) _____ with one of her friends.

4. I don't want to have a(n) _____ with an irrational opponent who always precludes negotiations.

5. We already have three children but we are trying to have another _____.

6. Come and have a(n) _____! If you make it yourself, you'll be more proud of it.

7. I had a(n) _____ in the office yesterday with my boss about the progress of the project.

8. Before you make a decision, have a quick _____ over your car to make sure it has not been stolen or damaged.

9. The couple were divorced, but they had a(n) _____ to meet together regularly for the sake of their children.

10. An increasing number of women began to speak out that they had _____ and share their stories within the support group.

B. 아래 문장을 영작하시오.

11. 경영진은 노동조합과 복지 서비스를 보증하는 협약을 체결했다고 발표했다.

12. 어떤 여성들은 낙태하기로 결심하는 데 감정적 어려움을 겪는다.

13. 그 토론자들은 현재의 핵 이슈에 대해 오랜 시간 논쟁을 벌였다.

14. 의사는 그에게 건강진단을 받아 보라고 충고했으나 그는 그 충고를 그냥 무시했다.

15. 그들은 함께 짧은 잡담만을 나누었지만 서로에게 끌린다고 느꼈다.

Collocations with
HAVE ❷

have는 사람의 감정이나 성향을 나타내는 명사와도 잘 결합한다. have affection은 '애정을 품다', have an attitude는 '태도를 가지다', have a bent는 '소질이 있다'라는 의미이다. have access to는 '~에 대한 접근 권한이 있다'라는 의미로 자주 사용된다.

Collocation at a Glance

Verb +Noun	Meaning	Verb +Noun	Meaning
have (an) access	접근 권한이 있다	have an attitude	태도를 가지다
have (an) addiction	중독[증상]이 있다	have a benefit	혜택을 받다
have an advantage	이점이 있다	have a bent	소질이 있다
have affection	애정을 품다	have a choice	선택권이 있다
have (an) assurance	확신을 가지고 있다	have a clue	실마리가 있다

Collocation in Use

have (an) access 접근 권한이 있다

The programmer *has access* to the classified database.
그 프로그래머는 기밀 데이터베이스에 접근 권한이 있다.

have (an) addiction 중독(증상)이 있다

She *has an addiction* to coffee and cookies.
그녀는 커피와 쿠키에 중독되어 있다.

have an advantage 이점이 있다

The product *has the advantage* of being easy to carry.
그 제품은 휴대하기 편리하다는 이점이 있습니다.

have affection 애정을 품다

I *have* deep *affection* for my first grandchild.
나는 내 첫 손자(손녀)에게 깊은 애정을 품고 있다.

have (an) assurance 확신을 가지고 있다

I *had* complete *assurance* that the university would grant me admission.
나는 그 대학이 나에게 입학 허가를 해 줄 거라는 강한 확신이 있었다.

have an attitude 태도를 가지다

Most people *have a* negative *attitude* to aging.
대부분의 사람들이 나이 먹는 것에 부정적인 태도를 취한다.

have a benefit 혜택을 받다

Many Koreans *have the benefit* of having high-speed internet access, and use it every day.
많은 한국인들이 고속 인터넷에 접속할 수 있는 이점을 가지고 있으며 그 이점을 매일 사용하고 있다.

have a bent 소질이 있다

Some of the most famous intellectuals *have a bent* for political satire.
몇몇의 저명한 지성인들은 정치적 풍자에 소질이 있다.

have a choice 선택권이 있다

She *had* no *choice* but to accept the invitation.

그녀는 초대를 받아들일 수밖에 없었다.

have a clue 실마리가 있다

The police *had* no *clue* how the robbers broke into the mansion without being noticed by security guards.

경찰은 강도들이 경비원들에게 들키지 않고 어떻게 저택으로 침입했는지 아무런 실마리도 찾지 못했다.

Collocation Exercises

A. 의미가 잘 통하도록 적절한 표현을 아래에서 찾아 문장을 완성하시오.

access	addiction	advantage	affection
appointment	assurance	attitude	benefit
bent	blessing	choice	clue

1. The professor has a strong negative _____ towards an unhealthy social environment.

2. He obviously has great _____ for his pet.

3. When I won a prize in a photography contest, I realized that I had an artistic _____.

4. As the police raids were conducted in four directions simultaneously, the criminals had no _____ other than to give in.

5. The shopping mall has an immense _____ from the dense

population of the area.

6. They don't have any _____ where to find the appropriate remedy for the virus-infected computer.

7. The country does not have any firm _____ that no attack will be carried out against its regime.

8. The company has a competitive _____ over the rival company.

9. Some politicians seem to have a serious _____ to power.

10. Millions of people with HIV/AIDS in poor countries still do not have _____ to potentially life-saving drugs.

B. 아래 문장을 영작하시오.

11. 그 비즈니스 컨설팅 회사는 최신 경제 정보에 특별히 접근할 수 있다.

12. 일단 인터넷에 중독되면 그것이 당신의 삶을 지배할 것이다.

13. 이 웹사이트는 누구나 손쉽게 접근할 수 있다는 이점이 있다.

14. 그녀는 자신의 사회 활동보다는 가족에 더 애정을 갖고 있다.

15. 긍정적인 태도를 갖는 것이 성공의 열쇠이다.

Collocations with
HAVE ❸

track 15

오늘은 have를 사용한 콜로케이션 중 논리적, 추상적 표현들을 주로 학습한다. have an agenda는 '의제를 가지다', have a connection은 '연관성이 있다', have an insight는 '통찰력을 가지다', 그리고 have a comment는 '의견이나 더할 말이 있다'라는 의미이다.

Collocation at a Glance

Verb+Noun	Meaning	Verb+Noun	Meaning
have an agenda	의제를 가지다	**have** a difference	차이가 있다
have cause	이유가 있다	**have** a difficulty	어려움이 있다
have a comment	의견이 있다	**have** an effect	효과가 있다
have a connection	관계가 있다	**have** an urge	충동을 느끼다
have credibility	신뢰성이 있다	**have** an insight	간파하다, 통찰하다

Collocation in Use

have an agenda 의제를 가지다

I *have a* specific *agenda* for the meeting.

저에게 회의에서 논의할 구체적인 의제가 있습니다.

have cause 이유가 있다

No one *had cause* to doubt her sincerity and dedication.

아무도 그녀의 진심과 열심을 의심할 이유가 없었다.

have a comment 의견이 있다

Do you *have any comment* on these matters? If so, send your opinion to me.

이 문제들에 대한 의견이 있으십니까? 그러시다면 저에게 당신의 의견을 보내 주십시오.

have a connection 관계가 있다

He is believed to *have connections* with politicians who occupy top international positions.

그는 국제적으로 최고 지위에 있는 정치인들과 연줄이 있는 것 같다.

have credibility 신뢰성이 있다

The broadcasting system used to *have* great *credibility*, but it lost it because of false reports.

그 방송국은 한때 대단히 신뢰성이 있었으나 잘못된 보도 때문에 신뢰를 잃었다.

have a difference 차이가 있다

Both candidates might *have a difference* of philosophy in this campaign, but they appear to be the same to me.

이번 선거전에서 두 후보 모두 철학상의 차이점은 있을지 몰라도 내게는 똑같아 보인다.

have a difficulty 어려움이 있다

This program can help you if you *have difficulties* with literacy skills.

읽고 쓰는 능력에 어려움이 있으시다면 이 프로그램이 도움이 될 수 있습니다.

have an effect 효과가 있다

The treatment certainly *had an effect*.

그 치료는 확실히 효과가 있었다.

have an urge 충동을 느끼다

Though she knew her disability, she *had an urge* to see the world.

자신의 장애를 알고 있었지만 그녀는 세상을 보고 싶은 충동을 느꼈다.

have an insight 간파하다, 통찰하다

She *has an insight* into living a healthy life.

그녀는 건강한 삶에 대한 통찰력이 있다.

Collocation Exercises

A. 의미가 잘 통하도록 적절한 표현을 아래에서 찾아 문장을 완성하시오.

agenda	appearance	cause	comment
connections	credibility	differences	difficulties
effect	insight	promise	urge

1. If you want to communicate well with others, you should have a(n) _____ into what other people are thinking and feeling.

2. The Kyoto Protocol will have a significant _____ on global warming.

3. If you really want to have _____ as a teacher to teenagers, the key is to have something they need, want, and can use.

4. Any student who has _____ with their school assignments should be encouraged not to lose their interest in learning.

5. I had a strong _____ to look out the window after I heard a loud noise.

6. You have no _____ to cower in fear. You're doing the right thing.

7. The union had a(n) _____ on the issues of access to health care service.

8. The arrested men are alleged to have _____ to a terrorist network.

9. Police will have no further _____ until they've got all the paperwork done.

10. Even identical twins may have some physical _____; they may have _____ in their environment.

B. 아래 문장을 영작하시오.

11. 두 선수는 의견이 크게 달랐지만, 서로 잘 협력했다.

_____

12. 이 책에 대한 의견이 있으면, 이 주소로 이메일을 보내 주세요.

_____

13. 난 그녀의 손을 잡고 싶은 충동에 사로잡혔다.

_____

14. 회의에 의제가 너무 많아서 참석자들이 하나에 집중할 수가 없었다.

_____

15. 단순성과 접근성은 웹사이트가 신뢰를 획득하기 위한 가장 중요한 조건들 중 하나다.

_____

Collocations with
HOLD ➊

track 16

오늘은 hold와 관련된 콜로케이션들 중에서 정치/사회와 관련된 것들을 중심으로 학습한다. hold a conference는 '회담(혹은 기자회견)을 개최하다', hold an election은 '선거를 치르다', hold a summit는 '정상회담을 개최하다'의 의미이다. hold power는 '권력을 유지하다, 권력을 가지고 있다'라는 뜻으로 사용된다.

Collocation at a Glance

Verb+Noun	Meaning	Verb+ Noun	Meaning
hold an auction	경매하다	hold talks	협의회를 열다
hold a conference	회의를 열다	hold the balance	균형을 유지하다
hold an election	선거를 실시하다	hold the key	열쇠[비결]를 가지고 있다
hold a meeting	회의를 열다	hold the reins	통제력을 가지고 있다
hold a summit	정상회담을 개최하다	hold power	권력을 가지다

Collocation in Use

hold an auction 경매하다

The museum *held an auction* on March 1st to sell works of art.
박물관은 예술 작품들을 팔기 위해 3월 1일에 경매를 진행했다.

hold a conference 회의를 열다

The group *held a conference* to present the results of the research project.

그 그룹은 회의를 열어서 연구 프로젝트의 결과를 발표했다.

hold an election 선거를 실시하다

The committee was supposed to *hold an election*, but no one volunteered to chair the committee.

그 위원회는 선거를 실시하기로 되어 있었으나 아무도 위원장 자리를 맡으려고 자원하지 않았다.

hold a meeting 회의를 열다

The representatives proposed to *hold a meeting* to discuss the relief issue.

대표들은 회의를 열어 그 구제 문제를 논의할 것을 제안했다.

hold a summit 정상회담을 개최하다

Both organizations have planned to *hold a summit* next month.

두 단체 모두 다음 달 정상회담을 개최하기로 계획했다.

hold talks 협의회를 열다

The student association asked the principal to *hold* formal *talks* about the exam schedule.

학생회는 교장에게 시험 일정에 관한 공식 협의회를 열어 줄 것을 요구했다.

hold the balance 균형을 유지하다

It is hard to *hold the balance* between unconditional love and conditional commitment.

무조건적인 사랑과 조건부 서약 사이의 균형을 찾는 것은 어렵다.

hold the key 열쇠[비결]를 가지고 있다

Who do you think *holds the key* to strengthen the defense of our team?

당신은 누가 우리 팀의 수비를 강화시킬 수 있는 열쇠를 쥐고 있다고 생각합니까?

hold the reins 통제력을 가지고 있다

The vice president actually *holds the reins* of power in the group.

부사장이 회사 안에서 실제로 지휘권을 가지고 있다.

hold power 권력을 가지다

The generals *held power* over the nation through a bloody coup d'Etat.

그 장성들은 유혈 쿠데타를 통해 그 나라에 대한 지배력을 얻었다.

Collocation Exercises

A. 의미가 잘 통하도록 적절한 표현을 아래에서 찾아 문장을 완성하시오.

auction	balance	conference	election
key	lease	meeting	power
promise	reins	summit	talks

1. The regime broke the promise to hold a free _____ and quelled the civil movements opposing the dictatorship.

2. Even after the law becomes effective, it holds no _____ over us for 3 years.

3. The committee has agreed to hold a(n) _____ to decide procedural issues on that matter.

4. Minor parties and independents hold the _____ of power in the Congress.

5. What policies hold the _____ to pulling this country out of recession?

6. The countries held secret multilateral _____ on the current nuclear threats.

7. The Department of Education announced last week that it would hold a(n) _____ discussing teenage sex education.

8. Do you think it can be justified that a few politicians who held the _____ of government led the country into a war?

9. Whales Friends is to hold a fundraising _____, which will have a lot of cool things to bid on.

10. A report from the government says that the two Koreas could hold a(n) _____ within two months.

B. 아래 문장을 영작하시오.

11. 남북한이 언제 다시 정상회담을 열 거라고 생각하세요?

12. 이 학교는 일 년에 한 번 장학금 기금을 조성하기 위한 경매를 한다.

13. 요즈음에는 많은 부인들이 남편을 장악하고 있다.

14. 그 시민단체는 환경 캠페인을 조직하기 위해 '녹색 회의'를 개최했다.

15. 학교는 교사에게 엄격함과 관대함 사이의 균형을 유지할 것을 요구한다.

Collocations with
HOLD ❷

track 17

hold는 '~을 지니다, 가지다' 의 의미로도 자주 사용된다. hold office는 '관직을 가지다', 즉 '어떤 지위에 있다' 라는 의미이고, hold a patent는 '특허를 소지하다', hold a share는 '자기 몫을 가지다' 라는 뜻이다. hold a view는 '관점을 지니다' 라는 뜻으로 종종 사용된다.

Collocation at a Glance

Verb+Noun	Meaning	Verb +Noun	Meaning
hold an inquiry	조사를 실시하다	hold a rank	지위를 차지하다
hold office	관직에 있다	hold a record	기록을 보유하다
hold a patent	특허(권)를 소유하다	hold a share	몫을 가지다
hold a position	자리에 있다	hold a value	가치를 지니다
hold promise	(나아질) 가능성이 있다	hold a view	관점을 지니다

Collocation in Use

hold an inquiry 조사를 실시하다

Some students complained of cheating, and requested the school to *hold an inquiry*.

몇몇의 학생들이 부정행위에 대한 문제를 제기했으며 학교에서 조사를 진행할 것을 요구했다.

hold office 관직에 있다

The mayor *holds office* for a two-year term.

시장은 2년을 임기로 공직에 있다.

hold a patent 특허(권)를 소유하다

The company *holds the patent* on the software.

그 회사는 그 소프트웨어에 대한 특허를 소유하고 있다.

hold a position 자리에 있다

What *position* did you *hold* just prior to this one?

여기 직전에는 어떤 자리에 계셨습니까?

hold promise (나아질) 가능성이 있다

This drug *holds promise* for treating heart disease.

이 약은 심장병 치료에 효과가 있습니다.

hold a rank 지위를 차지하다

The officer is going to *hold a rank* of commander in a year.

그 경관은 1년 후에는 서장의 지위를 차지하게 될 것이다.

hold a record 기록을 보유하다

Who *holds the record* for most goals scored in a K-League season?

K리그 한 시즌 최다득점 기록은 누가 가지고 있지?

hold a share 몫을 가지다

The company *holds a* huge *share* of the domestic market.

그 회사는 국내 시장에서 엄청난 점유율을 가지고 있다.

hold a value 가치를 지니다

The values you *hold* might hurt another person's feelings.

당신이 중요하게 생각하는 가치가 타인의 기분을 상하게 할 수도 있습니다.

hold a view 관점을 지니다

Some people *hold a* skeptical *view* toward therapists.

어떤 사람들은 치료사들에 대해 회의적인 관점을 가지고 있다.

Collocation Exercises

A. 의미가 잘 통하도록 적절한 표현을 아래에서 찾아 문장을 완성하시오.

inquiry	office	opinion	patent
position	promise	rank	record
sales	share	values	views

1. Those who hold different _____ on these matters must back up their opinions with convincing arguments.

2. The innovators claimed to hold the _____ for the technology, and they were granted the rights for it.

3. The Education Discussion Forum introduced its panel of four members who all hold the _____ of Distinguished Professors.

4. In Korea, a president holds _____ for a term of 5 years and is not eligible for re-election as president.

5. Further investment is needed to hold the company's _____ of

an increasingly competitive market.

6. New hybrid vehicles hold _____ for improving fuel efficiency.

7. The army steadfastly refused to hold a(n) _____ into the suspicious death.

8. Capitalists hold no other _____ than the maximization of profits.

9. In all the flowers that are used to make perfumes, red roses have been regarded as holding the first _____.

10. I'd like to introduce a superman who holds the _____ for selling 125 cars a month.

B. 아래 문장을 영작하시오.

11. 누가 세계 100m 달리기 신기록을 가지고 있지?

_____

12. 그 여성은 그 정당의 대변인 직에 있다.

_____

13. 이 새로운 학습 전략은 학업 성취를 향상시킬 가능성이 있을지도 모른다.

_____

14. 그 벤처 회사는 줄기세포 기술에 대한 특허를 가지고 있다.

_____

15. 몇몇 홈스쿨링 지지자들은 학교 교육에 대한 비판적 견해를 견지하고 있다.

_____

Collocations with

HOLD ❸

hold가 '유지하다, 가지다' 라는 뜻 외에 '중지하다, 그만두다' 라는 상반된 의미가 있음을 잘 알아 두어야 한다. hold one's breath는 '숨죽이다', hold fire는 '사격을 중지하다', hold tongue은 '입 다물다' 라는 의미로 사용된다. 이와는 조금 다른 의미로 사용된 hold a tune(음을 잡다)도 유용한 콜로케이션이다.

$\mathcal{C}$ollocation at a $\mathcal{G}$lance

Verb+Noun	Meaning	Verb+Noun	Meaning
hold one's breath	(긴장하여) 숨죽이다	hold hostage	인질로 잡다
hold fire	사격을 중지하다	hold moisture	수분을 머금다
hold line	(전화에서) 대기하다	hold territory	영토를 지키다
hold tongue	입 다물다	hold attention	시선을 잡아두다
hold hands	손을 잡다	hold a tune	음을 잡다

$\mathcal{C}$ollocation in $\mathcal{U}$se

hold one's breath (긴장하여) 숨죽이다

The sudden military raids left the village dwellers little option but to *hold their breath*.

군인들의 급습으로 인해 마을 주민들은 숨죽이는 것 외에는 선택의 여지가 별로 없었다.

hold fire 사격을 중지하다

The hunter *held fire* until the bear came into his sight.

사냥꾼은 곰이 시야에 들어올 때까지 사격을 하지 않았다.

hold line (전화에서) 대기하다

Hold the line. I'll answer the phone in a minute.

끊지 말고 기다려 주세요. 잠시 후에 전화 받겠습니다.

hold tongue 입 다물다

Hold your *tongue* and listen to what I have to say.

입 다물고 꼭 할 말 있으니까 들어.

hold hands 손을 잡다

The couple was *holding hands* while walking on the moonlit street.

그 커플은 달빛이 비치는 거리를 걸으며 손을 잡고 있었다.

hold hostage 인질로 잡다

The man claimed that he was *held hostage* in a UFO.

그 남자는 자기가 UFO에서 인질로 잡혔다고 주장했다.

hold moisture 수분을 머금다

Sandy soils do not *hold* much *moisture*.

모래 토양은 많은 수분을 함유하지 못한다.

hold territory 영토를 지키다

The tribes strived to *hold* their *territory* against the intruders.

그 부족은 침입자들에 맞서 자신들의 영토를 지키려 노력했다.

hold attention 시선을 잡아두다

The lecture could not *hold* the *attention* of most students.

그 강의는 대부분 학생들의 주목을 받지 못했다.

hold a tune 음을 잡다

She really can't *hold a tune*, but I enjoy going to karaoke with her.

그녀는 정말 음을 잡지 못하지만 나는 그녀와 함께 노래방에 가는 것을 즐긴다.

Collocation Exercises

A. 의미가 잘 통하도록 적절한 표현을 아래에서 찾아 문장을 완성하시오.

attention	breath	delivery	fire
hands	hostage	line	moisture
movement	territory	tongue	tune

1. Hold your _____ whatever you may see or hear. It's important that this room remain completely quiet.

2. The police were ordered to hold their _____ as the criminals advanced toward them.

3. We're looking for a new member to join our band who has a good ear for music and can hold a(n) _____.

4. Heating air will increase its capacity to hold _____, and lower its relative humidity.

5. The country was suspected to have attempted to hold _____ rather than achieve the spread of freedom and liberty.

6. Will you hold the _____, please? I'll see if the manager is in.

7. The speaker's announcement held the _____ of the large audience for over 15 minutes.

8. Eight laborers held _____ by insurgents last week were freed and handed over to their countries.

9. What if the monster doesn't show up itself? Do we just sit here holding our _____?

10. When Mary held her _____ out to him, he hesitated for a while and finally stripped off his gloves.

B. 아래 문장을 영작하시오.

11. 우리는 공포로 숨을 죽였다.

12. 여자 친구와 손을 잡은 후, 그 젊은이는 다음에는 어떻게 해야 하는지 궁금했다.

13. 그 영화는 두 시간 동안 보는 이들의 관심을 완전히 붙잡아 놓았다.

14. 상사는 부하들에게 사격 중지를 명령했지만 아무도 그의 목소리를 듣지 못했다.

15. 그 소년은 마술 시범으로 소녀의 주목을 끄는 데 성공했다.

Collocations with
KEEP ❶

keep은 '유지하다' 라는 의미와 함께 '지키다, 지켜내다' 라는 뜻으로 자주 쓰인다. keep an engagement와 keep a promise는 '약속을 지키다' , keep a resolution은 '결심을 지키다' 라는 의미로 쓰인다. keep faith in someone/something은 '누구/무엇에 대한 믿음을 지키다' 라는 뜻을 가지고 있다.

Collocation at a Glance

Verb+Noun	Meaning	Verb+Noun	Meaning
keep an account	장부로 기록하다	keep a promise	약속을 지키다
keep a diary	일기 쓰다	keep a record	기록으로 남기다
keep an engagement	약속[계약]을 지키다	keep a resolution	결심을 지켜내다
keep faith	믿음을 지키다	keep statistics	통계로 계속 남기다
keep a file	파일을 보관하다	keep value	가치를 유지하다

Collocation in Use

keep an account 장부로 기록하다

He should *keep an account* of all expenditures.

그는 모든 지출을 기장해야 한다.

keep a diary 일기 쓰다

Some people find it useful to *keep a diary*.

어떤 사람들은 일기 쓰는 것이 유용하다는 점을 알게 된다.

keep an engagement 약속[계약]을 지키다

They *keep the engagement* made by the government.

그들은 정부가 한 약속을 지킨다.

keep faith 믿음을 지키다

We are challenged to *keep faith* in our relationships.

우리는 관계에 대한 믿음을 지킬 것을 요구 받는다.

keep a file 파일을 보관하다

The CIA *keeps files* on the armistice agreement.

CIA는 정전 협정에 관한 자료를 보관하고 있다.

keep a promise 약속을 지키다

The Prime Minister has yet to *keep his promise* to reduce taxes.

수상은 세금을 줄이겠다는 그의 공약을 아직 지키지 않았다.

keep a record 기록으로 남기다

The manufacturers should *keep a record* of all ingredients.

제조업체는 모든 성분을 기록해야 한다.

keep a resolution 결심을 지켜내다

I have managed to *keep* my New Year's *Resolution* to study harder.

나는 더 열심히 공부하겠다는 내 새해 결심을 가까스로 지켜오고 있다.

keep statistics 통계로 계속 남기다

My baseball team *keeps statistics* on players' performances.

우리 야구팀은 선수들의 성적에 대한 통계 기록을 계속해 오고 있다.

keep value 가치를 유지하다

Even 10 years from now, the ring will *keep* its *value* because of
its high-quality diamond.

지금부터 10년이 지나도, 그 반지는 고급 다이아몬드 때문에 그 값어치가 변하지 않을 것이다.

Collocation Exercises

A. 의미가 잘 통하도록 적절한 표현을 아래에서 찾아 문장을 완성하시오.

account	assessment	diary	engagement
faith	files	promise	record
resolutions	secret	statistics	value

1. The president wants to keep _____ on his people legitimately
   by using The Patriot Act and terrorism as a means to justify his
   actions.

2. Atheism is spreading all over the world. Because of this, many
   people are challenged to keep their _____ in God.

3. The company had put forth every possible effort to keep the
   _____. However, they failed to do it, and went bankrupt.

4. A product with good durability and design will keep its _____. It
   won't need to be discarded or replaced with a new one.

5. In order to monitor the population growth of a nation, it is necessary
   to keep _____ on all births that occur.

6. There's no rule that you have to keep a(n) _____ every day or every week, but some people find it useful.

7. He should keep a(n) _____ of all receipts and expenditures and make out a financial report at the end of each quarter.

8. The manufacturers keep a(n) _____ of the supplier or importer of all ingredients, however small the quantity may be.

9. I believe that people's faith in democracy can make a certain politician keep his or her _____.

10. Many people fail to keep New Year's workout _____ but every promise you make yourself is worth keeping.

B. 아래 문장을 영작하시오.

11. 대통령은 약속을 지켜서 수감된 환경운동가들을 석방해야 한다.

12. 일기를 쓰는 것은 일상의 삶을 반추하게 만든다.

13. 그는 담배를 끊겠다는 결심을 아직 지키고 있다.

14. 그 목사는 기독교인으로서의 그의 신념을 지키기 위해 죽음을 택했다.

15. 명확한 의사소통을 위해 모든 회의에 대한 기록을 남기는 것이 필요하다.

Collocations with
KEEP ❷

keep은 순간이 아니라 지속적으로 무언가를 계속하는 활동을 나타내기 위해 쓰이는 동사이다. 따라서 '유지하다' 라는 식으로 종종 번역된다. keep a balance는 '균형을 유지하다', keep a distance는 '거리를 유지하다', keep a shape는 '특정한 모양을 유지하다' 라는 뜻으로 쓰인다.

Collocation at a Glance

Verb + Noun	Meaning	Verb + Noun	Meaning
keep a balance	균형을 유지하다	keep perspective	관점을 지니다
keep control	(계속) 통제하다	keep a secret	비밀을 지키다
keep a distance	거리를 유지하다	keep a shape	모양을 유지하다
keep pace	페이스를 맞추다	keep sight	계속 보다
keep peace	평화를 지키다	keep an eye	지켜보다

Collocation in Use

keep a balance 균형을 유지하다

I *keep a balance* between the simple and the complicated.

저는 단순한 것과 복잡한 것 사이에서 균형을 유지합니다.

keep control (계속) 통제하다

In spite of offensive comments, the prime minister *kept control* of her temper.

공격성 발언에도 불구하고, 수상은 침착함을 잃지 않았다.

keep a distance 거리를 유지하다

The detective *keeps his distance* from the prime suspect.

탐정은 주 용의자로부터 거리를 유지한다.

keep pace 페이스를 맞추다

Physicians *keep pace* with new technologies.

의사는 새로운 기술에 뒤처지지 않는다.

keep peace 평화를 지키다

What the UN does in this region is to *keep peace*.

이 지역에서 UN이 하는 일은 평화를 유지하는 것이다.

keep perspective 관점을 지니다

This book helps me *keep perspective* on linguistics.

이 책은 내가 언어학을 보는 관점을 갖는 데 도움이 된다.

keep a secret 비밀을 지키다

The telltale story of this newspaper failed his effort to *keep a secret* until his death.

이 신문의 폭로 기사가 죽을 때까지 비밀을 지키려고 했던 그의 노력을 좌절시켰다.

keep a shape 모양을 유지하다

The book cover is coated to *keep the shape*.

책의 표지는 모양새를 보존하기 위해 코팅되어 있다.

keep sight 계속 보다

You have to *keep sight* of your goal when you carry out research.

연구를 수행하면서 반드시 너의 목표를 계속 바라보아야 한다.

keep an eye 지켜보다

Keep an eye on my camera. I'll be right back.
제 카메라 좀 봐 주세요. 금방 돌아오겠습니다.

Collocation Exercises

A. 의미가 잘 통하도록 적절한 표현을 아래에서 찾아 문장을 완성하시오.

balance	confidence	control	distance
eye	name	pace	peace
perspective	secret	shape	sight

1. What the UN has to do in this region is to keep _____ between conflicting parties which had agreed to cease fire. They should settle their differences through conversation rather than war.

2. The detective on the trail of a murderer kept his _____ from a seductive woman who he thought would be the prime suspect.

3. A batterer begins and continues his behavior because violence is an effective method for gaining and keeping _____ over another person.

4. Businesses must keep _____ with population shifts and changing needs. Otherwise, they can't survive.

5. Her face suddenly blushed as if she could no longer keep a(n) _____. She felt the urge to disclose everything.

6. You have to keep _____ of your goal and remember that even the longest journey starts with just one small step.

7. It's important to keep _____ when we look at our own past and want to learn from things which we consider our shadow.

8. It is crucial to keep the _____ of animals and plants in the environment.

9. Your shirt seems like a new one. How does it keep its _____ in the glove compartment of a car?

10. Don't worry. I just had a few cameras installed up the ceiling, which are keeping a(n) _____ on customers 24 hours a day.

B. 아래 문장을 영작하시오.

11. 상자가 부실해서 케이크 모양을 유지할 수 없었다.

12. 정부는 주식시장을 계속 통제한다.

13. 제가 돌아올 때까지 애들 좀 봐주시겠어요?

14. 그녀는 회사 동료들의 관심을 피하기 위해 젊은 사장과 거리를 유지했다.

15. 비밀을 지키는 것은 비밀을 만드는 것보다 훨씬 어렵다.

Collocations with
KEEP ❸

네트워크의 시대, 관계를 유지하는 것은 무척 중요하다. keep company with someone 은 '누군가와 친분을 유지하다', keep contact with someone은 '누구와 계속 연락하다' 라는 의미로 사용된다. keep house는 '집을 돌보다, 집안일을 하다', keep a pet는 '애완 동물을 기르다' 라는 의미로 사용된다는 것 또한 잘 알아 두자.

Collocation at a Glance

Verb+Noun	Meaning	Verb+Noun	Meaning
keep change	잔돈을 갖다	keep house	가사를 돌보다
keep company with	~와 친분을 유지하다	keep a pet	애완동물을 기르다
keep contact with	~와 연락을 유지하다	keep one's temper	화내지 않고 차분해지다
keep a grip	꽉 붙들다, 영향력을 갖다	keep track of	~을 놓치지 않고 따라가다
keep one's hand in	(재능을 유지하기 위해) ~을 지속적으로 연습하다	keep (a) watch	주의 깊게 보다

Collocation in Use

keep change 잔돈을 갖다

I *keep change* in my car for homeless people.
내 차 안에는 노숙자에게 줄 잔돈이 마련되어 있다.

keep company with ~와 친분을 유지하다

Thomas is proud to *keep company with* famous artists.

토머스는 유명한 예술가들과 친분이 있는 것을 자랑스러워한다.

keep contact with ~와 연락을 유지하다

We can *keep contact with* close relatives or friends via e-mail.

우리는 가까운 친척이나 친구들과 이메일로 연락을 유지한다.

keep a grip 꽉 붙들다, 영향력을 갖다

The boss was able to *keep a grip* on his employees through effective incentives.

그 사장은 효율적인 유인책을 써서 직원들을 장악할 줄 알았다.

keep one's hand in (재능을 유지하기 위해) ~을 지속적으로 연습하다

James says he tried to *keep his hand in* drama.

제임스는 지속적으로 드라마 연습을 하기 위해 노력했다고 말한다.

keep house 가사를 돌보다

I *kept house* for my parents who visited for a long time.

나는 오랫동안 방문하신 부모님을 위해 집안일을 돌보았다.

keep a pet 애완동물을 기르다

Keeping a pet is not allowed in this apartment.

이 아파트에서는 애완동물을 기를 수 없다.

keep one's temper 화내지 않고 차분해지다

When he's drunk, Frank needs to *keep his temper*.

프랭크는 술에 취하게 되면 차분해질 필요가 있다.

keep track of ~을 놓치지 않고 따라가다

The police *keep track of* illegal distribution of MP3 files.

경찰은 MP3 파일의 불법 유통 사실을 계속 파악하고 있다.

keep (a) watch 주의 깊게 보다

The researcher *keeps a* close *watch* on the statistical procedure.

그 연구자는 통계 처리 절차를 유심히 살핀다.

Collocation Exercises

A. 의미가 잘 통하도록 적절한 표현을 아래에서 찾아 문장을 완성하시오.

change	company	contact	grip
hand	hour	house	job
temper	track	pets	watch

1. When he has a discussion, he usually speaks loudly, ending up causing a quarrel. He needs to keep his _____.

2. He really loves drama. Although known best as a CEO, Carter tried to keep his _____ in the performing arts.

3. Our friends and those with whom we keep _____ on a regular basis influence our lives. So we endeavor to have good relationships with them.

4. It is a free spreadsheet that lets you keep _____ of your income, taxes, and purchases.

5. The notion is changing that it is the wife's duty to keep _____.
   The husband needs to make practical efforts to achieve a truly equal
   relationship.

6. With the computer and the Internet, we can easily check the news
   headlines, and also keep _____ with close relatives or friends.

7. Always keep careful _____ over children near swift water—at
   all times.

8. The Ministry of Education has a plan to educate existing teachers so
   they would be able to use more interventions and strategies to keep
   a(n) _____ on their students.

9. I heard that in some countries leaving coins behind is considered
   very impolite, so I usually keep the _____.

10. Does keeping _____ do harm to animals' rights to freedom or
    vice versa?

B. 아래 문장을 영작하시오.

11. 애완동물을 기르는 것은 노인들의 외로움을 줄여 줄 수 있다.

12. 유학을 갔지만 그는 계속 고국의 친구들과 연락을 취했다.

13. 5,000원 여기 있어요. 잔돈은 가지세요.

14. 나는 그가 성질을 좀 죽일 필요가 있다고 생각해. 너도 동감이지 않니?

---

15. 내가 느끼기에 동창들이 일단 결혼하면 계속 어울리기는 힘든 것 같다.

Collocations with
MAKE ❶

오늘부터는 make가 만들어 내는 핵심 콜로케이션을 학습한다. make는 그 의미상 경제와 관련된 콜로케이션에 잘 등장한다. make a deposit/withdrawal은 '입금하다/출금하다' 라는 의미이며, make an investment는 '투자하다' 라는 뜻으로 사용된다. make a purchase는 '구매하다' 라는 의미이다.

Collocation at a Glance

Verb + Noun	Meaning	Verb + Noun	Meaning
make an apology	사과하다	make (a) payment	지불하다
make a deposit/ withdrawal	예금하다/ 인출하다	make a profit	이윤을 얻다
make (an) improvement	개선하다	make a purchase	구매하다
make an investment	투자하다	make a recommendation	제안하다, 추천하다
make an offer	(가격 등을) 제안하다	make a response	응답하다

Collocation in Use

make an apology 사과하다

You don't need to *make an apology*. It's not your fault.

넌 사과할 필요 없어. 네 잘못이 아니잖아.

make a deposit/withdrawal 예금하다/인출하다

The sponsor is required to *make a deposit* of 30 percent of the profits.

그 후원자는 이윤의 30퍼센트를 예금해야 한다.

make (an) improvement 개선하다

She is working hard to *make improvements* in her work.

그녀는 업무 성과를 개선하기 위해 열심히 일하고 있다.

make an investment 투자하다

He *made an investment* in the company.

그는 그 회사에 투자했다.

make an offer (가격 등을) 제안하다

You are expected to *make a* reasonable *offer*.

당신이 합리적인 제안을 할 거라고 생각합니다.

make (a) payment 지불하다

The tenant failed to *make a payment* within 24 hours.

그 세입자는 24시간 내에 지불하지 못했다.

make a profit 이윤을 얻다

The software company *makes a* huge *profit* from the new system.

그 소프트웨어 회사는 새로운 시스템으로 막대한 이익을 거둔다.

make a purchase 구매하다

She *made a* good *purchase* for her boyfriend's birthday.

그녀는 남자 친구 생일을 위해 좋은 선물을 구매했다.

make a recommendation 제안하다, 추천하다

You can *make a recommendation* based on your analysis.

당신의 분석에 기초해서 제안을 내놓으면 됩니다.

make a response 응답하다

I am not ready to *make a response* at this time.

난 지금 대답할 준비가 되어 있지 않아.

Collocation Exercises

A. 의미가 잘 통하도록 적절한 표현을 아래에서 찾아 문장을 완성하시오.

apology	arrangement	improvement	investment
offer	payment	profit	purchase
recommendation	response	speech	withdrawal

1. Richard made a(n) _____ for his girlfriend. But she was disappointed with what he bought.

2. Even though the government is oppressing, people are struggling to make a(n) _____ in the democracy.

3. In case the banks are closed on the holiday, he should make a(n) _____ from the account.

4. She always makes a pertinent _____ to her clients. They believe in her ability.

5. Nowadays, the stock value of this electronic company is increasing.

People should hurry to make their _____ before the share prices go up.

6. If he didn't commit such a stupid fault, I think that he would not need to make a(n) _____.

7. In your final paper, you can make a(n) _____ based on your analysis and opinion.

8. The company allows people to sell and make a(n) _____ from their free software, but does not allow them to restrict the right of others to distribute it.

9. This internet site no longer requires visitors to make _____ just in credit card. You can also transfer money from your savings account.

10. We hope that you would make a(n) _____ for our letter without hesitation. Then, we may make a snap decision for this issue which would have fatal consequences.

B. 아래 문장을 영작하시오.

11. 그는 방값을 일주일 안에 지불해야 한다.

12. 그녀는 그의 프러포즈에 아무런 대답도 하지 않았다.

13. 그 회사는 새로운 설비를 갖춘 후에 많은 이윤을 얻었다.

14. 그는 진심 어린 사과를 했지만 그녀는 그것을 속임수라고 생각했다.

15. 그 사진가는 다양한 디지털 카메라들과 렌즈들에 대한 추천을 해 주었다.

Collocations with
MAKE ❷

make는 그 어떤 동사보다도 많은 콜로케이션을 만든다. 오늘은 make a speech(연설하다), make conversation with someone(누구와 대화를 나누다), make a statement(선언하다, 발표하다)와 같이 언어와 관련된 활동을 표현하는 콜로케이션들을 중심으로 학습해 보자.

Collocation at a Glance

Verb+Noun	Meaning	Verb+ Noun	Meaning
make an appointment	약속을 하다	make (a) noise	소음을 내다
make a call	전화하다	make a reference	언급하다
make contact	연락하다	make a reservation	예약하다
make (a) conversation	대화하다	make a speech	(공식) 연설을 하다
make a mess	엉망으로 만들다	make a statement	선언하다, 발표하다

Collocation in Use

make an appointment 약속을 하다

You can *make an appointment* in person.
본인이 직접 약속을 하면 됩니다.

make a call 전화하다

He *made a call* to her using his friend's cellular phone.

그는 친구 휴대폰으로 그녀에게 전화했다.

make contact 연락하다

Students are required to *make contact* with their professor.

학생들은 교수에게 연락을 취해야 한다.

make (a) conversation 대화하다

A young guy is trying to *make conversation* with a beautiful girl.

한 젊은 남자가 아름다운 여자에게 말을 걸려 하고 있다.

make a mess 엉망으로 만들다

You always *make a mess*.

넌 언제나 어질러 놓는구나.

make (a) noise 소음을 내다

The baby *made noise* all day long.

그 아기는 하루 종일 크게 울었다.

make a reference 언급하다

The revolutionist *made a reference* to Marx's works.

그 혁명가는 마르크스의 저서를 언급했다.

make a reservation 예약하다

Breakfast will be provided to those who *make a reservation*.

예약한 분들께는 아침 식사가 제공됩니다.

make a speech (공식) 연설을 하다

The company *made a speech* in front of CEOs from all over the world.

그 회사는 전 세계 최고 경영자들을 앞에 두고 연설했다.

make a statement 선언하다, 발표하다

The New York Times *made a statement* about the president's scandal.

〈뉴욕 타임스〉는 대통령의 추문을 발표했다.

Collocation Exercises

A. 의미가 잘 통하도록 적절한 표현을 아래에서 찾아 문장을 완성하시오.

appointment	call	contact	conversation
fight	mess	noise	reference
reservation	speech	statement	success

1. The teacher should be compassionate and have the ability to make a(n) _____ with his or her students.

2. The government made a(n) _____ that the president was assassinated by a high-ranking official who had considerable complaints about the current political situation.

3. To make a(n) _____ at an available time, call us at the phone number below. Otherwise, you may visit our office in person.

4. If you want to make an international _____, you need to press "0" before dialing the number.

5. It took 2 hours to clean up what my son made a(n) _____ of. I'm really exhausted.

6. The White House said President Bush will make a(n) _____ on the Iraq War today in Texas.

7. Unless you are in a particularly bad situation, the bear will run away when you make a(n) _____.

8. The revolutionist made a(n) _____ to The Communist Manifesto by Marx to emphasize the progress of history.

9. I regret to say that you'd better make _____ with other universities which may fulfill your academic expectation.

10. The hotel recommends that you should make a(n) _____ in advance. If not, you may have to wait for a long time or, at the worst, find another hotel.

B. 아래 문장을 영작하시오.

11. 예약 전 회의실의 스케줄부터 확인하십시오.

12. 학생들은 강의 초반에 해당 교수와 만나야 합니다.

13. 대통령 입후보자는 선거 운동 동안 조세를 감면할 것이라고 연설했다.

14. 아세안(ASEAN) 지도자들은 아시아의 미래에 대한 담화를 발표했다.

15. 그 아이는 늘 방을 어지럽혔지만, 부모는 그것을 아이의 창의성에 대한 표시로 생각했다.

Collocations with
MAKE ③

make 뒤에 행동과 관련된 단어들이 오면 '특정 행동을 하다' 라는 뜻이 된다. 예를 들어 make an arrest는 '체포하다', make an assessment는 '평가하다', make haste는 '서두르다' 와 같은 의미로 사용된다. 이 외에 make a point가 '분명하게 말하다' 라는 의미라는 것도 알아 두자.

Collocation at a Glance

Verb+Noun	Meaning	Verb+Noun	Meaning
make an assessment	평가하다	make an error	오류를 범하다
make an arrest	체포하다	make haste	서두르다
make a contribution	기여하다	make a point	분명하게 말하다
make a difference	차이를 가져오다	make a start	출발하다
make a discovery	발견하다	make a visit	방문하다

Collocation in Use

make an assessment 평가하다

An assessment has to be *made* on the proposal to clean up the environment.

환경을 깨끗하게 하자는 제안에 대해 평가가 이루어져야 한다.

make an arrest 체포하다

The police *made an arrest* of the murderer at Seoul Station.

경찰은 그 살인범을 서울역에서 체포했다.

make a contribution 기여하다

The engineer *made a contribution* to the development of the new computer.

그 공학자는 새 컴퓨터 개발에 기여했다.

make a difference 차이를 가져오다

Gender *makes* no *difference* in language proficiency.

성별이 다르다고 해서 언어 구사 능력에 차이가 나는 것은 아니다.

make a discovery 발견하다

Newton *made a discovery* about the law of gravity.

뉴턴은 중력의 법칙을 발견했다.

make an error 오류를 범하다

He *made an error* in filling out the application form.

그는 지원서를 작성하면서 실수를 저질렀다.

make haste 서두르다

Make haste or the opportunity will pass you by!

서두르지 않으면 기회는 지나가 버려!

make a point 분명하게 말하다

The English teacher *made a point* about the importance of grammar.

그 영어 교사는 문법의 중요성을 강조했다.

make a start 출발하다

The sprinter *made a* good *start*.

그 육상 선수는 순조로운 출발을 했다.

make a visit 방문하다

On the way home, she *made a visit* to Mike's office.

집에 가는 길에 그녀는 마이크의 사무실을 방문했다.

Collocation Exercises

A. 의미가 잘 통하도록 적절한 표현을 아래에서 찾아 문장을 완성하시오.

arrest	**assessment**	**contributions**	**endeavor**
error	**difference**	**discovery**	**haste**
name	**point**	**start**	**visit**

1. The LCD market made a good _____ in the beginning of the year, but the price has decreased since February.

2. All the people made _____ to rebuilding the town, which had been destroyed during the civil war.

3. I believe that my physical disability makes no _____ in breaking the world record. I will not get frustrated like I did in the past.

4. Please let us know in advance if you would like to make a(n) _____. Then, we will provide you with better counseling.

5. Her gesture to make a(n) _____ was effective to draw the audience's attention. Everyone nodded their heads.

6. During the interview, he was so nervous that he made an unconscious _____ in defending his wrong behavior.

7. He is trying to make an epoch-making _____ of the technology to transplant a stem cell, which is expected to one day provide a cure for debilitating diseases.

8. Environmental organizations insist that an extensive _____ has to be made of the National Park before tunneling work starts.

9. Police have made a(n) _____ in the murder of a young man who was killed inside a bar. Witnesses said that he was stabbed during a fight over a spilled drink.

10. Samsung is making _____ to resolve electronic equipment losses by a stoppage of power supply. But it has not found the origin which caused the shutdown of power.

B. 아래 문장을 영작하시오.

11. 그 검사는 용의자가 해외로 도주하기 직전 그를 검거했다.

_____

12. 정부는 대사에게 최종 협상을 서두를 것을 요청했다.

_____

13. 그녀는 모든 학생들의 에세이를 평가하는 데 일주일이 걸렸다.

_____

14. 한국 사회에 공헌을 하려면 어떤 종류의 직업을 택해야 할까요?

_____

15. '당신의 태도는 행동을 만듭니다. 당신의 행동은 차이를 만듭니다.' 라고 피켓에 씌어 있었다.

_____

Collocations with

SHOW ❶

track 25

오늘부터는 show와 다양한 명사들이 결합하는 경우를 살펴본다. show 다음에 구체적인 의미를 지닌 film과 같은 단어가 와서 '상영하다' 라는 의미가 된다. 그렇다면 show someone the door는 무슨 뜻일까? '누구에겐가 문을 보여주다' 로 직역될 수도 있지만, 내포된 의미는 '내쫓다, 나가게 하다' 라는 의미이다.

Collocation at a Glance

Verb+Noun	Meaning	Verb+Noun	Meaning
show ability	능력을 보여주다	show leadership	지도력을 보여주다
show deference	경의를 표하다	show a passport	여권을 제시하다
show the door	내쫓다, 나가게 하다	show a profit	이윤을 내다
show (a) film	영화를 상영하다	show teeth	이를 드러내 보이다
show goodwill	호의를 표하다	show the way	길을 가르쳐 주다

Collocation in Use

show ability 능력을 보여주다

It is very important that they *showed the ability* to think freely and that they made their own decisions.

그들이 자유롭게 사고하는 능력을 보여준 것과 스스로 결정을 내렸다는 점은 매우 중요하다.

show deference 경의를 표하다

The employees have always *shown deference* to the founder of their company.

직원들은 언제나 회사 창립자에게 경의를 표해 왔다.

show the door 내쫓다, 나가게 하다

"Allow me to *show* you *the door* on your way out!" he said angrily to the woman.

"나가는 길을 알려 드리도록 하죠." 그는 화가 나서 그 여자에게 말했다.

show (a) film 상영하다

They *showed the film* to the British audience, whose reaction was quite mixed.

그들은 영국 관객들에게 그 영화를 보여주었는데, 반응이 상당히 엇갈렸다.

show goodwill 호의를 표하다

Israel agreed to free 200 Palestinian prisoners, partly to *show goodwill* ahead of the elections.

이스라엘은 선거에 앞서 일부 호의를 보이고자 200명의 팔레스타인 죄수들을 석방하는 데 동의했다.

show leadership 지도력을 보여주다

School authorities have *shown* their *leadership* in pedagogical areas such as defining the shape of curriculum.

학교 당국은 교과 과정의 짜임새를 정하는 등 교육 부문에서 지도력을 보여주었다.

show a passport 여권을 제시하다

At the entrance to the security area you must *show* your *passport* and boarding pass.

보안 구역 입구에서 여권과 탑승권을 제시해야 합니다.

show a profit 이윤을 내다

If the company *shows a profit*, we should invest. If it shows a loss, let's reconsider our decision.

만약 그 회사가 이윤을 내면, 우리는 투자해야 한다. 그러나 만약 손실을 낸다면, 결정을 재고하자.

show teeth 이를 드러내 보이다

She grinned, *showing teeth* like small white pearls.

그녀는 하얀 진주 같은 이를 드러내 보이며 씩 웃었다.

show the way 길을 가르쳐 주다

The movie, *The Love*, has *showed* me *the way* to get in touch with my true feelings.

'사랑' 이라는 영화는 내 진실한 감정에 맞닿을 수 있는 길을 제시해 주었다.

Collocation Exercises

A. 의미가 잘 통하도록 적절한 표현을 아래에서 찾아 문장을 완성하시오.

ability	deference	door	film
goodwill	leadership	loyalty	passport
profit	sign	teeth	way

1. It is said that the Romans were brutal in war but they showed _____ towards all who sided with them.

2. In the 80's, TV networks started requiring that their news divisions show a(n) _____, which placed them in the hands of the advertisers.

3. The Classic Competition in Seoul, where Michael showed his _____ at playing piano in front of many guests, was really successful.

4. The hardest thing is that there is no one there to show you the _____ to figure out problems. You have to do it on your own.

5. Our company has decided to show the _____ to workers who smoke, even if it's on their own time.

6. When we visited the production studio, they showed the _____ on a large screen.

7. The governor continues to show his _____ and commitment to our community.

8. The dog may growl, snarl, show _____, or bark.

9. The fact that the region's most powerful players—including China, India, and the United States—show _____ to ASEAN by participating in these forums demonstrates that ASEAN still matters.

10. A customs officer will ask you to show your _____ and your bag will be scanned.

B. 아래 문장을 영작하시오.

11. 가장 어려운 점은 교육 분야에서 리더십을 발휘할 사람이 없다는 것이다.

_____

12. 학교 당국은 학교 경영진에 항의하는 학생들을 내쫓았다.

_____

13. 나는 웃을 때 늘 이를 드러내 보이라는 요구를 받는다.

_____

14. 그녀는 코미디에서 대단한 능력을 보여주었고 곧 백만장자가 되었다.

_____

15. 국기에 경의를 표하는 것이 현 정권에 대한 지지를 의미하는 것은 아니다.

_____

Collocations with
SHOW ❷

show 다음에 정서를 표현하는 단어가 흔히 온다. 예를 들어, show affection은 '애정을 보이다', show concern은 '염려하다', show partiality는 '불공평한 태도를 보이다', show unease는 '불편한 심기를 드러내다' 라는 의미로 사용된다.

Collocation at a Glance

Verb + Noun	Meaning	Verb + Noun	Meaning
show affection	애정을 보여주다	show hand	속을 드러내 보이다
show concern	걱정하다, 염려하다	show mercy	자비를 베풀다
show diplomacy	외교적 수완을 발휘하다	show partiality	불공평한 태도를 보이다
show faith	신뢰를 보여주다	show respect	존경심을 표하다
show a flair	뛰어난 재능을 보이다	show unease	불안한 심기를 드러내다

Collocation in Use

show affection 애정을 보여 주다

They kiss and embrace to *show affection*.

그들은 키스하고 포옹하며 애정을 표현한다.

show concern 걱정하다, 염려하다

Good doctors *show concern* for their patients.

좋은 의사들은 자신이 돌보는 환자를 염려한다.

show diplomacy 외교적 수완을 발휘하다

She *showed diplomacy* and ability for managing difficult political situations.

그녀는 까다로운 정치적 상황을 해결하는 외교적 수완과 능력을 발휘했다.

show faith 신뢰를 보여주다

The manager *showed faith* in me by picking me straightaway.

그 관리인은 그 즉시 나를 발탁함으로써 나에 대한 신뢰를 보여주었다.

show a flair 뛰어난 재능을 보이다

The best politicians *show a flair* for interacting with many different types of people.

뛰어난 정치인은 여러 유형의 사람들과 교류하는 데 소질이 있다.

show hand 속을 드러내 보이다

Because I am in discussion with a number of people, I won't *show* my *hand* on that issue.

나는 수많은 사람들과 함께 논의 중이기 때문에, 그 문제에 대한 내 생각을 말하지 않겠다.

show mercy 자비를 베풀다

The kidnapper *showed mercy* to Nick and sent him home.

그 유괴범은 닉에게 자비를 베풀어 집으로 돌려보냈다.

show partiality 불공평한 태도를 보이다

He never *showed partiality* and remained indifferent in debates.

그는 토론하는 동안 어느 한쪽으로 치우치는 일 없이 공평한 태도를 유지했다.

show respect 존경심을 표하다

To *show* your *respect* for family and friends, send this beautiful arrangement of pink flowers.

가족과 친구에게 감사의 마음을 표현하려면 이 아름다운 분홍빛 꽃다발을 보내라.

show unease 불안한 심기를 드러내다

Many voters *showed unease* and a deep skepticism about the plan.

많은 유권자들이 그 계획에 대해 불안감과 깊은 회의를 보여주었다.

Collocation Exercises

A. 의미가 잘 통하도록 적절한 표현을 아래에서 찾아 문장을 완성하시오.

ability	**affection**	**concern**	**diplomacy**
faith	**flair**	**hand**	**impatience**
mercy	**partiality**	**respect**	**unease**

1. All products submitted to the competition are taste tested by a panel of judges who do not show _____ towards a particular brand.

2. Your parents have shown _____ in you. Giving you a new car shows that they value you enough to give you more responsibility.

3. Courts tolerate peaceful, communicative demonstrations, but show considerable _____ when demonstrations threaten "order."

4. This is a one hour multiple-choice written test with puzzles; however,

it is enjoyable for students who show a(n) _____ for mathematics.

5. He must be a great poker player because he never shows his _____. He keeps his emotions below the surface and stays calm.

6. Please show _____ with others in the chat room. Anyone using foul language or engaging in disrespectful conduct will be asked to leave.

7. I was inspired with his potential and the way he showed his _____ toward his audience when he was on stage.

8. He was willing to show _____ to someone else who also didn't deserve it.

9. The National Police shows _____ over the recent increase in malicious crimes such as murders, rapes, and human traffics.

10. A woman needs her husband to show _____ to her in the way he speaks to her and of her—to always speak highly of her to others, and to never belittle her.

B. 아래 문장을 영작하시오.

11. 그는 퍼즐에 재능을 보이는 학생들에게 인상적인 제안을 했다.

12. 시민들은 새로운 정부를 설립하는 것에 대해 우려를 표했다.

13. 속내를 너무 빨리 드러내지 마라. 그러다간 너무 많은 정보를 주게 될 거야.

14. 그 간호사는 거지를 자기 집으로 데려와 식사를 대접하는 자비를 베풀었다.

15. 어머니는 아들이 직장을 그만두고 자기 사업을 시작하겠다고 했을 때 불안감을 내비쳤다.

Collocations with
SHOW ❸

어떤 일이나 현상이 특정한 의미를 지닐 때에도 show라는 동사가 곧잘 사용된다. 예를 들어, show a pattern은 '일정한 유형을 보이다', show a sign은 '징후를 보이다', show a tendency는 '경향을 보이다' 라는 의미로 자주 사용된다. show vestige가 '자취를 보이다' 라는 의미라는 것도 알아 두자.

Collocation at a Glance

Verb + Noun	Meaning	Verb + Noun	Meaning
show approval	승인하다, 찬성하다	show proof	증거를 보이다
show a bias	편견을 보여주다	show a sign	징후[흔적]를 보이다
show (a) change	변화를 보이다	show a tendency	경향을 보이다
show a pattern	일정한 유형을 보이다	show a vestige	자취를 보이다
show promise	가망을 보여주다	show the world	전 세계에 알리다

Collocation in Use

show approval 승인하다, 찬성하다

It was a lively atmosphere. All the people *showed approval* for the service and decor of the club.

분위기는 밝고 경쾌했다. 모든 사람들이 그 클럽의 서비스와 실내 장식에 대해 긍정적인 반응을 보였다.

show a bias 편견을 보여주다

When people use sexist language they are actually *showing a bias*, even if they are unaware of it.

사람들이 성차별적인 언어를 사용할 때면, 의식하고 있지는 않더라도 사실상 편견을 드러내 보이는 것이다.

show (a) change 변화를 보이다

Air transportation lost jobs while truck transportation *showed* no *change*.

항공 운송은 일거리를 잃은 반면, 트럭 운송에는 아무런 변화가 없다.

show a pattern 일정한 유형을 보이다

The plant workers *show a pattern* of lung and some other cancer, which is several times higher than that found in the rest of the state.

공장 노동자들은 폐암을 비롯한 몇몇 암 질환 발생률이 국내의 다른 누구보다도 몇 배나 높게 나타나는 유형을 보인다.

show promise 가망을 보여주다

This vaccine *shows promise* for AIDS patients.

이 백신(치료제)은 에이즈 환자들에게 가망을 보여준다.

show proof 증거를 보이다

This photo *shows proof* of a lion roaming the campus.

이 사진은 사자가 교내에서 돌아다니고 있다는 증거를 보여준다.

show a sign 징후[흔적]를 보이다

The house *shows signs* of being extremely neglected.

이 집은 극도로 방치되어 있다는 흔적을 보여준다.

show a tendency 경향을 보이다

Results from the pretest *show a tendency* to believe that drugs are very simple to obtain.

사전 검사 결과는 일반적으로 마약을 구하기 쉽다고 생각하는 경향이 있음을 보여준다.

show a vestige 자취를 보이다

A physician must *show* no *vestige* of uncertainty or fear, no matter how nearly overwhelmed he or she might be.

의사는 아무리 당황스러운 상황에 처해도 미심쩍거나 두려워하는 모습을 보여서는 안 된다.

show the world 전 세계에 알리다

I'm here to *show the world* that anything is possible.

난 무엇이든 가능하다는 것을 세상에 알리기 위해 이 자리에 섰다.

Collocation Exercises

A. 의미가 잘 통하도록 적절한 표현을 아래에서 찾아 문장을 완성하시오.

approval	bias	change	exhibition
interest	pattern	promise	proof
sign	symbol	tendency	world

1. He showed _____ as a rookie, but his potential didn't seem to be fulfilled as injuries forced him to sit out for a while.

2. A recent survey of working families in Ohio showed a(n) _____ against black people.

3. The dean showed _____ for the new system to pay by the use of a hand stamp, rather than an original signature.

4. The group is showing a(n) _____ to want to be together as a whole and not split into separate parts.

5. Unfortunately, my personal hope that the writer would show a(n) _____ of maturity quickly ended after reading the first paragraph.

6. Now it's Christmas time and it's a good chance to show the _____ how generous you are.

7. The HIV/AIDS study conducted by Mr. Mandela shows a(n) _____ in sexual behavior.

8. Please be aware that you need to show _____ of English language proficiency to be admitted to the university.

9. This movie shows a typical _____ of psychoanalysis. Mental conflicts and abnormal behaviors of the hero are originated from babyhood relationships between him and his parents.

10. Park Ji-sung showed the _____ that he completely recovered from the leg injury by scoring the golden goal in the last match over Chelsea.

B. 아래 문장을 영작하시오.

11. 그는 자기의 가능성이 이루어질 수 있음을 세상에 보여주었다.

_____

12. 사람들은 때로 노인이나 장애인에 대해서 편견을 보인다.

_____

13. 그의 그림은 기존의 진리를 비틀어 버리는 패턴을 보여준다.

_____

14. 이 통계는 젊은이들이 정치에 점점 더 무관심해지고 있다는 경향을 보여준다.

_____

15. 그의 발언은 그가 그 범죄의 공범들 중 하나라는 증거를 보여준다.

_____

Collocations with
TAKE ❶

track 28

오늘부터는 take와 관련된 콜로케이션을 살펴보도록 한다. get이나 have와 마찬가지로 take는 가장 다양한 의미를 가진 동사 중 하나이다. 시간을 나타내는 명사들과 결합하여 만들어지는 '휴식을 취하다(take a break)', '잠깐 멈추다(take a second)'를 비롯한 다양한 콜로케이션을 공부해 보자.

Collocation at a Glance

Verb+Noun	Meaning	Verb+Noun	Meaning
take a break	휴식을 취하다	take an order	주문을 받다
take a chance	위험을 무릅쓰고 시도하다	take a picture	사진을 찍다
take a course	수업을 듣다, 경로를 정하다	take a pill	약을 복용하다
take the day off	일에서 쉬다	take a second	잠깐 멈추다
take a message	전달 사항을 받다	take a test	시험을 치르다

Collocation in Use

take a break 휴식을 취하다

You need to *take a break*.

너 휴식 좀 취해야겠다.

take a chance 위험을 무릅쓰고 시도하다

You'll never know if you can succeed if you don't *take a chance*.

위험을 무릅쓰고 해 보지 않으면 성공할 수 있을지 없을지 알 수 없다.

take a course 수업을 듣다, 경로를 정하다

She *took an* introductory *course* in the law school.

그녀는 법학 대학원에서 개론 수업을 들었다.

take the day off 일에서 쉬다

All the employees will *take the day off* on New Year's Day.

모든 직원들은 새해 첫날 일하지 않습니다.

take a message 전달 사항을 받다

He's not here now. Can I *take a message*?

그는 지금 여기 없어요. 메시지를 남기실래요?

take an order 주문을 받다

The bookstore *took* a lot of *orders* for books about the popular new diet.

그 서점에는 인기를 끌고 있는 신종 다이어트에 관한 책 주문이 밀려들었다.

take a picture 사진을 찍다

The Milky Way is so big that we cannot *take a picture* of it without a powerful telescope.

은하수는 너무 거대해서 기능이 강력한 망원경 없이는 사진을 찍을 수 없다.

take a pill 약을 복용하다

You need to *take* this *pill* at least 30 minutes prior to breakfast.

적어도 아침 식사하기 30분 전에 이 약을 드세요.

take a second 잠깐 멈추다

He needed to *take a second* to reorganize his thoughts.

그는 생각을 다시 정리하기 위한 잠깐의 시간이 필요했다.

take a test 시험을 치르다

Before I *take a test*, I usually study at least two weeks in advance.

난 시험 보기 전에 최소한 2주일 전부터 공부한다.

Collocation Exercises

A. 의미가 잘 통하도록 적절한 표현을 아래에서 찾아 문장을 완성하시오.

break	chance	course	day off
message	order	part	pill
picture	orders	second	test

1. More than 100 employees will take the _____ to donate their skills and time to nonprofit organizations.

2. Let me take a(n) _____ for someone who is unavailable or out of the office.

3. You need to take a(n) _____ and stretch to get your blood flowing. Sitting down for long hours without a break can be harmful.

4. I hope that my husband can simply take a(n) _____ each day and gradually regain the function of his liver.

5. I took a(n) _____ of the landscape around my school with a digital camera.

6. A student who has never taken an introduction to economics should

take this _____.

7. I advise you to take a(n) _____ to collect your thoughts before the interview begins.

8. If you aren't able to take a(n) _____ on the day it is scheduled, it is your responsibility to arrange for a make-up test in advance.

9. He knew she would turn down his dinner invitation, but he took a(n) _____ anyway.

10. This Chinese restaurant takes delivery _____ even via text message.

B. 아래 문장을 영작하시오.

11. 나는 운에 맡기고 가장 예쁘고 인기 많은 여자애를 댄스파티에 초대했다.

12. 제가 부재중일 때에는 비서에게 메시지를 받아 달라고 요청하세요.

13. 그 웨이터는 주문을 받고선 음식을 갖다 주러 오지 않았다.

14. 의사가 아버지에게 하루 두 번 알약을 먹으라고 했으나 아버지는 매일 술만 마셨다.

15. 나는 감기에 걸려서 하루 휴가를 냈다. 하루 종일 잠만 잤다.

Collocations with
TAKE ❷

오늘은 take의 콜로케이션 중에서 신체적 행동을 나타내는 명사와 결합하는 경우를 중심으로 학습한다. 예를 들어, take a breath는 '숨을 쉬다', take a jump는 '뛰어오르다', take note는 '주목하다' 등의 의미로 사용된다.

Collocation at a Glance

Verb + Noun	Meaning	Verb + Noun	Meaning
take a breath	숨을 쉬다	take a look	보다
take delight in	~에서 기쁨을 느끼다	take note	주목[주의]하다
take effort to	~하려고 노력하다	take a shape	형태를 갖추다
take an interest in	~에 관심을 갖다	take the trouble to	수고를 아끼지 않고 ~하다
take a jump	높이 뛰다	take a turn	차례를 맡다

Collocation in Use

take a breath 숨을 쉬다

He *takes a* deep *breath* before the job interview.

그는 취직 면접에 앞서 심호흡을 했다.

take delight in ~에서 기쁨을 느끼다

I often *take delight in* small things.

난 종종 작은 것들에서 기쁨을 맛보곤 한다.

take effort to ~하려고 노력하다

She *took effort to* express her feelings to him.

그녀는 그에게 감정을 표현하고자 애썼다.

take an interest in ~에 관심을 갖다

The government has *taken an interest in* weapons development.

정부는 무기 개발에 관심을 가져 왔다.

take a jump 높이 뛰다

Mike could have *taken a jump* to the presidency.

마이크는 최고위직까지 도약할 수 있었는데.

take a look 보다

I *took a look* at the statistical output.

나는 통계 처리 결과를 들여다보았다.

take note 주목[주의]하다

He *takes note* of recent advances in human rights.

그는 최근의 인권신장에 주목한다.

take a shape 형태를 갖추다

This cake *takes a shape* of a triangle.

이 케이크는 삼각형 모양을 하고 있다.

take the trouble to 수고를 아끼지 않고 ~하다

Almost 20 years ago, people didn't *take the trouble to* read a classic novel.

약 20년 전에는 사람들이 굳이 고전소설을 읽으려고 애쓰지 않았다.

take a turn 차례를 맡다

Each student should *take a turn* as the discussion leader.

모든 학생은 돌아 가면서 토론진행자의 역할을 맡아야 한다.

Collocation Exercises

A. 의미가 잘 통하도록 적절한 표현을 아래에서 찾아 문장을 완성하시오.

breath	delight	effort	interest
jump	look	note	place
shape	trouble	turns	vote

1. Poor readers don't want to take the _____ to infer the author's intention from the content. So their scores on a reading proficiency test are lower than expected.

2. The X-generation takes _____ in destroying the old way of doing things. The older generation sometimes can't understand their behavior.

3. I think that an ambitious woman can take a(n) _____ up to the highest position in this company, if she's very capable and intelligent.

4. While I took a close _____ at the security system of my company, I found some defects.

5. A Korean person takes _____ to express their emotions in subtle ways. But an American is more direct and goes straight to the point.

6. If you were to connect each point, the resulting line would take the _____ shown in Figure 7, which should look familiar to you.

7. When a dolphin needs to take a(n) _____, it comes up to the surface of the water.

8. I hope that people around the nation will take more _____ in the environmental movement.

9. Please take _____ that you need to register online for further information.

10. It was a long trip and we took _____ driving.

B. 아래 문장을 영작하시오.

11. 그는 최근 인권 향상에 대해 주목하지 못함을 인정했다.

12. 이 활동은 각 학생들이 차례로 토론 주재자가 되기를 요구한다.

13. 그는 심호흡을 하고 그녀에게로 달려갔다.

14. 나는 시민운동에 참여하는 것에서 기쁨을 느꼈다. 하지만 부모님들은 내가 돈을 벌길 원했다.

15. 친구가 나를 위해 역까지 차로 데려다 주는 수고를 해 주어서, 나는 제시간에 집에 도착할 수 있었다.

Collocations with

TAKE ❸

track 30

take 뒤에는 추상적 의미를 지닌 명사가 올 수 있다. take advantage of는 '~을 이용하다', take charge는 '책임을 맡다', take issue with something은 '무엇에 반대하다, 무엇에 대해 논쟁하다' 라는 의미가 된다. '관점을 취하다' 라는 의미로 take a point of view를 쓴다는 것도 알아 두자.

Collocation at a Glance

Verb + Noun	Meaning	Verb + Noun	Meaning
take (an) action	조치를 취하다	take part in	~에 참여하다
take advantage of	~을 이용하다	take the place of	~을 대체하다
take aim	겨냥하다, 조준하다	take a point of view	관점을 취하다
take care	돌보다	take (an) issue	반대하다, 논쟁하다
take charge	제어하다, 책임을 맡다	take a risk	위험을 무릅쓰다

Collocation in Use

take (an) action 조치를 취하다

He *took* instant *action* when the hostage was killed.

그는 인질이 살해되자 즉시 조치를 취했다.

take advantage of ~을 이용하다

She *took advantage of* the opportunity presented to African Americans.

그녀는 미국 흑인들에게 주어진 기회를 활용했다.

take aim 겨냥하다, 조준하다

The author *took aim* at corrupt politicians in his new book.

그 작가는 새 책에서 부패한 정치인을 겨냥했다.

take care 돌보다

The state should *take care* of people's life and property.

국가는 국민의 생명과 재산을 돌보아야 한다.

take charge 제어하다, 책임을 맡다

You need to *take charge* of your health.

당신의 건강을 잘 관리하세요.

take part in ~에 참여하다

I agreed to *take part in* this research.

이 연구에 참여하기로 했습니다.

take the place of ~을 대체하다

This device is designed to *take the place of* other machines.

이 장치는 다른 기계들을 대체하도록 고안되었다.

take a point of view 관점을 취하다

He *took the point of view* of the oppressed.

그는 억압받는 자들의 관점을 취했다.

take (an) issue 반대하다, 논쟁하다

I want to *take issue* with your statement.

전 당신의 의견에 문제 제기를 하고자 합니다.

take a risk 위험을 무릅쓰다

At that time I loved traveling, and I was young enough to *take a risk*.

그 당시에 나는 여행을 좋아했고, 모험을 할 만큼 충분히 젊은 나이였다.

Collocation Exercises

A. 의미가 잘 통하도록 적절한 표현을 아래에서 찾아 문장을 완성하시오.

action	advantage	aim	booking
care	charge	issue	part
place	point of view	ride	risk

1. Information and communication technology is not only taking the
   _____ of traditional teaching methodology, but also is changing
   the relationship between teachers and students.

2. People assume that it is reasonable that the state would take
   _____ of them from cradle to grave.

3. The authors take _____ at several myths about statistics, which
   they introduce in the preface. But the content is not easy to follow
   without knowing the scientific and social context.

4. It might be advantageous to take instant _____ when the machinery breaks down.

5. Considering your age, it is the time to take _____ of your health by eating better food and exercising more.

6. If the president does not take a(n) _____ with this project, then your plan will be passed.

7. They take the _____ of financial managers who would like to interact with very efficient capital markets.

8. The engineers are reluctant to take the _____ of developing new technology because nobody is willing to give financial support.

9. Take full _____ of dictionaries in English vocabulary learning. Especially dictionaries for second language acquirers are beneficial.

10. Thirty-two students took _____ in the MBA writing workshop which focused on the importance of essays in the MBA admission process.

B. 아래 문장을 영작하시오.

11. 일단 등록하고 나면, 당신은 e-learning의 이익을 누릴 수 있습니다.

12. 이번 학회에 저명한 과학자들이 참가해서 연설을 할 것입니다.

13. 그는 불타고 있는 건물에서 그녀를 구해 내려고 커다란 위험을 감수했다.

14. 그 우파 교수는 정부의 사회주의적 노동 정책에 대해 반박했다.

15. 지방 정부는 증가하는 고령화 문제에 대해 즉각적인 조치를 취해야 한다.

Days 01-30

Final Check-up

(1–5) 다음 괄호 안에 공통적으로 들어갈 동사를 보기에서 고르시오.

do(did)	get(got)	show(showed)	find(found)
give(gave)	make(made)	hold(held)	keep(kept)
take(took)	have(had)		

1 There are several activities we can (   ) in our English class.

She is the last person to (   ) business with.

Apart from watching films, we can also (   ) exercise to release stress.

A nation has no right to (   ) injustice to another country.

2 The museum is going to (   ) an auction on March 1st to sell works of art.

The hunter would (   ) fire until the bear came into his sight.

Sandy soils do not (   ) much moisture.

The lecture could not (   ) the attention of most students.

3 I ( ) a chance to meet with the basketball coach.

She ( ) a name for herself by singing on Broadway.

I ( ) a promotion to group manager in my department.

I used my camera phone and ( ) a shot of the actress.

4 You need to ( ) a break.

All the employees will ( ) the day off on New Year's Day.

I often ( ) delight in small things.

I loved traveling, and I was young enough to ( ) a risk.

5 We ( ) a lively chat with each other.

She ( ) no choice but to accept the invitation.

The treatment certainly ( ) an effect.

Though she knew her disability, she ( ) an urge to see the world.

(6-10) (A)와 (B)를 알맞게 연결하여 문장을 완성하시오.

(A)	(B)
6. This page gives	(a) details of the badminton leagues we play in.
7. The software company makes	(b) a bias against black people.
8. The thief was so cautious that the detective could not find	(c) his promise to reduce taxes.
9. The Prime Minister has yet to keep	(d) a huge profit from the new system.
10. A recent survey of working families in Ohio showed	(e) any clue that he committed the crime.

(11-15) 의미가 잘 통하도록 적절한 표현을 아래에서 찾아 문장을 완성하시오.

effort	point	share	track	views

11. Those who hold different _____ on these matters must back up their opinions with convincing arguments.

12. You obviously don't get the _____. How long does it take to understand the simplest of things?

13. The police keep _____ of illegal distribution of MP3 files. But Internet users continue developing new expedients to avoid their oversight.

14. A Korean person takes _____ to express their emotions in subtle ways. But an American is more direct and goes straight to the point.

15. Further investment is needed to hold the company's _____ of an increasingly competitive market.

(16–20) 다음 해석을 보고 빈칸에 알맞은 콜로케이션을 써 넣으시오.

16. Who _____ _____ _____ _____ for the 100m sprint? (누가 세계 100m 달리기 신기록을 가지고 있지?)

17. Will you _____ _____ _____ _____ my kids until I get back? (제가 돌아올 때까지 애들 좀 봐주시겠어요?)

18. It took her one week to _____ _____ _____ _____ of all the students' essays. (그녀는 모든 학생들의 에세이를 평가하는 데 일주일이 걸렸다.)

19. During my absence, ask the secretary to _____ _____ _____ _____. (제가 부재중일 때는 비서에게 메시지를 받아 달라고 요청하세요.)

20. The president has to _____ _____ _____ _____ the prime minister by next week. (대통령은 다음 주까지 총리를 대신할 사람을 찾아야 한다.)

Part Two

Collocations on Essential Subjects

핵심 주제별 명사 콜로케이션

Collocations on
Business and Economy

track 32

오늘부터는 명사 중심으로 주제별로 구분하여 콜로케이션을 공부한다. 우선 revenue (수입), recession(경기 침체), products(상품) 등과 같이 business와 economy에 관련된 핵심 어휘들과 콜로케이션을 살펴본다. increase/lose revenue, cause/beat a recession, develop/promote products, acquire/issue shares 등 30개의 핵심 표현들을 꼼꼼히 학습한다.

Collocation at a Glance

Verb+Noun	Meaning	Verb +Noun	Meaning
earn revenue 수입을 얻다		**face competition** 경쟁에 직면하다	
increase revenue 수입을 증가시키다		**fight off competition** 경쟁 상대와 겨루다	
lose revenue 수입을 잃다		**acquire shares** 지분을 확보하다	
promote a product 상품 판매를 촉진하다		**hold shares** 지분을 가지다	
develop a product 상품을 개발하다		**issue shares** 주식을 발행하다	
launch a product 상품을 시판하다		**trade shares** 주식을 거래하다	
cause a recession 경기 침체를 야기하다		**balance a budget** 예산의 균형을 맞추다	
beat a recession 경기 침체를 이기다		**approve a budget** 예산을 승인하다	
plunge into a recession 경기 침체에 빠지다		**cut a budget** 예산을 삭감하다	

set a price
가격을 정하다

have an asset
자산을 가지다

increase a price
가격을 올리다

acquire an asset
자산을 확보하다

cut a price
가격을 내리다

transfer an asset
자산을 양도하다

provide insurance
보험을 제공하다

reduce expenditure
지출을 줄이다

claim insurance
보험금을 청구하다

incur expenditure
지출을 초래하다

maintain insurance
보험을 유지하다

meet expenditure
비용을 충족하다

Collocation in Use

earn revenue 수입을 얻다

The agency *earns* public *revenue* for schools.

그 기관은 학교를 위한 공공 세입을 걷는다.

increase revenue 수입을 증가시키다

Good customer service can *increase revenue*.

좋은 고객서비스는 수입을 증대시킬 수 있다.

lose revenue 수입을 잃다

The business may *lose revenue* due to falls in sale prices.

그 사업은 판매 가격의 하락으로 수입이 줄 수 있다.

promote a product 상품 판매를 촉진하다

Sometimes new *products* need to be *promoted* with a press release.

때로는 매체를 통해서 새로운 상품의 판매를 촉진할 필요가 있다.

develop a product 상품을 개발하다

Don't hesitate to invest in *developing* innovative *products*.

혁신적인 상품 개발에 투자하는 것을 망설이지 마십시오.

launch a product 상품을 시판하다

They successfully *launched products* on the web.

그들은 성공적으로 웹사이트에 상품을 출시했다.

cause a recession 경기 침체를 야기하다

Higher oil prices may *cause a recession*.

고유가는 경기 침체를 야기할 수 있다.

beat a recession 경기 침체를 이기다

Small companies are struggling to *beat the recession*.

중소기업들은 경기 침체를 이겨내기 위해 고군분투하고 있다.

plunge into a recession 경기 침체에 빠지다

The country *plunged into a recession* before recovering.

그 나라는 회복 전에 경기 침체에 빠졌다.

face competition 경쟁에 직면하다

Facing cut-throat *competition* in the market, the company is at risk.

시장에서 치열한 경쟁에 직면하면서 그 회사는 위험해 처해 있다.

fight off competition 경쟁 상대와 겨루다

You must *fight off competition* to get better results.

더 나은 결과를 얻기 위해서는 경쟁 상대와 겨루어야 한다.

acquire shares 지분을 확보하다

GM has *acquired* a large amount of *shares* in a foreign company.

GM사는 한 외국 기업에 대한 상당량의 지분을 확보했다.

hold shares 지분을 가지다

Name any company which *holds shares* of more than 10% of total capital.

전체 자본의 10퍼센트 이상의 지분을 소유한 회사를 말해 보시오.

issue shares 주식을 발행하다

Investors are *issued shares* on an annual basis.

투자자들은 1년 단위로 주식이 지급됩니다.

trade shares 주식을 거래하다

Many people *trade shares* on the NASDAQ stock exchange, but it's not always the best answer.

많은 사람들이 나스닥 증시에서 주식 거래를 하지만, 그것이 언제나 정답은 아니다.

balance a budget 예산의 균형을 맞추다

A reduction in spending will *balance the budget*.

지출 감소로 예산을 맞출 것이다.

approve a budget 예산을 승인하다

It's better to decide now whether to *approve the budget* or vote it down.

예산을 승인할 것인지 아니면 부결할 것인지 지금 결정하는 것이 낫다.

cut a budget 예산을 삭감하다

Why did they *cut the budget* by a total of $10,000?

왜 그들은 전부 1만 달러나 예산을 깎았나요?

set a price 가격을 정하다

We *set a price* lower than the current trading price.

현재 거래가보다 낮은 가격을 책정했습니다.

increase a price 가격을 올리다

A rise in production costs will *increase prices*.

생산 비용의 증가는 가격을 상승시킬 것이다.

cut a price 가격을 내리다

The company has been *cutting prices* to boost sales since 1998.

그 회사는 판매를 늘리기 위해 1998년부터 가격을 계속 인하해 오고 있다.

provide insurance 보험을 제공하다

The employee wanted them to *provide insurance* for a specific period.

그 직원은 일정 기간 동안 보험을 제공 받고 싶어 했다.

claim insurance 보험금을 청구하다

Anyone who has membership is entitled to *claim insurance* for car theft.

회원 자격이 있는 사람은 누구든지 자동차 도난에 대해 보험금 지급을 요구할 수 있습니다.

maintain insurance 보험을 유지하다

You'd better *maintain insurance* against loss or damage.

손해 보험을 유지하는 게 좋다.

have an asset 자산을 가지다

There are few who *have assets* below $10,000.

1만 달러 이하의 자산을 가진 사람은 거의 없다.

acquire an asset 자산을 확보하다

Call "Your Plan" today to *acquire assets* from your own income.

자신의 수입으로부터 자산을 확보하시려면 Your Plan으로 전화 주십시오.

transfer an asset 자산을 양도하다

Mr. Donald *transferred* billions of *assets* to his children last year.

도널드 씨는 지난해 수십억의 자산을 그의 자녀들에게 양도했다.

reduce expenditure 지출을 줄이다

One cannot be rich unless he or she *reduces* unnecessary *expenditure*.

불필요한 지출을 줄이지 않고서는 부자가 될 수 없다.

incur expenditure 지출을 초래하다

That investigation can *incur expenditure* for official purposes.

그 조사로 인해 공적 목적으로 비용 지출이 생길 수 있다.

meet expenditure 비용을 충족하다

I wonder if we should make loans to *meet expenditure*.

비용을 충당하기 위해 대출을 해야 할지도 모르겠다.

Collocation Exercises

A. List 1의 동사와 List 2의 명사를 알맞게 연결하여 의미가 통하도록 문장을 완성하시오.

List 1	List 2
exceeded	a long recession
launched	a new product
maintain	warfare expenditures
plunged into	our budget
reduce	the insurance

1. Do you think we _____ _____? I think we will soon come out of it.

2. We _____ _____ in the market. To our sadness, nobody seems to recognize it.

3. The high official agreed upon the plan to _____ _____.

4. Expenditures _____ _____. We had $500 but we spent $20,000.

5. He wanted to _____ _____, but he had no money available.

B. 다음 문장의 빈칸에 들어갈 가장 적절한 표현을 고르시오.

6. The government is divided on the issue: The prime minister insists on increasing _____ while the minister of finance and economy says we need to decrease it.

(a) the asset
(b) the economy
(c) the budget
(d) the warfare

7. Every salesman has to be aware of _____. The marketplace is getting more and more saturated with similar products.

(a) the competition
(b) the component
(c) the study
(d) the virtue

8. He _____ half of his assets into his son's name to evade a succession tax.

(a) accumulated
(b) froze
(c) owned
(d) transferred

9. You need to consider the influence of _____ new shares. It has a huge impact on the company's investor relations.

(a) issuing
(b) backing
(c) entering
(d) serving

10. _____ price is not a panacea for the sales downturn: It may give the impression to the customers that your product is not top quality.

(a) Delivering
(b) Enhancing
(c) Cutting
(d) Supporting

C. 아래 문장을 영작하시오.

11. 그 NGO는 원조를 받지 않고 재정 균형을 이루기 위해 노력하고 있다.

12. 그 회사는 두 가지 종류의 주식을 발행했다.

13. DVD 시장은 만연된 불법 복제로 실제적인 수입을 잃었다.

14. 우리 삼촌이 3,000주를 획득하자마자 그 회사는 파산했다.

15. 그 사기꾼은 보험금을 청구했다. 나중에 알고 보니 자기 혼자 일부러 다친 것이었다.

Collocations on Finance

account(계좌), interest(이자), loan(대출) 등은 finance(재무)와 관련하여 자주 등장하는 단어들이다. 또한 open/close an account, give/get a refund, make/waste money, claim/draw a pension 등의 콜로케이션 표현들도 알아 두면 유용하다. 오늘은 재무와 관련된 38개의 핵심 표현을 꼼꼼히 학습한다.

Collocation at a Glance

Verb + Noun	Meaning	Verb + Noun	Meaning
close an account 계좌를 해지하다		incur a fee 요금을 초래하다, 요금을 물다	
hold an account 계좌를 유지하다		reimburse a fee 요금을 상환하다	
open an account 계좌를 개설하다		declare bankruptcy 파산을 선언하다	
give a refund 환불하다		escape (from) bankruptcy 파산에서 벗어나다	
make a refund 환불하다		face bankruptcy 파산에 직면하다	
offer a refund 환불을 제공하다		go into bankruptcy 파산하다	
get a refund 환불 받다		deposit money 예금하다	
demand a refund 환불을 요구하다		make money 돈을 벌다	
charge a fee 요금을 부과하다		save money 저축하다	
cover a fee 요금을 감당하다		waste money 돈을 낭비하다	

withdraw money 예금을 인출하다	**draw** a pension 연금을 타다
apply for a loan 대출을 신청하다	**get** a pension 연금을 받다
arrange a loan 대출받다	**qualify for** a pension 연금 (받을) 자격이 되다
take out a loan 대출받다	**make** a deposit 예치하다
charge interest 이자를 부과하다	**pay** a deposit 계약금[보증금]을 치르다
control interest 이자(율)를 통제하다	**attract** investment 투자를 유치하다
earn interest 이자를 얻다, 이익을 내다	**encourage** investment 투자를 장려하다
make interest 이자를 받다	**make** an investment 투자하다
claim a pension 연금을 청구하다	**promote** investment 투자를 촉진하다

Collocation in Use

close an account 계좌를 해지하다

Before you *close* your *account*, make sure you withdraw all your money.

계좌를 해지하기 전에 반드시 모든 예금을 인출했는지 확인해라.

hold an account 계좌를 유지하다

What if I don't have enough money to *hold an account*?

만일 제가 계좌를 유지할 만한 돈이 충분히 없으면 어찌 됩니까?

open an account 계좌를 개설하다

Can I *open an account*?

계좌를 하나 틀 수 있을까요?

give a refund 환불하다

I need a receipt to *give* you *a refund*.

환불해 드리기 위해 영수증이 필요합니다.

make a refund 환불하다

I don't think we can still *make a* full *refund* after 2 weeks.

2주 이후에는 저희가 전액 환불을 해 드릴 수는 없을 것 같습니다.

offer a refund 환불을 제공하다

We don't *offer* any *refunds* or exchanges at all.

저희는 어떤 환불이나 교환도 제공하지 않습니다.

get a refund 환불 받다

You can *get a refund* on all the products.

당신은 모든 상품에 대해 환불을 받을 수 있습니다.

demand a refund 환불을 요구하다

It's my right to *demand a refund*.

환불을 요구하는 것은 나의 권리이다.

charge a fee 요금을 부과하다

You'll be *charged a fee* for the exam.

너에게 수험료가 부과될 것이다.

cover a fee 요금을 감당하다

Will this money be enough to *cover* your *fees*?

이 돈이면 당신의 보수로 충분하겠습니까?

incur a fee 요금을 초래하다, 요금을 물다

Some customers may *incur an* additional *fee*.

몇몇 고객 분들은 추가 요금을 내실 수도 있습니다.

reimburse a fee 요금을 상환하다

We'll *reimburse the fee* up to $50.

우리는 50달러까지 요금을 상환해 드릴 것입니다.

declare bankruptcy 파산을 선언하다

Corporations can *declare bankruptcy*.

주식회사는 파산을 선언할 수 있습니다.

escape (from) bankruptcy 파산에서 벗어나다

Here's an update on the best strategy to *escape bankruptcy*.

파산에서 탈출할 수 있는 최고의 전략에 대한 최신 정보가 여기 있습니다.

face bankruptcy 파산에 직면하다

Small businesses are *facing bankruptcy*.

중소기업은 파산에 직면해 있다.

go into bankruptcy 파산하다

When his plan failed, he *went into bankruptcy*.

그의 계획이 실패했을 때, 그는 파산했다.

deposit money 예금하다

The *money* will be *deposited*.

그 돈은 예치될 것입니다.

make money 돈을 벌다

It's not easy to *make money*.

돈을 버는 것은 쉽지 않다.

save money 저축하다

I *saved* all my *money*.

나는 모든 돈을 저금했다.

waste money 돈을 낭비하다

Don't *waste* time and *money*.

시간과 돈을 낭비하지 마시오.

withdraw money 예금을 인출하다

He planned to *withdraw* his *money*.

그는 자신의 돈을 인출하고자 계획했다.

apply for a loan 대출을 신청하다

You are entitled to *apply for a loan* from a local bank.

당신은 지방 은행에 대출을 신청하실 수 있는 자격이 있습니다.

arrange a loan 대출받다

How do I *arrange a loan* for the students?

학생 대출은 어떻게 받습니까?

take out a loan 대출받다

Take out a loan to repay your debts.

너의 빚을 갚으려면 대출을 받아라.

charge interest 이자를 부과하다

How much *interest* do they *charge*?

그들은 얼마만큼의 이자를 부과합니까?

control interest 이자(율)를 통제하다

The government doesn't *control interest* rates.

정부는 금리를 통제하지 않는다.

earn interest 이자를 얻다, 이익을 내다

What is the quickest way to *earn interest* as an investor?

투자자로서 이윤을 얻는 가장 빠른 방법은 무엇입니까?

make interest 이자를 받다

You can *make* more *interest* if you keep your account balance above $5,000.

계좌 잔고를 5,000달러 이상으로 유지하면 더 많은 이자를 받으실 수 있습니다.

claim a pension 연금을 청구하다

Mr. Big is not entitled to *claim a* retirement *pension*.

빅 씨는 퇴직 연금 신청 자격이 되지 않습니다.

draw a pension 연금을 타다

You can *draw* your *pension* at the age of 60.

당신은 예순 살에 연금을 탈 수 있습니다.

get a pension 연금을 받다

It's important to *get* my *pension* if I am laid off.

만약 내가 해고당하는 경우에 연금을 받는 것은 중요하다.

qualify for a pension 연금 (받을) 자격이 되다

To *qualify for a* disability *pension*, you must have a medical disability.

장애 연금 자격이 되기 위해서는 치료를 요하는 장애가 있어야 합니다.

make a deposit 예치하다

I just *made a deposit* of the paycheck in your account.

당신의 계좌에 방금 봉급을 넣었습니다.

pay a deposit 계약금[보증금]을 치르다

You are required to *pay a deposit* on the apartment.

당신은 아파트 보증금을 지불해야만 합니다.

attract investment 투자를 유치하다

The company needs to *attract* a little more *investment*.

그 회사는 조금 더 많은 투자를 끌어들일 필요가 있다.

encourage investment 투자를 장려하다

The government is considering a policy to *encourage investment*.

정부는 투자를 권장하기 위한 정책을 고려 중이다.

make an investment 투자하다

Don't *make a* risky *investment*.

위험한 투자를 하지 마라.

promote investment 투자를 촉진하다

The party started a campaign to *promote investment* in rural areas.

그 정당은 농촌 지역에 투자를 촉진하기 위한 캠페인을 시작했다.

Collocation Exercises

A. List 1의 동사와 List 2의 명사를 알맞게 연결하여 의미가 통하도록 문장을 완성하시오.

List 1	List 2
attract	a secret account
charge	sudden bankruptcy
declared	high fees
opened	new investment
qualify for	disability payments

1. I cannot forget the day when my CEO _____ _____.

2. You don't _____ _____ for the disabled. Insomnia is not regarded as a disability.

3. The corrupt official _____ _____ abroad to hide his dirty money.

4. Don't withdraw cash from your credit card—banks _____ _____ for doing so.

5. His business plan failed to _____ _____ and he left the company.

B. 다음 문장의 빈칸에 들어갈 가장 적절한 표현을 고르시오.

6. You would incur _____ if you exceeded your transfer limit.
   - (a) an additional fee
   - (b) an annual audit
   - (c) a considerable asset
   - (d) a potential saving

7. The thief was arrested while applying for _____ at the local bank.
   - (a) a grant
   - (b) a loan
   - (c) a refund
   - (d) a salary

8. She's pulling in a lot of money. She makes _____ of $15,000 into her account every month.
   - (a) a bid
   - (b) a deposit
   - (c) a money
   - (d) a stock

9. The Federal Reserve Board has the authority to _____ interest so that the economy can maintain its stability.
   - (a) fluctuate
   - (b) control
   - (c) endorse
   - (d) invest

10. Note that you cannot _____ a refund for electronic goods unless you have the receipt.
   - (a) see
   - (b) put
   - (c) get
   - (d) spend

C. 아래 문장을 영작하시오.

11. 당신은 환불을 받으려면 영수증 제출이 필요합니다.

_____

12. 쇼핑은 그녀 삶의 목적인 것 같다. 그녀는 항상 돈을 낭비한다.

_____

13. 그는 여자 친구가 은행에서 해고당한 후 자신의 계좌를 해약했다.

_____

14. 그는 지역 복지센터에서 자신의 연금을 탄다.

_____

15. 우리는 파산을 피하려고 애썼다.

_____

Collocations on Work and Office

track 34

오늘은 직장에서 쓰일 수 있는 meeting(회의), contract(계약), office(영업소)와 같은 핵심 어휘를 중심으로 have/lose a contract, decrease/increase a salary, deserve/win a promotion, ask for/give a confirmation과 같은 유용한 콜로케이션들까지 살펴본다. 40개의 알짜 표현이 모여 있다!

Collocation at a Glance

Verb + Noun	Meaning
attend a meeting 회의에 참석하다	
call a meeting 회의를 소집하다	
cancel a meeting 회의를 취소하다	
postpone a meeting 회의를 연기하다	
have a meeting 회의를 하다	
assist a manager 경영자를 돕다	
promote someone to manager 누구를 관리자로 승진시키다	
ask for a confirmation 확인을 요구하다	
get a confirmation 확인을 얻다	
give someone a confirmation 확인해 주다	

Verb + Noun	Meaning
have a confirmation 확인하다	
need a confirmation 확인을 필요로 하다	
get the bottom line 요점을 파악하다	
understand the bottom line 요점을 이해하다	
deserve a promotion 승진할 만하다	
get a promotion 승진하다	
win a promotion 승진하다	
want a promotion 승진을 원하다	
get passed over for a promotion 승진에서 탈락하다	
manage a factory 공장을 경영하다	

open a factory 공장을 열다	**sign** a contract 계약을 체결하다, 계약서에 서명하다
run a factory 공장을 운영하다	**win** a contract 계약을 따내다
set up a factory 공장을 세우다	**give** a presentation 발표하다
shut down a factory 공장을 닫다	**make** a presentation 발표하다
manage an office 영업소를 경영하다	**attend** a presentation 발표에 참석하다
run an office 영업소를 운영하다	**decrease** a salary 임금을 삭감하다
supervise an office 영업소를 감독하다	**earn** a salary 임금을 벌다
have a contract 계약하다	**increase** a salary 임금을 인상하다
lose a contract 계약을 놓치다	**propose** a salary 임금을 제안하다
negotiate a contract 계약을 협상하다	**receive** a salary 임금을 받다

Collocation in Use

attend a meeting 회의에 참석하다

The president is not able to *attend the meeting*.

대통령은 그 회의에 참석할 수 없습니다.

call a meeting 회의를 소집하다

I'm going to *call a meeting* to discuss some hot issues.

중요한 문제를 토론하기 위해 회의를 소집할 것이다.

cancel a meeting 회의를 취소하다

I was shocked he *canceled* that important *meeting* due to the CEO's schedule.

나는 그가 CEO의 스케줄 때문에 그렇게 중요한 회의를 취소한 사실에 충격을 받았다.

postpone a meeting 회의를 연기하다

If he is unable to attend the meeting, we can *postpone the meeting* to a more convenient date.

그가 회의에 참석할 수 없다면 더 편리한 날짜로 회의를 미룰 수 있다.

have a meeting 회의를 하다

We've got to *have an* informal *meeting*.

우린 비공식적인 회의를 열어야 하겠네.

assist a manager 경영자를 돕다

Would you *assist a manager* as a secretary?

비서로서 사무관을 도와주시겠습니까?

promote someone to manager 누구를 관리자로 승진시키다

It is about time that I *promoted her to* the position of marketing *manager*.

그녀를 마케팅 매니저 직위로 승진시켜야 할 시기인 것 같다.

ask for a confirmation 확인을 요구하다

The press corps *asked for a confirmation* of the agenda.

기자단은 그 의제에 대해 확인을 요구했다.

get a confirmation 확인을 얻다

Both of the parties are trying to *get a confirmation* from the president.

양당 모두 대통령으로부터 확인을 얻기 위해 노력하고 있다.

give someone a confirmation 확인해 주다

My assistant will *give you a confirmation* on the meeting schedule.

내 조수가 당신에게 그 회의 스케줄에 대해 확인해 줄 것입니다.

have a confirmation 확인하다

I'll contact the office to *have a* final *confirmation*.

최종 확인을 받기 위해서 사무소에 연락할 것이다.

need a confirmation 확인을 필요로 하다

Do you really *need a confirmation* for the dinner menu?

당신은 저녁 메뉴에 대한 확인(서)이 정말로 필요하십니까?

get the bottom line 요점을 파악하다

I tried to *get the bottom line* from his words.

나는 그의 말에서 요점을 파악하기 위해 노력했다.

understand the bottom line 요점을 이해하다

Did you *understand the bottom line*?

너는 요점을 이해했니?

deserve a promotion 승진할 만하다

Do you think he *deserves a promotion*?

너는 그가 승진할 만하다고 생각하니?

get a promotion 승진하다

I *got an* unexpected *promotion*.

나는 예상치 못하게 승진했다.

win a promotion 승진하다

No one's working harder to *win a promotion* than he is.

승진하기 위해서 그 사람보다 더 열심히 일하는 사람은 없다.

want a promotion 승진을 원하다

Do you really *want a promotion*? Then show your competence to the CEO.

너는 정말 승진을 원하니? 그렇다면 CEO에게 너의 능력을 보여줘.

get passed over for a promotion 승진에서 탈락하다

He was depressed because he *got passed over for this promotion*.

그는 이번 승진에서 탈락해서 기운이 빠졌다.

manage a factory 공장을 경영하다

Ms. Shon has been *managing our factory* successfully.

숀 여사는 성공적으로 우리 공장을 경영해 오고 있다.

open a factory 공장을 열다

I plan to *open a* small *factory*.

저는 소규모 공장을 열 계획이에요.

run a factory 공장을 운영하다

A manager must be hired to *run a factory*.

공장을 운영하기 위해서는 경영자를 한 명 고용해야 한다.

set up a factory 공장을 세우다

The company aims to *set up a* semiconductor *factory* near Seoul.
그 회사는 서울 근처에 반도체 공장을 세울 작정이다.

shut down a factory 공장을 닫다

During the IMF crisis, many people had to *shut down* their *factories* due to economic downturn.
IMF 기간 중에 많은 사람들이 경기 침체로 공장을 닫아야만 했다.

manage an office 영업소를 경영하다

I realized that there are many difficulties in *managing a* huge *office*.
나는 큰 영업소를 경영하는 데 어려움이 많다는 사실을 깨달았다.

run an office 영업소를 운영하다

It takes 3,000 dollars a month to *run this office*.
이 영업소를 운영하는 데 한 달에 3,000달러가 든다.

supervise an office 영업소를 감독하다

He will *supervise the office* from next month.
다음 달부터 그가 영업소를 감독할 것이다.

have a contract 계약하다

It's not easy to *have a contract* with a multinational corporation.
다국적 기업과 계약을 체결하는 것은 쉽지 않다.

lose a contract 계약을 놓치다

Never miss or *lose an* important *contract*.
중요한 계약을 절대로 놓치지 마시오.

negotiate a contract 계약을 협상하다

We are always ready to *negotiate a contract* with the right dealer.
우리는 언제라도 적당한 상인과 계약을 협상할 준비가 되어 있네.

sign a contract 계약을 체결하다, 계약서에 서명하다

I need her to *sign a contract* for the project.
나는 그녀가 그 프로젝트에 대한 계약을 체결해 주었으면 한다.

win a contract 계약을 따내다

Who *won the contract* in that tough competition?
그렇게 어려운 경쟁에서 누가 계약을 따낸 것인가?

give a presentation 발표하다

Last night we were *given an* impressive *presentation*.
우리는 어젯밤에 인상적인 발표를 들었다.

make a presentation 발표하다

There's going to be a seminar about how to *make a* successful *presentation*.
성공적인 발표를 하는 방법에 관한 세미나가 열릴 예정이다.

attend a presentation 발표에 참석하다

Will you *attend his presentation* on the outlook of the IT industry?
너는 IT 산업의 전망에 관한 그의 발표를 들으러 갈 거니?

decrease a salary 임금을 삭감하다

The company *decreased his salary* on the grounds that he was lazy.

회사는 그가 게으르다는 이유로 임금을 삭감했다.

earn a salary 임금을 벌다

"It's hard to *earn a* decent *salary*," said the husband.

남편은 "어지간한 임금을 벌기란 어렵다."고 말했다.

increase a salary 임금을 인상하다

There is no possibility for the company to *increase salaries*.

회사가 임금을 인상할 가능성은 없다.

propose a salary 임금을 제안하다

The other company *proposed a* very competitive *salary*.

다른 회사가 매우 경쟁력 있는 임금을 제안해 왔다.

receive a salary 임금을 받다

Many workers in developing countries *receive a* low *salary*.

개발도상국의 많은 노동자는 낮은 임금을 받는다.

Collocation Exercises

A. List 1의 동사와 List 2의 명사를 알맞게 연결하여 의미가 통하도록 문장을 완성하시오.

List 1	List 2
give	a presentation
have	the bottom line
run	the construction contract
understand	a meeting
win	the office

1. First of all, consider whether the meeting is really necessary. To _____ _____ just for the sake of it is a waste of time and resource.

2. I couldn't make him _____ _____. He was a complete idiot when it came to accounting.

3. The team is certain to _____ _____. It is worth 2 billion dollars.

4. Do I really have to _____ _____? I thought an informal e-mail would do.

5. He says he can _____ _____ via e-mail and the remote conferencing system. However, managing an office requires face-to-face contact and personal communication.

B. 다음 문장의 빈칸에 들어갈 가장 적절한 표현을 고르시오.

6. The headhunter proposed a pretty _____ to me, but I didn't like the job.
   (a) competitive salary (b) high cost
   (c) minimum wage (d) tough task

7. Two companies were able to _____ by exchanging the exclusive MOU.
   (a) abandon the contract (b) break the news
   (c) complete the deal (d) weaken mutual trust

8. The board of directors _____ him to senior manager in the marketing division. That means now he is responsible for both domestic and overseas marketing.
   (a) allocated (b) condemned
   (c) degraded (d) promoted

9. The receptionist from the tourist company _____ me the confirmation that I could take the flight. However, it was cancelled due to the heavy snowfall.
   (a) cut (b) informed
   (c) gave (d) put

10. To _____ a company is just a starting point. Running it is another story.
   (a) educate (b) finish
   (c) open (d) walk

C. 아래 문장을 영작하시오.

11. 그 사장은 근로자들의 파업 때문에 공장을 폐쇄했다.

---

12. 사장은 나에게 그 예약에 대해 확인을 해 주었다.

---

13. 그 회의는 취소되었고 그의 연봉은 대폭 삭감되었다.

---

14. 반드시 계약서를 서면으로 쓰고 거기에 서명해야 합니다.

---

15. 나는 그녀가 고속 승진을 할 만한 자격이 있다고 인정한다.

Collocations on Information

track 35

information(정보), update(업데이트/갱신), privacy(개인의 사생활), access(정보에 대한 접근) 등은 정보화 시대를 살아가는 우리에게 친숙한 단어들이다. break/invent a code, accept/select a fact, send/show details, have/deny access와 같은 콜로케이션을 사용해서 세련되게 영작해 보자. 모두 38개의 표현을 엄선했다.

Collocation at a Glance

Verb + Noun	Meaning	Verb + Noun	Meaning
need information 정보를 필요로 하다		edit a document 문서를 편집하다	
gather information 정보를 모으다		save a document 문서를 저장하다	
access information 정보에 접근하다		present a report 보고서를 제출하다	
exchange information 정보를 교환하다		issue a report 보고서를 발행하다	
give an update 업데이트 해 주다		release a report 보고서를 공개하다	
provide an update 업데이트를 제공하다		break a code 암호를 해독하다	
get an update 업데이트 하다		crack a code 암호를 깨다	
receive an update 업데이트를 받다		use a code 암호를 사용하다	
open a document 문서를 열다		invent a code 암호를 만들다	
create a document 문서를 만들다		respect privacy 프라이버시를 존중하다	

disturb privacy
프라이버시를 방해하다

violate privacy
프라이버시를 침해하다

have access
접근하다

gain access
접근할 기회를 얻다

deny access
접근을 거부하다

restrict access
접근을 제한하다

send details
세부 사항을 보내다

discuss details
세부 사항을 토론하다

show details
세부 사항을 보여주다

check details
세부 사항을 확인하다

have a tip
요령을 알고 있다

give a tip
요령을 알려 주다

take a tip
요령을 배우다

use a tip
팁을 사용하다

know a fact
사실을 알다

select a fact
사실을 선택하다

accept a fact
사실을 받아들이다

interpret a fact
사실을 해석하다

Collocation in Use

need information 정보를 필요로 하다

Before we send you the item you ordered, we *need* some *information* from you.
주문하신 물품을 보내 드리기 전에, 귀하에 관한 정보가 좀 필요합니다.

gather information 정보를 모으다

Gather as much *information* as you can.
할 수 있는 한 많은 정보를 수집해라.

access information 정보에 접근하다

There was no choice but to *access information* through the FBI.

FBI를 통해 정보에 접근하는 방법밖에 다른 수가 없었다.

exchange information 정보를 교환하다

We *exchanged information* in a civil way.

우리는 민간인의 방식으로 정보를 교환했다.

give an update 업데이트 해 주다

Give Bill a call and *give* him *an update*.

빌에게 전화해서 업데이트를 해 줘.

provide an update 업데이트를 제공하다

Please select a web site which at least *provides a* bi-monthly *update*.

적어도 두 달마다 업데이트를 제공하는 사이트를 선택하십시오.

get an update 업데이트 하다

You didn't *get* the latest *update*?

너는 최신 업데이트를 하지 않았구나?

receive an update 업데이트를 받다

The CEO *receives an update* on the progress.

그 CEO는 진척 상황에 대한 업데이트를 받아본다.

open a document 문서를 열다

Open and print the attached *document*.

첨부된 문서를 열어 인쇄하시오.

create a document 문서를 만들다

The student *created a* great design *document*.

그 학생은 멋진 디자인 문서를 만들었다.

edit a document 문서를 편집하다

Let him check out and *edit this document*.

그 사람에게 이 문서를 확인해서 편집하도록 시켜라.

save a document 문서를 저장하다

Don't forget to *save* the current *document*.

현재 문서를 저장하는 것을 잊지 마시오.

present a report 보고서를 제출하다

You'll have to *present a* brief *report*.

간단한 보고서를 제출해야 할 것입니다.

issue a report 보고서를 발행하다

The UN *issues reports* throughout the year.

UN은 일년 내내 보고서들을 발행합니다.

release a report 보고서를 공개하다

The government refused to *release a* secret *report*.

정부는 비밀 보고서 공개를 거부했다.

break a code 암호를 해독하다

If you *break that code*, you can figure out the answers.

당신이 암호를 해독한다면, 답을 알아낼 수 있을 것이다.

crack a code 암호를 깨다

I can't believe you *cracked my code*!

나는 네가 내 암호를 풀었다는 것을 믿을 수가 없다.

use a code 암호를 사용하다

Use my access *code*.

나의 접근 암호를 사용하시오.

invent a code 암호를 만들다

Who *invented* Morse *Code*?

누가 모스 부호를 만들었어?

respect privacy 프라이버시를 존중하다

I just miss all those people who *respect my privacy*.

나는 그저 나의 프라이버시를 존중해 주는 사람들이 그립다.

disturb privacy 프라이버시를 방해하다

The apartment is not noisy and doesn't *disturb the privacy* of people's homes.

그 아파트는 시끄럽지 않고 각 가정의 사생활을 방해하지 않는다.

violate privacy 프라이버시를 침해하다

You should make a promise not to *violate privacy*.

프라이버시를 침해하지 않겠다는 약속을 해야 한다.

have access 접근하다

I *have* no *access* to him.

나는 그에게 접근하지 않는다.

gain access 접근할 기회를 얻다

He was accused of illegally having *gained access* to the facility.

그는 불법적으로 그 시설에 접근 권한을 얻은 혐의로 고발당했다.

deny access 접근을 거부하다

It *denied* further *access*.

그것은 더 이상의 접근을 거부했다.

restrict access 접근을 제한하다

The server automatically *restricts access* based on IP address.

서버가 IP 주소에 따라 자동으로 접근을 제한한다.

send details 세부 사항을 보내다

Tell him to *send* back a few *details*.

그 사람에게 좀 더 세부적인 사항을 다시 보내라고 하세요.

discuss details 세부 사항을 토론하다

We can *discuss the details* over dinner.

우리는 저녁 식사를 하면서 세부 사항에 대해 토론할 수 있다.

show details 세부 사항을 보여주다

A photo *showing details* of Seoul needs to be included.

서울의 세부적인 모습을 보여주는 사진을 넣을 필요가 있어요.

check details 세부 사항을 확인하다

I'll *check* every design *detail*.

나는 모든 디자인의 세부적인 사항을 체크할 것이다.

have a tip 요령을 알고 있다

Old-timers *have a tip* on how to climb the corporate ladder.

고참들은 회사에서 성공의 사다리를 어떻게 오르는가에 대한 요령을 가지고 있다.

give a tip 요령을 알려 주다

Maybe you can *give* me some *tips*.

아마도 너는 나에게 몇 가지 요령을 알려 줄 수 있을 거야.

take a tip 요령을 배우다

I was told to *take a tip* from an old man

나는 노인에게서 요령을 배우라고 들었다.

use a tip 팁을 사용하다

See how to do it faster *using* these *tips*.

이 팁을 사용해서 더 빨리 하는 방법을 보여줘.

know a fact 사실을 알다

It doesn't matter that you don't even *know* all the *facts*.

당신이 모든 사실을 알지도 못한다는 것은 중요하지 않다.

select a fact 사실을 선택하다

Select the facts about Canada.

캐나다에 대한 사실을 고르시오.

accept a fact 사실을 받아들이다

It can be hard for you to *accept the fact* that we're just friends now.

너는 지금 우리가 단지 친구라는 사실을 받아들이는 게 어려울 수도 있겠지.

interpret a fact 사실을 해석하다

It's no use attempting to *interpret the facts*.

그 사실을 해명하려고 시도해 봤자 소용없다.

Collocation Exercises

A. List 1의 동사와 List 2의 명사를 알맞게 연결하여 의미가 통하도록 문장을 완성하시오.

List 1	List 2
are denied	its special report
released	my privacy
respect	a safety tip
save	access
take	your document

1. "I wish you'd stop interfering and _____ _____," she said with a look of annoyance.

2. Journalists without a valid license _____ _____ to confidential information.

3. In order not to lose what you've written so far, _____ _____ as often as possible.

4. The authority _____ _____ based on the police investigation into the crime.

5. Please _____ _____ from me; put the chemicals back on the shelves and step away from them.

B. 다음 문장의 빈칸에 들어갈 가장 적절한 표현을 고르시오.

6. This internet portal site _____ a regular news update on current activities.
   (a) calls   (b) provides
   (c) reveals   (d) works

7. Scientists are _____ worldwide information on any signs that the earth is getting warmer.
   (a) facing   (b) gathering
   (c) making   (d) taking

8. Different ways of _____ the facts can lead to a totally different conclusion.
   (a) accumulating   (b) denying
   (c) interpreting   (d) preserving

9. Security programmers feel ashamed when their _____ is cracked. On the other hand, hackers are proud of breaking into security systems.
   (a) setup   (b) installation
   (c) code   (d) virus

10. Let's stop talking about abstract themes and _____ some

details.

(a) avert
(b) discuss
(c) skip
(d) weave

C. 아래 문장을 영작하시오.

11. 오직 정보원만이 이 암호를 깰 수 있는 프로그램을 가지고 있다.

_____

12. 이 제안에 관심이 있으시다면 제가 일주일 후 더 자세한 내용을 보내 드리겠습니다.

_____

13. 정보기관은 사람들을 도청함으로써 사생활을 심각하게 침해했다.

_____

14. 정부는 FTA 협상에 대한 보고서를 발행할 것이다.

_____

15. 그는 나에게 웹사이트 방문자 수를 늘릴 수 있는 몇 가지 요령을 알려 주었다.

_____

Collocations on The Internet

track 36

인터넷과 관련하여 web site(웹사이트), net(통신망), e-mail(이메일), blog(블로그)와 같이 자주 등장하는 단어와 clean/spread viruses, boot/hack a system, control/filter spam, install/patch a program 등 컴퓨터와 관련된 콜로케이션 표현들을 모아 보았다. 34개의 표현을 학습하면 이메일 영작도 술술!

Collocation at a Glance

Verb + Noun	Meaning	Verb + Noun	Meaning
log in to a web site 웹사이트에 로그인하다		**install** a system 시스템을 설치하다	
log out from a web site 웹사이트에서 로그아웃하다		**upgrade** a system 시스템을 업그레이드하다	
go online 온라인에 접속하다		**enter** a password 패스워드를 입력하다	
spend time online 온라인에서 시간을 보내다		**forget** a password 패스워드를 잊다	
stay online 온라인에서 머물다		**reset** a password 패스워드를 재설정하다	
clean viruses 바이러스를 퇴치하다		**retype** a password 패스워드를 다시 치다	
scan for viruses 바이러스를 찾다		**create** a blog (of one's own) 블로그를 만들다	
spread viruses 바이러스를 확산시키다		**start** a blog (of one's own) 블로그를 시작하다	
boot a system 시스템을 부팅시키다		**control** spam (mail) 스팸 메일을 통제하다	
hack a system 시스템을 해킹하다		**fight** spam (mail) 스팸 메일과 싸우다	

filter spam (mail) 스팸 메일을 걸러 내다	**uninstall** a program 프로그램을 제거하다
access the net 통신망에 접근하다	**delete** an e-mail 이메일을 지우다
hook up to the net 통신망에 접속하다	**forward** an e-mail 이메일을 전달하다
surf the net 인터넷 서핑을 하다	**receive** an e-mail 이메일을 받다
download a program 프로그램을 다운로드하다	**reply to** an e-mail 이메일에 답신하다
install a program 프로그램을 설치하다	**send** an e-mail 이메일을 보내다
patch a program 프로그램을 패치하다	**open** an e-mail 이메일을 열다

Collocation in Use

log in to a web site 웹사이트에 로그인하다

It's an indication that you have failed in *logging in to the web site*.

그건 당신이 웹사이트에 로그인하는 데 실패했다는 표시입니다.

log out from a web site 웹사이트에서 로그아웃하다

So many people forget to *log out from an* Internet banking *web site*.

너무나 많은 사람들이 인터넷 뱅킹 사이트에서 로그아웃하는 것을 잊는다.

go online 온라인에 접속하다

Do I always have to *go online* to check my e-mails?

이메일을 확인하기 위해 매번 온라인에 접속해야 합니까?

spend time online 온라인에서 시간을 보내다

These days many children *spend time online* doing nothing productive.

요즘 많은 아이들이 생산적인 일은 아무것도 하지 않으면서 온라인에서 시간을 보낸다.

stay online 온라인에서 머물다

He doesn't like to *stay online* chatting with a friend.

그는 친구와 채팅하며 온라인에 있는 것을 좋아하지 않는다.

clean viruses 바이러스를 퇴치하다

Did you *clean* the latest worm *viruses* from your hard drive?

너는 하드 드라이브에서 최신 웜 바이러스를 퇴치했니?

scan for viruses 바이러스를 찾다

Use this software to *scan for viruses* on your computer.

너의 컴퓨터에서 바이러스 검사를 하려면 이 소프트웨어를 이용해.

spread viruses 바이러스를 확산시키다

A group of hackers are charged with *spreading* computer *viruses* intentionally.

일단의 해커들이 의도적으로 컴퓨터 바이러스를 퍼뜨린다는 혐의를 받고 있다.

boot a system 시스템을 부팅시키다

I cannot *boot the* operating *system*.

나는 운영 시스템을 부팅시킬 수 없어.

hack a system 시스템을 해킹하다

We need you to attempt to *hack a* confidential *system*.

우리는 자네가 기밀 시스템 해킹을 시도해 주었으면 하네.

install a system 시스템을 설치하다

Try *installing a* Linux *system*.

리눅스 시스템을 한번 설치해 보세요.

upgrade a system 시스템을 업그레이드하다

Would you *upgrade your system* to the latest version of Windows now?

시스템을 지금 윈도우 최신 버전으로 업그레이드하시겠습니까?

enter a password 패스워드를 입력하다

Enter your password to login to the web site.

웹사이트에 로그인하려면 패스워드를 입력하세요.

forget a password 패스워드를 잊다

What shall I do? I *forgot my password*.

어떻게 해야 하지? 패스워드를 잊었어.

reset a password 패스워드를 재설정하다

Reset your password on a regular basis.

정기적으로 패스워드를 재설정하세요.

retype a password 패스워드를 다시 치다

Retype your password to confirm the password change.

패스워드 변경을 확실히 하기 위해서 패스워드를 다시 입력하세요.

create a blog (of one's own) 블로그를 만들다

An elderly person might have difficulty in *creating his or her own blog*.

나이 많은 사람들은 자기 자신의 블로그를 만드는 데 어려움이 있을 수 있다.

start a blog (of one's own) 블로그를 시작하다

When did you *start your own blog*?

너는 언제 네 블로그를 시작했니?

control spam (mail) 스팸 메일을 통제하다

The government issued a new policy to *control spam mail*.

정부는 스팸 메일을 통제하기 위한 새로운 정책을 공포했다.

fight spam (mail) 스팸 메일과 싸우다

The network team has been *fighting spam mail* to enhance communication efficiency in the company.

네트워크팀은 회사 내 의사소통의 효율성 향상을 위해 스팸 메일과 싸우고 있습니다.

filter spam (mail) 스팸 메일을 걸러 내다

We are scheduled to introduce new software to *filter spam mail*.

스팸 메일을 걸러 내기 위해 새로운 소프트웨어를 도입할 예정입니다.

access the net 통신망에 접근하다

Not all the people in the world can *access the net*.

세상의 모든 사람들이 인터넷에 접근할 수 있는 것은 아니다.

hook up to the net 통신망에 접속하다

Let's *hook up to the net* to read the latest news.

최신 뉴스를 읽기 위해 인터넷에 접속하자.

surf the net 인터넷 서핑을 하다

Surfing the net for hours is not a good habit.

몇 시간 동안 인터넷을 서핑하는 것은 좋은 습관이 아니다.

download a program 프로그램을 다운로드하다

Download a graphic *program.*

그래픽 프로그램을 다운로드하시오.

install a program 프로그램을 설치하다

Did you *install an* anti-virus *program* on your computer?

컴퓨터에 바이러스 방지 프로그램을 설치했니?

patch a program 프로그램을 패치하다

Patch a program to enhance its functionality.

기능성을 향상시키기 위해 프로그램을 패치하십시오.

uninstall a program 프로그램을 제거하다

Why don't you *uninstall the program* to get more disk space?

디스크 공간을 더 확보하기 위해 그 프로그램을 제거하지 그래?

delete an e-mail 이메일을 지우다

Please click the button to *delete the e-mail.*

버튼을 클릭해서 메일을 삭제하세요.

forward an e-mail 이메일을 전달하다

I usually *forward an e-mail* to my colleagues.

저는 대개 이메일을 동료들에게 전송합니다.

receive an e-mail 이메일을 받다

What are you going to do if you *receive an* unexpected *e-mail* from your ex-girlfriend?

이전 여자 친구로부터 예상치 못했던 메일을 받게 된다면 어떻게 하실 건가요?

| reply to an e-mail 이메일에 답신하다

Please *reply to this e-mail* as soon as possible.

가능한 빨리 이 메일에 답신해 주세요.

| send an e-mail 이메일을 보내다

Don't forget to *send an e-mail* to your client.

당신의 고객에게 메일 보내는 것을 잊지 마세요.

| open an e-mail 이메일을 열다

Don't *open an e-mail* that says: "You've won money!" It's a virus!

'당신은 상금을 타셨군요.' 라고 적힌 메일은 열지 마. 그것은 바이러스야.

Collocation Exercises

A. List 1의 동사와 List 2의 명사를 알맞게 연결하여 의미가 통하도록 문장을 완성하시오.

List 1	*List 2*
download	the program
filter	the spam mail
hacked	the net
scan for	the system
surf	viruses

1. His hobby is to _____ _____. He knows all the useful websites.

2. I have to _____ _____. I cannot watch the video clip on my computer.

3. There's something wrong with the system. Somebody must have _____ _____.

4. There is so much junk mail nowadays. We need to purchase software to _____ _____.

5. He explained how antivirus software worked to _____ _____ on their computers.

B. 다음 문장의 빈칸에 들어갈 가장 적절한 표현을 고르시오.

6. Will you please _____ the mail to me? I didn't receive the mail due to problems with my mail server.
   (a) filter   (b) forward
   (c) receive   (d) reply

7. I have difficulty in _____ a blog of my own. I'm computer illiterate. Could you give me some tips?
   (a) naming   (b) sending
   (c) showing   (d) starting

8. Please _____ your password in the Confirm text box.
   (a) draw   (b) forget
   (c) memorize   (d) retype

9. Can we leave comments on your blog without _____ the website?

  (a) breaking into   (b) browsing around

  (c) logging in to   (d) turning down

10. It is not good for your health to _____ online for too long. Try to reduce your web surfing and increase the time for outdoor activities.

  (a) behave   (b) cover

  (c) manage   (d) stay

C. 아래 문장을 영작하시오.

11. 하루에 온라인에서 얼마나 시간을 보내세요?

12. 너는 사이트에서 로그아웃하는 것을 습관화해야 한다.

13. 나는 암호를 잊어버려서 웹사이트에 접속할 수 없었다.

14. 이 프로그램을 제거하는 방법에 대한 안내를 보실 수 있습니다.

15. 그저 그 이메일을 열어서 내용을 읽어보십시오.

Collocations on **P**ress and **M**edia

scoop(특종), headline(헤드라인), editorial(사설), conference(회의) 등의 단어는 대중매체와 관련해서 자주 등장하는 핵심 단어들이다. 아울러 host/watch a show, carry/run an editorial, abolish/tighten censorship, issue/publish a journal 등의 콜로케이션을 학습해 놓으면 독해력은 배가될 것이다. 모두 42개의 표현을 모았다.

Collocation at a Glance

Verb + Noun	Meaning	Verb + Noun	Meaning
announce news 뉴스를 발표하다		publish a journal/magazine 잡지를 출판하다	
hear news 소식을 듣다		read a journal/magazine 잡지를 읽다	
leak news 뉴스를 유출하다		subscribe to a journal/magazine 잡지를 구독하다	
receive news 뉴스를 받다		carry a headline 머리기사를 취하다	
get a scoop 특종을 얻다		grab a headline 머리기사에 오르다	
submit a scoop (흥미로운) 이야기를 제출하다		hit a headline 머리기사를 장식하다	
have a scoop (흥미로운) 이야기가 있다		make a headline 머리기사가 되다	
work on a scoop 특종을 위해 힘쓰다		scan a headline 머리기사를 살피다	
find a scoop (흥미로운) 정보를 발견하다		draft a manifesto 성명의 초안을 작성하다	
issue a journal/magazine 잡지를 발행하다		draw up a manifesto 성명을 이끌어내다	

launch a manifesto 성명에 착수하다	**write** an editorial 사설을 쓰다
sign a manifesto 성명서에 서명하다	**attend** a conference 회의에 참석하다
support a manifesto 성명을 지지하다	**call** a conference 회의를 요청하다
cite/quote a source 출처를 인용하다	**convene** a conference 회의를 소집하다
name a source 출처를 명명하다	**go to** a conference 회의에 가다
reveal a source 출처를 밝히다	**organize** a conference 회의를 조직하다
host a show 쇼를 주최하다	**abolish** censorship 검열을 폐지하다
see a show 쇼를 보다	**impose** censorship 검열하다
watch a show 쇼를 관람하다	**pass** censorship 검열을 통과하다
carry an editorial 사설을 싣다	**relax** censorship 검열을 완화하다
run an editorial 사설을 게재하다	**tighten** censorship 검열을 강화하다

Collocation in Use

announce news 뉴스를 발표하다

Now we have *announced* ten big *news* items.

이제 10개의 빅뉴스를 발표했습니다.

hear news 소식을 듣다

Have you *heard* the good *news*?

너 좋은 소식 들었어?

leak news 뉴스를 유출하다

Who *leaked the news* out to them?

누가 그들에게 뉴스를 흘렸어?

receive news 뉴스를 받다

Every morning I *receive news* by e-mail.

매일 아침 나는 이메일로 뉴스를 받는다.

get a scoop 특종을 얻다

Go *get the scoop* of a lifetime from that celebrity!

저 스타에게 가서 생애 최대의 특종을 얻어 오게!

submit a scoop (흥미로운) 이야기를 제출하다

Click here to *submit your scoop*!

당신의 이야기를 제출하기 위해서는 여기를 클릭하세요.

have a scoop (흥미로운) 이야기가 있다

I *have a scoop* for you.

나는 너에게 해 줄 이야기가 있어.

work on a scoop 특종을 위해 힘쓰다

He's *working on the scoop* of the century.

그는 세기의 특종을 위해 노력하고 있다.

find a scoop (흥미로운) 정보를 발견하다

John has *found the* inside *scoop* on his girlfriend.

존은 자기 여자 친구에 대한 흥미로운 내막을 발견했다.

issue a journal/magazine 잡지를 발행하다

It makes no money to *issue a* monthly *journal*.

월간지를 발행하는 건 돈벌이가 안 된다.

publish a journal/magazine 잡지를 출판하다

What about *publishing a* technology *magazine*?

과학기술 잡지를 출판하는 건 어때?

read a journal/magazine 잡지를 읽다

He makes his living from *reading a magazine* to a blind man.

그는 맹인에게 잡지를 읽어 주는 일로 먹고 산다.

subscribe to a journal/magazine 잡지를 구독하다

Don't miss this chance to *subscribe to the journal* for $10 a month.

한 달에 10달러로 잡지를 구독할 수 있는 이 기회를 놓치지 마십시오.

carry a headline 머리기사를 취하다

The newspaper *carries headlines* from many different sources.

그 신문은 여러 다양한 출처에서 머리기사를 따옵니다.

grab a headline 머리기사에 오르다

Do you know the scandal that *grabbed the headlines*?

머리기사에 오른 그 스캔들 알고 있니?

hit a headline 머리기사를 장식하다

That single news item *hit the* world *headlines*.

그 한 가지 기삿거리가 세계의 머리기사를 장식했다.

make a headline 머리기사가 되다

It's surely enough news to *make a headline*.

머리기사가 되기에 충분한 뉴스일세.

scan a headline 머리기사를 살피다

You can *scan the headlines* to find the most recent information.

가장 최근 정보를 찾기 위해 머리기사를 살펴볼 수도 있습니다.

draft a manifesto 성명의 초안을 작성하다

What you have to do next is *draft an* election *manifesto*.

다음으로 당신이 해야 할 일은 선거 성명서 초안을 작성하는 것입니다.

draw up a manifesto 성명을 이끌어내다

The NGO finally succeeded in *drawing up a manifesto* against nuclear arms.

그 NGO는 마침내 핵무기에 반대하는 성명을 이끌어내는 데 성공했다.

launch a manifesto 성명에 착수하다

This is a good time to *launch a manifesto*.

지금이 성명에 착수하기에 적절한 시기입니다.

sign a manifesto 성명서에 서명하다

Get him to *sign the manifesto*.

그가 선언에 서명하게 하시오.

support a manifesto 성명을 지지하다

It's not easy to ignore *a manifesto supported* by 90% of the people.

90퍼센트의 사람들이 지지하는 성명서를 무시해 버리는 건 쉽지 않다.

cite/quote a source 출처를 인용하다

When you *cite* online *sources*, just refer to this provided form.

온라인 출처를 인용하실 때는 이 제공된 양식을 참조하십시오.

name a source 출처를 명명하다

The man continually refuses to *name the source*.

그 남자는 계속해서 출처를 대는 것을 거부한다.

reveal a source 출처를 밝히다

The ruling party is being forced to *reveal the source*.

집권당은 출처를 밝히라는 압력을 받고 있다.

host a show 쇼를 주최하다

Who's going to *host the show*?

누가 쇼를 주최할 것입니까?

see a show 쇼를 보다

Let's go to *see a show*.

쇼를 보러 가자.

watch a show 쇼를 관람하다

I just *watched the show* you previously recorded.

네가 이전에 녹화한 쇼를 방금 봤어.

carry an editorial 사설을 싣다

The morning paper *carries an editorial*.

그 조간신문은 사설을 싣는다.

run an editorial 사설을 게재하다

He *runs an editorial* in a national newspaper.

그는 한 중앙신문에 사설을 게재한다.

write an editorial 사설을 쓰다

Every time the professor is asked to *write an editorial*, he says no.

사설을 써 달라는 요청을 받을 때마다 그의 대답은 '싫다' 이다.

attend a conference 회의에 참석하다

We will have to *attend a* women's *conference*.

우리는 여성 회의에 참석해야만 할 것이다.

call a conference 회의를 요청하다

A conference will be *called* to discuss human rights.

인권에 대해 토론할 회의가 열릴 것입니다.

convene a conference 회의를 소집하다

The government offered to *convene a conference* to discuss the strike.

정부는 파업에 대해 토론할 회의 소집을 제의했습니다.

go to a conference 회의에 가다

The President *went to a* press *conference*.

대통령은 언론 회의에 가셨습니다.

organize a conference 회의를 조직하다

It is a difficult and demanding task to *organize a conference*.

회의를 조직하는 것은 어렵고 힘든 일이다.

abolish censorship 검열을 폐지하다

It's too early to *abolish censorship* in our country.

우리나라에서 검열을 폐지하는 것은 시기상조다.

impose censorship 검열하다

We think they are trying to *impose censorship* on the Internet.

우리는 그들이 인터넷에 대한 검열을 시도하고 있다고 생각한다.

pass censorship 검열을 통과하다

Our movie failed to *pass censorship*.

우리 영화가 검열을 통과하지 못했다.

relax censorship 검열을 완화하다

Maybe it's possible to *relax censorship* of foreign films.

외국 영화에 대한 검열을 완화할 가능성이 있을 수 있다.

tighten censorship 검열을 강화하다

There can be a protest against *tightening censorship* of the press.

언론 검열 강화에 대한 항의가 있을 수도 있다.

Collocation Exercises

A. List 1의 동사와 List 2의 명사를 알맞게 연결하여 의미가 통하도록 문장을 완성하시오.

List 1	List 2
carries	religious censorship
convene	a diplomatic conference
draw up	an editorial
grab	headlines
pass	the Communist Manifesto

1. Egyptian TV shows will soon have to _____ _____. The Minister of Information has decreed that TV dramas must respect the values of Egyptian society.

2. Marx and Engels decided to _____ _____ to proclaim their revolutionary ideas to the world.

3. While extremely catastrophic events _____ _____ in the press, more common weather shifts such as those that pose risks to weather-dependent businesses go virtually unnoticed.

4. The International Herald Tribune today _____ _____ from the New York Times assessing the Russian Federation's on-going financial difficulties.

5. A number of States have now requested that the Director General _____ _____ to consider the proposed amendments.

B. 다음 문장의 빈칸에 들어갈 가장 적절한 표현을 고르시오.

6. Click on the "_____ a Scoop" button to send your own story to us.

(a) Hold
(b) Open
(c) Remove
(d) Submit

7. He _____ the news that his company would be acquired within 2 weeks.

(a) applied
(b) improved
(c) leaked
(d) created

8. I used to _____ to several sports magazines, but I spend money on photography books now.

(a) issue
(b) publish
(c) read
(d) subscribe

9. It is a typical plagiarism case to use phrases without _____ their sources.

(a) digging
(b) citing
(c) emphasizing
(d) inferring

10. He has been _____ the show for 20 years. Now his broadcasting is as natural as his talk with his friends at a bar.

(a) avoiding
(b) combating
(c) hosting
(d) imagining

C. 아래 문장을 영작하시오.

11. 그 마술사는 자신의 집에서 마술쇼를 열었다.

12. 그 기자는 소주를 세 병 들이켜고서 자기 특종 기사의 출처를 밝혔다.

13. 그는 잡지에 특종을 하나 내고 유명해지기를 간절히 원했다.

14. 나는 거북이가 토끼를 경주에서 이겼다는 극적인 뉴스를 전해 받았다.

15. 그들은 큰돈을 버는 방법에 대한 잡지를 발행하기 시작했다.

Collocations on **O**pinion

track 38

오늘은 opinion(의견)이나 개인의 view(관점), position(입장)에서 bias(편견)에 이르기까지 생각과 의견에 관련된 콜로케이션들을 살펴본다. 예를 들어 have/open a debate, make/reach a decision, voice/express opposition, have/handle a complaint 등은 논쟁 과정을 묘사할 때 쓸 수 있는 콜로케이션 표현들이다. 골라 모은 46개의 표현을 학습해 보자.

Collocation at a Glance

Verb + Noun	Meaning	Verb + Noun	Meaning
have a debate 논쟁하다		**confirm** opposition 반대를 확인하다	
encourage a debate 논쟁을 장려하다		**declare** opposition 반대를 선언하다	
lose a debate 논쟁에서 지다		**voice** opposition 반대 입장을 내다	
win a debate 논쟁에서 이기다		**express** opposition 반대를 표명하다	
open a debate 논쟁을 열다		**achieve** a consensus 합의를 이루다	
make a decision 결정하다		**break** a consensus 합의를 파기하다	
reach a decision 결정에 도달하다		**reach** a consensus 합의에 도달하다	
announce a decision 결정을 발표하다		**have** a bias 편견을 가지다	
reconsider a decision 결정을 재고하다		**display** a bias 편견을 나타내다	
reverse a decision 결정을 번복하다		**show** a bias 편견을 보이다	

avoid a bias
편견을 피하다

correct a bias
편견을 바로잡다

have an opinion
의견을 가지다

hold an opinion
의견을 지니다

express an opinion
의견을 표명하다

state an opinion
의견을 말하다

change an opinion
의견을 바꾸다

have views
관점을 가지다

hold views
관점을 지니다

express views
관점을 표명하다

support views
관점을 지지하다

challenge views
관점에 문제 제기하다

make an objection
반대하다

raise an objection
반대를 제기하다

state an objection
반대 의견을 말하다

meet an objection
반대에 직면하다

withdraw an objection
반대를 철회하다

have a complaint
항의하다

voice a complaint
항의하다

handle a complaint
항의를 처리하다

hear a complaint
항의를 듣다

resolve a complaint
항의를 해결하다

adopt a position
입장을 채택하다

take a position
입장을 취하다

defend a position
입장을 옹호하다

change one's position
입장[태도]을 바꾸다

Collocation in Use

have a debate 논쟁하다

We've *had a* heated *debate*.

우리는 열띤 논쟁을 했습니다.

encourage a debate 논쟁을 장려하다

His class *encourages* different *debates* among students.
그의 수업은 학생들 사이에 서로 다른 논쟁을 장려한다.

lose/win a debate 논쟁에서 지다/이기다

There's something more important than *winning* or *losing a* political *debate*.
정치적 논쟁에서 지고 이기는 것보다 중요한 것이 있네.

open a debate 논쟁을 열다

Some people annually *open a debate* about the existence of UFOs.
어떤 사람들은 매년 UFO의 존재에 대한 토론회를 엽니다.

make a decision 결정하다

It's time to *make an* important *decision*.
중요한 결정을 해야 할 때이다.

reach a decision 결정에 도달하다

Did you *reach a* final *decision*?
최종 결정에 도달했습니까?

announce a decision 결정을 발표하다

I'm so sorry to *announce an* unexpected *decision*.
예상치 못했던 결정을 발표하게 되어 유감입니다.

reconsider a decision 결정을 재고하다

Never stop forcing the agency to *reconsider* previous *decisions*.
그 정부 기관이 이전 결정을 재고하도록 압력 행사를 멈추지 마라.

reverse a decision 결정을 번복하다

I'd rather *reverse the decision*.

나는 결정을 번복하는 것이 낫겠다.

confirm opposition 반대를 확인하다

The UN *confirms* its *opposition* to racism again.

UN은 인종주의에 대한 반대를 다시 확인합니다.

declare opposition 반대를 선언하다

The citizens *declared* strong *opposition* to that discrimination.

시민들은 그러한 차별에 대한 강력한 반대를 선언했다.

voice opposition 반대 입장을 내다

Many people gathered to *voice opposition* to presidential impeachment.

대통령 탄핵에 대한 반대의 목소리를 내기 위해 많은 사람들이 모였습니다.

express opposition 반대를 표명하다

Foreign leaders *express opposition* to attempts against the Olympic torch relay.

외국의 지도자들은 올림픽 성화 봉송을 방해하려는 시도에 반대를 표명한다.

achieve a consensus 합의를 이루다

One of the most important aims is to *achieve a consensus* among different countries.

가장 중요한 목적들 중의 하나는 여러 나라들 사이에 합의를 이끌어 내는 것이다.

break a consensus 합의를 파기하다

It is not right to *break the consensus*.

합의를 파기하는 것은 옳지 않다.

reach a consensus 합의에 도달하다

After *reaching a consensus*, we will launch a project.

합의가 도출된 후 우리는 그 프로젝트를 시작할 것이다.

have a bias 편견을 가지다

Even foreigners *have a bias* about immigrant workers.

외국인들조차 이주 노동자에 대해 편견을 가지고 있다.

display a bias 편견을 나타내다

Ensure that you do not *display a bias* due to race or gender.

인종이나 성별 때문에 편견을 드러내지 않도록 확실하게 하십시오.

show a bias 편견을 보이다

Very often he *shows a bias* for lawyers.

매우 자주 그는 변호사에 대한 편견을 보인다.

avoid a bias 편견을 피하다

Avoiding a cultural *bias* is essential in writing.

문화적 편견을 피하는 것은 작문에 필수적이다.

correct a bias 편견을 바로잡다

The project's goal is to *correct* children's *bias* toward TV with media literacy education.

그 프로젝트의 목적은 TV에 대한 아동들의 편견을 미디어 리터러시 교육으로 바로잡는 것이다.

have an opinion 의견을 가지다

Do you *have a* negative *opinion* about genetically modified food?

유전자 조작 식품에 대해 부정적인 의견을 가지고 계십니까?

hold an opinion 의견을 지니다

Who else *holds a* positive *opinion* for tax cuts?

조세 삭감에 대해 긍정적인 다른 분 계십니까?

express an opinion 의견을 표명하다

The participant *expressed* her *opinion* that there is no "holy war."

그 참석자는 '신성한 전쟁'은 없다는 의견을 표명했다.

state an opinion 의견을 말하다

State a reasonable *opinion*.

합리적인 의견을 말하시오.

change an opinion 의견을 바꾸다

I can't understand him because he *changed* his *opinion* without any particular reason.

특별한 이유 없이 의견을 바꾸다니 그를 이해할 수가 없다.

have views 관점을 가지다

Every student *has* different *views* on the problem.

모든 학생이 그 문제에 대해 제각기 다른 관점을 가지고 있다.

hold views 관점을 지니다

She's the person who *holds* romantic *views* on love.

그녀는 사랑에 대해 낭만적인 관점을 지닌 사람이다.

express views 관점을 표명하다

Now I'm going to tell you about why I *expressed* positive *views* on the idea.

이제 제가 왜 그 생각에 대하여 긍정적인 관점을 표명했는지에 대하여 말씀드리겠습니다.

support views 관점을 지지하다

I think this journalist *supports* leftist *views* on social welfare.

나는 이 기자가 사회 복지에 대해 좌파적인 관점을 지지한다고 생각해.

challenge views 관점에 문제 제기하다

Who dares to *challenge* the CEO's *views* on the business strategy?

누가 감히 CEO의 경영 전략에 대한 관점에 문제 제기를 하겠나?

make an objection 반대하다

Every citizen has the right to *make an objection* to the government's policy

모든 시민은 정부 정책에 반대할 권리가 있습니다.

raise an objection 반대를 제기하다

It was then that she *raised an objection* to the decision to hire a new CEO.

그녀가 새로운 CEO를 고용하겠다는 결정에 반대 의견을 낸 것은 바로 그때였다.

state an objection 반대 의견을 말하다

Just feel free to *state* any *objection* to a policy.

정책에 반대 의견이 있으면 자유롭게 발표하십시오.

meet an objection 반대에 직면하다

The team *met an* unexpected *objection*.

그 팀은 예상치 못했던 반대에 직면했다.

withdraw an objection 반대를 철회하다

We strongly urge you to *withdraw your objection* to affirmative action.

우리는 귀하가 소수 집단 우대 정책에 대한 반대를 철회해 주실 것을 강력히 요청합니다.

have a complaint 항의하다

Nobody *has a complaint* about the company's dress code.

회사의 복장 규정에 대해 불평하는 사람은 아무도 없다.

voice a complaint 항의하다

I called and eagerly *voiced* my *complaints*.

나는 전화해서 열심히 불만을 이야기했다.

handle a complaint 항의를 처리하다

He can *handle* workers' *complaints* effectively.

그는 효과적으로 노동자들의 항의를 다룰 줄 안다.

hear a complaint 항의를 듣다

We are open to *hear* students' *complaints* on a regular basis.

우리는 정기적으로 학생들의 항의를 들을 준비가 되어 있습니다.

resolve a complaint 항의를 해결하다

I guess the supervisor is in charge of *resolving* residents' *complaints*.

내 생각에는 건물 관리인이 거주자들의 항의를 해결하는 책임을 지고 있는 것 같아.

adopt a position 입장을 채택하다

The professor has no choice but to *adopt a* socio-political *position* on the issue.

그 교수는 그 문제에 대한 정치 사회적인 입장을 채택할 수밖에 없다.

take a position 입장을 취하다

Take a neutral *position*.

중립적인 입장을 취하라.

defend a position 입장을 옹호하다

Well, he managed to *defend his position*.

그는 그럭저럭 자기 입장을 방어해 냈다.

change one's position 입장[태도]을 바꾸다

He seems to *change his position* on tax cuts.

그는 감세에 대한 입장을 바꾸는 것 같다.

Collocation Exercises

A. List 1의 동사와 List 2의 명사를 알맞게 연결하여 의미가 통하도록 문장을 완성하시오.

List 1	*List 2*
defend	students' diverse complaints
express	a general consensus
handle	their opinion
reached	their opposition
voiced	your political position

1. Students _____ _____ to the dean's pledges. They were also against his conservative views on college administration.

2. One of a teacher's qualifications is the ability to _____ _____ on school education.

3. Shy people are reluctant to _____ _____ in public. However, some of them are really good at private communication.

4. It seems that they have _____ _____. However, they have different opinions about the details.

5. _____ _____ as far as it defends human rights. It would be helpful to have effective relationships with activists working locally.

B. 다음 문장의 빈칸에 들어갈 가장 적절한 표현을 고르시오.

6. We should knock down our rivals as soon as we _____ a debate.
   (a) challenge   (b) change
   (c) open   (d) revise

7. We don't _____ your political views but we respect your freedom of speech.
   (a) hear   (b) lose
   (c) open   (d) support

8. The role of cultural education is crucial in helping our children _____ a racial bias.
   (a) create   (b) avoid
   (c) stand for   (d) support

9. How can you _____ the decision? It was a product of long-
term negotiations between two parties.

(a) enhance   (b) implement

(c) proliferate   (d) reverse

10. He seems to _____ his objection to the privatization of the
factory; his strategists have reached the conclusion that he needs to
endorse the government's new policy on private sectors.

(a) coauthor   (b) keep

(c) withdraw   (d) zigzag

C. 아래 문장을 영작하시오.

11. 늙은이들은 의견을 바꾸지 않고 젊은이들은 아무 의견이 없다.

_____

12. 그 결정을 뒤집으려면 의장의 승인이 필요합니다.

_____

13. 그 당은 반대를 철회하고 그 후보를 지지하기로 결정했다.

_____

14. 그는 흑인들에 대한 자신의 편견을 고친 것 같다.

_____

15. 그 정치가는 당의 경제 정책에 반대를 표명했다.

_____

Collocations on Family and Social Relationships

track 39

family(가족)와 관련된 relatives(친인척), marriage(결혼), solidarity(연대감) 등의 핵심 단어와 함께 쓰이는 콜로케이션 표현들을 알아본다. annul/propose a marriage, build/ develop a relationship, demonstrate/express solidarity, bring up/feed a family 등 매우 유용한 38개의 표현을 정리했다.

Collocation at a Glance

Verb + Noun	Meaning	Verb + Noun	Meaning
have relatives	친지가 있다	move up/down a hierarchy	위로/아래로 계층 이동하다
look after relatives	친지를 돌보다	bring up a family	가족을 부양하다
lose relatives	친지를 잃다	feed a family	가족을 먹이다
support relatives	친지를 부양하다	have a family	가족이 있다
attack an enemy	적을 공격하다	raise a family	가족을 부양하다
defeat an enemy	적을 패배시키다	ask for a divorce	이혼을 요구하다
fight (against) an enemy	적과 싸우다	go through a divorce	이혼을 겪다
make an enemy	적을 만들다	seek a divorce	이혼하려 하다
create a hierarchy	계층을 만들다	want a divorce	이혼을 원하다
establish a hierarchy	계층을 확립하다	break (off) an alliance	동맹을 깨다

form an alliance 동맹을 맺다	**lead a team** 팀을 이끌다
have an alliance 동맹 관계에 있다	**annul a marriage** 결혼을 무효로 하다
demonstrate solidarity 연대를 나타내다	**have a marriage** 결혼하다
express solidarity 연대를 표하다	**propose marriage** 프러포즈하다
promote solidarity 연대를 조장하다	**build a relationship** 관계를 형성하다
show solidarity 연대를 보이다	**damage a relationship** 관계를 해치다
build a team 팀을 만들다	**destroy a relationship** 관계를 파기하다
form a team 팀을 형성하다	**develop a relationship** 관계를 발전시키다
launch a team 팀을 시작하다	**improve a relationship** 관계를 향상시키다

Collocation in Use

have relatives 친지가 있다

I *have relatives* living abroad.
저는 해외에 사는 친지가 있습니다.

look after relatives 친지를 돌보다

She's been *looking after* her older *relatives*.
그녀는 연세가 있는 친지를 돌봐 왔다.

lose relatives 친지를 잃다

Most residents *lost* their *relatives* during the hurricane season.

대부분의 거주민들이 허리케인이 왔을 때 친지를 잃었다.

support relatives 친지를 부양하다

There's no one to *support relatives* during their visit here.

이곳에는 친지가 방문했을 때 돌봐 줄 사람이 없다.

attack an enemy 적을 공격하다

Attack any *enemies* we encounter.

만나는 모든 적을 공격해라.

defeat an enemy 적을 패배시키다

The general ordered us to *defeat* and disarm *the enemy*.

장군은 우리에게 적을 무찌르고 무장해제 시킬 것을 명령했다.

fight (against) an enemy 적과 싸우다

It's a kind of tragedy for both parties to have no common *enemy* they have to *fight against*.

두 당이 대항해서 싸워야 할 공통의 적이 없다는 것은 일종의 비극이다.

make an enemy 적을 만들다

The anti-war movement *made enemies* of conservative groups.

반전 운동은 보수 집단이라는 적을 만들었다.

create a hierarchy 계층을 만들다

Your job is to *create a hierarchy* and order in an organization.

네 임무는 조직 안에 계층과 서열을 만드는 것이다.

establish a hierarchy 계층을 확립하다

Grooming is one of the ways of *establishing a hierarchy* between animals.

털 손질해 주는 것은 동물들 사이에 계층을 확립하는 한 가지 방법이다.

move up/down a hierarchy 위로/아래로 계층 이동하다

A person may *move up and down* the social *hierarchy*.

사람은 사회적 계층을 오르락내리락한다.

bring up a family 가족을 부양하다

Young men should learn how to *bring up a family*.

젊은 사람들은 가족들을 어떻게 부양해야 할지를 배워야 한다.

feed a family 가족을 먹이다

He earns enough to *feed* his *family*.

그는 가족들을 먹여 살릴 만큼 충분히 돈을 번다.

have a family 가족이 있다

Joe *has a family* of four.

조는 4명의 가족이 있다.

raise a family 가족을 부양하다

I want to get married and *raise a family* on a single income.

나는 결혼해서 혼자 벌어 가족을 부양하고 싶다.

ask for a divorce 이혼을 요구하다

Brad seemed to *ask for a divorce* for an acceptable reason.

브래드는 합당한 이유로 이혼을 요구한 것 같았다.

go through a divorce 이혼을 겪다

She *went through a divorce* unprepared.

그녀는 준비되지 않은 채 이혼을 경험했다.

seek a divorce 이혼하려 하다

Anyone in trouble can get help in *seeking a divorce* from their partner.

곤경에 처한 누구든지 배우자와 이혼하려 하면 도움을 받을 수 있습니다.

want a divorce 이혼을 원하다

They both agreed that they *wanted a divorce*.

그들 둘 모두 이혼을 원한다는 데 동의했다.

break (off) an alliance 동맹을 깨다

No one expected they would *break* the military *alliance* with the country.

그들이 국가 간 군사동맹을 깨리라고 아무도 예상하지 못했다.

form an alliance 동맹을 맺다

The two countries *formed a* strategic *alliance* for defense.

두 국가는 방어를 위한 전략적 동맹을 결성했다.

have an alliance 동맹 관계에 있다

GM *has alliances* with many business partners.

GM사는 많은 사업 파트너와 제휴 관계에 있다.

demonstrate solidarity 연대를 나타내다

This performance *demonstrates solidarity* with human rights activists.

이 공연은 인권 운동가에 대한 연대를 나타냅니다.

express solidarity 연대를 표하다

The lawyers *expressed* their *solidarity* with the victims.

변호사들은 희생자들에 대한 연대를 표했다.

promote solidarity 연대를 조장하다

There's a need to *promote solidarity* across borders.

국경을 넘어 연대를 증진할 필요가 있다.

show solidarity 연대를 보이다

International visitors *show* international *solidarity* against racism.

전 세계의 방문자들이 인종주의에 반대하는 국제적 연대를 표합니다.

build a team 팀을 만들다

A sales *team* was *built* for the holiday season.

휴가철을 위해 판매팀이 꾸려졌다.

form a team 팀을 형성하다

According to the manual, we must *form a team* of three to five members.

매뉴얼에 따르면 우리는 3~5명으로 이루어진 팀을 만들어야 한다.

launch a team 팀을 시작하다

Water Lands *launched a team* of lifeguards into the sea to rescue people.

Water Lands는 사람들을 구조하기 위한 해상 구조팀을 신설했다.

lead a team 팀을 이끌다

He's the one who *led* the national soccer *team* to the top seed.

그가 바로 국가대표 축구팀을 톱시드로 이끈 인물이다.

annul a marriage 결혼을 무효로 하다

I strongly asked a court to *annul the marriage*.

법원이 결혼을 무효로 해 주기를 강력히 요청했다.

have a marriage 결혼하다

The same-sex couple couldn't *have an* open *marriage*.

동성커플은 공개적인 결혼을 할 수 없었다.

propose marriage 프러포즈하다

I'm going to *propose marriage* to my sweetheart under the sea.

나는 바다 속에서 사랑하는 사람에게 프러포즈할 거야.

build a relationship 관계를 형성하다

Nothing is more important than *building* good *relationships* with customers.

고객과 좋은 관계를 형성하는 것보다 중요한 일은 없다.

damage a relationship 관계를 해치다

Don't let your jealousy *damage our relationship*.

너의 질투 때문에 우리 관계를 해치지는 말아라.

destroy a relationship 관계를 파기하다

Learn how not to *destroy a* trustful *relationship* with friends.

친구와 신뢰 관계를 깨뜨리지 않는 방법을 배워라.

develop a relationship 관계를 발전시키다

A classroom is defined as the place teachers and students
develop an ongoing *relationship*.

교실이란 선생님과 학생 사이에 계속적인 관계를 발전시켜 나가는 공간으로 정의된다.

improve a relationship 관계를 향상시키다

That single book helped *improve* and boost *relationships* in my
life.

그 책 한 권이 나의 삶에 있어서 관계를 향상시키고 고양시키는 데 도움이 됐다.

Collocation Exercises

A. List 1의 동사와 List 2의 명사를 알맞게 연결하여 의미가 통하도록 문장을
완성하시오.

List 1	*List 2*
bring up	a long-term relationship
build	a divorce
have	a childless marriage
launch	a multidisciplinary team
seek	a family of 6 boys

1. We must _____ _____ with them. They have strategic importance to us.

2. Don't _____ _____ as an exit from your current unhappiness.

3. She wanted to _____ _____, but her husband continuously insisted that their married life would be much happier with children.

4. Psychologists and neuroscientists in the university plan to _____ _____ to do research on language acquisition.

5. I really respect my mother. She had to _____ _____ by herself but made no complaint.

B. 다음 문장의 빈칸에 들어갈 가장 적절한 표현을 고르시오.

6. She had no _____ at all. She was an orphan.
   (a) employees   (b) parents
   (c) seniors   (d) staff

7. NGOs and government expressed _____ in addressing problems of global warming. They organized a joint rally.
   (a) complete contradiction   (b) individual participation
   (c) political prejudice   (d) social solidarity

8. He moved up _____ very quickly. It seemed that the only goal in his life was to be a CEO of the company.
   (a) the board   (b) the building
   (c) the hierarchy   (d) the lineage

9. If you overcome your desires, you are braver than somebody else who _____ his or her enemies; for the hardest victory is over self.

   (a) attacks
   (b) forgives
   (c) hides
   (d) treats

10. _____ a divorce could mean "a death" as the emotions experienced are very similar to losing someone close.

    (a) Falling about
    (b) Looking through
    (c) Going through
    (d) Putting through

C. 아래 문장을 영작하시오.

11. 그녀는 남편에게 빠른 이혼을 요구했으나 그는 거절했다.

12. 이라크전은 중동 국가들 사이의 연대를 부추겼다.

13. 그들은 마피아에 대항하는 연합을 형성했다. 하지만 마피아는 그들이 한 것에 대해 전혀 신경 쓰지 않았다.

14. 학생과 교사들이 그 문제를 해결하기 위해 프로젝트팀을 꾸렸다.

15. 네 친구 및 가족과의 관계를 개선해라.

Collocations on **S**ocial **C**oncerns

track 40

aid(원조), welfare(복지)는 conflict(갈등)와 problem(사회 문제)을 해결하기 위한 하나의
방법이다. 오늘은 claim/retain right(s), cause/handle a conflict, alleviate/reduce
poverty, abuse/exercise a privilege 등의 다양하고 유용한 36개의 콜로케이션 표현을 만
나 보자.

Collocation at a Glance

Verb + Noun	Meaning	Verb + Noun	Meaning
call for aid 원조를 요청하다		break down (a) prejudice 편견을 깨다	
provide aid 원조를 제공하다		have (a) prejudice 편견이 있다	
receive aid 원조를 받다		overcome (a) prejudice 편견을 극복하다	
withdraw aid 원조를 보류하다		find an opportunity 기회를 발견하다	
improve welfare 복지를 개선하다		give an opportunity 기회를 주다	
promote welfare 복지를 증진하다		grasp an opportunity 기회를 잡다	
cause (a) conflict 갈등을 야기하다		seize an opportunity 기회를 잡다	
handle (a) conflict 갈등을 다루다		compromise security 보안을 위태롭게 하다	
provoke (a) conflict 갈등을 일으키다		ensure security 보안을 지키다	
settle (a) conflict 갈등을 해소하다		improve security 보안을 개선하다	

tighten (up) security 보안을 강화하다	**reduce poverty** 빈곤을 줄이다
claim right(s) 권리를 주장하다	**abuse a privilege** 특권을 남용하다
protect right(s) 권리를 보호하다	**exercise a privilege** 특권을 행사하다
respect right(s) 권리를 존중하다	**grant a privilege** 특권을 부여하다
retain right(s) 권리를 보유하다	**approach a problem** 문제에 접근하다
alleviate poverty 가난을 덜다	**cause a problem** 문제를 일으키다
eliminate poverty 가난을 없애다	**face a problem** 문제에 직면하다
eradicate poverty 빈곤을 뿌리 뽑다	**pose a problem** 문제를 일으키다

Collocation in Use

call for aid 원조를 요청하다

We need to *call for* more *aid* to Somalia right now.

우리는 당장 소말리아에 대한 추가 원조를 요청해야 합니다.

provide aid 원조를 제공하다

The Food Bank promised to *provide aid* with no questions asked.

Food Bank는 질문 없이 원조를 제공해 주기로 약속했다.

receive aid 원조를 받다

We need to *receive* financial *aid*.

우리는 재정적인 원조를 받을 필요가 있다.

withdraw aid 원조를 보류하다

The institution *withdrew the aid* without notification.

그 협회는 사전 통보 없이 원조를 철회했다.

improve welfare 복지를 개선하다

These pamphlets are about strategies to *improve* animal *welfare*.

이 안내 책자들은 동물 복지를 개선하기 위한 전략들에 관한 것이다.

promote welfare 복지를 증진하다

He was awarded for trying to *promote* child *welfare*.

그는 아동 복지 증진을 위해 노력한 공로로 수상했다.

cause (a) conflict 갈등을 야기하다

His death *caused conflict* within the family.

그의 죽음은 가족 내 불화를 야기했다.

handle (a) conflict 갈등을 다루다

We welcome anyone who can *handle conflicts* successfully without fighting.

싸움 없이 갈등을 성공적으로 다룰 줄 아는 사람이면 누구나 환영합니다.

provoke (a) conflict 갈등을 일으키다

Refrain from words that might *provoke a conflict*.

분쟁을 일으킬 수 있는 말은 삼가라.

settle (a) conflict 갈등을 해소하다

Please send someone to *settle the conflict*.

갈등을 해결하도록 누군가를 보내 주세요.

break down (a) prejudice 편견을 깨다

We've got to have a talk to *break down the prejudice* and distrust.
편견과 불신을 깨기 위해서 우리는 대화가 필요하다.

have (a) prejudice 편견이 있다

Everybody *has* some bias or *prejudice*.
누구나 약간의 선입관 혹은 편견을 가지고 있다.

overcome (a) prejudice 편견을 극복하다

Parents are responsible for helping their children *overcome prejudice*.
부모는 아이들이 편견을 극복하도록 도울 책임이 있다.

find an opportunity 기회를 발견하다

He managed to *find the opportunity*.
그는 겨우 기회를 찾아냈다.

give an opportunity 기회를 주다

The king *gave* him *the opportunity* to save his neck.
왕은 그에게 자기 생명을 구할 기회를 줬다.

grasp an opportunity 기회를 잡다

Just *grasp an opportunity* and turn it into success.
기회를 잡아서 성공으로 바꾸세요.

seize an opportunity 기회를 잡다

Wait and try to *seize an opportunity* to gain access.
기다렸다가 통행권을 얻을 수 있는 기회를 잡기 위해 노력해라.

compromise security 보안을 위태롭게 하다

HTML could *compromise security*.

HTML은 보안에 위협이 될 수 있다.

ensure security 보안을 지키다

This is my duty to *ensure the security*.

보안을 지키는 것이 내 임무입니다.

improve security 보안을 개선하다

Soon they will *improve security* for the gate.

곧 그들이 출입구 보안을 강화할 것이다.

tighten (up) security 보안을 강화하다

We've *tightened our security*.

우리는 자체 보안을 강화했습니다.

claim right(s) 권리를 주장하다

It's ridiculous that we have to pay in order to *claim our rights* as students.

학생으로서의 권리를 주장하기 위해서 돈을 내야 한다니 우스꽝스럽다.

protect right(s) 권리를 보호하다

The army was sent to *protect our rights*.

우리의 권리를 보호하기 위해서 군대가 파견되었다.

respect right(s) 권리를 존중하다

Our company *respects* your *right* to privacy.

저희 회사는 당신의 사생활에 대한 권리를 존중합니다.

retain right(s) 권리를 보유하다

I don't know who *retains the copyright*.

저는 누가 저작권을 보유하고 있는지 모릅니다.

alleviate poverty 가난을 덜다

Many countries have been trying to *alleviate* global *poverty*.

많은 나라들이 세계적인 빈곤을 줄이기 위해 노력해 왔다.

eliminate poverty 가난을 없애다

The government set a plan to *eliminate poverty* in 7 years.

정부는 7년 안에 빈곤 문제를 해결하기 위한 계획을 수립했다.

eradicate poverty 빈곤을 뿌리 뽑다

It is important to *eradicate* child *poverty*.

아동 빈곤 문제를 척결하는 것은 중요하다.

reduce poverty 빈곤을 줄이다

The Minister said he would *reduce poverty* by 10% in 2 years.

장관은 2년 안에 빈곤 수준을 10퍼센트 줄이겠다고 말했다.

abuse a privilege 특권을 남용하다

Never *abuse the privilege* in any way.

어떤 식으로든 특권을 남용해서는 안 된다.

exercise a privilege 특권을 행사하다

He could get away from it by *exercising the privilege* of the rich.

그는 부자의 특권을 사용해서 그 일을 모면할 수 있었다.

grant a privilege 특권을 부여하다

The committee *granted* some groups *privileges*.

그 위원회는 몇몇 단체에게 특권을 주었다.

approach a problem 문제에 접근하다

I don't like to *approach* the prison *problems* that way.

나는 교도소 문제에 그런 식으로 접근하는 것이 마음에 들지 않는다.

cause a problem 문제를 일으키다

That could have *caused* severe *problems*.

그것은 심각한 문제를 야기할 수도 있었다.

face a problem 문제에 직면하다

What is the greatest *problem* we *face*?

우리가 직면하고 있는 가장 큰 문제는 무엇인가?

pose a problem 문제를 일으키다

Squatters *pose a problem* for landowners.

무단 거주자들은 땅 주인들에게 문제가 된다.

Collocation Exercises

A. List 1의 동사와 List 2의 명사를 알맞게 연결하여 의미가 통하도록 문장을 완성하시오.

List 1	List 2
ensure	equal opportunity
gives	the unfair prejudice
overcome	urban poverty
reduce	equal rights
respects	national security

1. It is very hard to _____ _____ some Western people have against Asians.

2. Society says it _____ _____ to all. But I think this world is so unequal.

3. Feminist education does not focus just on woman empowerment. Rather it _____ _____ of men and women.

4. His idea to _____ _____ was ridiculous. He argued that we all have to move to a rural area.

5. We must _____ _____ on the Korean peninsula. It is a basis for reunification.

B. 다음 문장의 빈칸에 들어갈 가장 적절한 표현을 고르시오.

6. The International Red Cross _____ emergency aid from the
   United Nations.
   (a) called for   (b) held
   (c) improved   (d) ran into

7. The government _____ security against possible threats
   during the president's visit.
   (a) found   (b) gave
   (c) settled   (d) tightened

8. The world's oil supply sometimes _____ military conflicts in
   the Middle East.
   (a) causes   (b) claims
   (c) faces   (d) grasps

9. The USA's efforts to _____ the conflict are not going to make
   a big difference with the situation we see in Iraq.
   (a) encourage   (b) settle
   (c) involve   (d) bring

10. Anybody interested in broadcasting on TV can apply for this
    competition; so _____ the opportunity to express yourself in
    front of the camera!
    (a) give   (b) change
    (c) seize   (d) cease

C. 아래 문장을 영작하시오.

11. 아동 복지 증진을 위한 지역 캠페인이 시작되었다.

_____

12. 몇몇 대사들은 그들이 가지고 있는 외교적 특권을 남용한다.

_____

13. 그들은 그 문제에 새로운 방법으로 접근했습니다.

_____

14. 우리는 언제 어디서나 인권을 보호해야만 한다.

_____

15. 여왕은 그 기사에게 막대한 특권을 부여했다.

_____

Collocations on
Customs and Habits

오늘은 custom(관습), convention(관례), culture(문화), habit(습관)과 관련하여 여러 가지 콜로케이션을 살펴본다. create/foster a culture, follow/maintain a custom, cherish/establish a tradition, adopt/prohibit a practice 등의 표현들 모두 쉽게 응용할 수 있는 것들이다. 모두 40개의 표현을 학습한다.

Collocation at a Glance

Verb + Noun	Meaning	Verb + Noun	Meaning
cause (an) addiction 중독을 일으키다		**foster** (a) culture 문화를 육성하다	
cure (an) addiction 중독을 치료하다		**produce** (a) culture 문화를 생산하다	
have (an) addiction 중독(성)이 있다		**follow** a custom 관습에 따르다	
overcome (an) addiction 중독을 극복하다		**maintain** a custom 관습을 유지하다	
treat (an) addiction 중독을 치료하다		**observe** a custom 관습을 지키다	
break with convention 관례를 깨다		**preserve** a custom 관습을 보존하다	
follow convention 관례에 따르다		**respect** a custom 관습을 존중하다	
observe convention 관례를 지키다		**become** a fashion (trend) 유행이 되다	
create (a) culture 문화를 창조하다		**follow** a fashion (trend) 유행을 따르다	
develop (a) culture 문화를 개발하다		**introduce** a fashion (trend) 패션을 소개하다	

set a fashion (trend) 패션을 만들다	**establish** a routine 순서를 만들다
acquire a habit 습관을 얻다	**follow** a routine 순서를 지키다
break a habit 습관을 없애다	**challenge** a stereotype 고정관념에 도전하다
develop a habit 습관을 생기게 하다	**create** a stereotype 고정관념을 만들다
make a habit 습관을 들이다	**reinforce** a stereotype 고정관념을 강화하다
adopt a practice 관행을 받아들이다	**reject** a stereotype 고정관념을 거부하다
follow a practice 관행에 따르다	**cherish** a tradition 전통을 소중히 하다
prohibit a practice 관행을 금하다	**establish** a tradition 전통을 수립하다
break (with) (a) routine 순서를 무시하다	**follow** a tradition 전통에 따르다
change a routine 순서를 바꾸다	**maintain** a tradition 전통을 유지하다

Collocation in Use

cause (an) addiction 중독을 일으키다

Placing a computer in a child's own room can *cause an* Internet *addiction*.

컴퓨터를 자녀 혼자 쓰는 방에 두는 것은 인터넷 중독을 일으킬 수 있다.

cure (an) addiction 중독을 치료하다

Visit our center to *cure* your alcohol *addiction*.

당신의 알코올 중독을 치료하기 위해 저희 센터를 방문하십시오.

have (an) addiction 중독(성)이 있다

Everyone *has an addiction* to something.

누구나 어떤 것에 중독되어 있다.

overcome (an) addiction 중독을 극복하다

The singer has struggled to *overcome a* drug *addiction* since he was 27 years old and has a long criminal history record relating to his addiction.

그 가수는 27세 때부터 약물 중독을 극복하기 위해 노력해 왔으며 중독과 관련하여 오랜 전과 기록을 가지고 있다.

treat (an) addiction 중독을 치료하다

This is *an addiction* that is hard to *treat*.

이것은 치료하기 힘든 중독이다.

break with convention 관례를 깨다

It's very hard to *break with* old *conventions*.

오래된 관례를 타파하는 것은 매우 힘겹다.

follow convention 관례에 따르다

Following a traditional *convention* is not always correct.

전통적인 관례에 따르는 것이 항상 옳은 것은 아니다.

observe convention 관례를 지키다

He had the courage to refuse to *observe convention*.

그는 관습을 지키기를 거부할 용기가 있었다.

create (a) culture 문화를 창조하다

Teenagers are *creating* their own *culture*.

십대들은 그들만의 문화를 창조하고 있다.

develop (a) culture　문화를 개발하다

He is said to have *developed a culture* of recognition and praise.
그는 인정해 주고 칭찬하는 문화를 개발했다고 평가받는다.

foster (a) culture　문화를 육성하다

Here we *foster* Asian *culture*.
바로 여기에서 아시아 문화를 육성합니다.

produce (a) culture　문화를 생산하다

The magazine *produces* underground *cultures*.
그 잡지는 언더그라운드 문화를 만든다.

follow a custom　관습에 따르다

Don't force people to *follow a* particular *custom*.
사람들에게 특정한 관습을 따르라고 강요하지 마라.

maintain a custom　관습을 유지하다

Many traditional groups *maintain* native *customs*.
많은 전통적인 집단들이 원래의 관습을 유지하고 있다.

observe a custom　관습을 지키다

Parents should teach their children to *observe* traditional
customs.
부모는 아이들에게 전통 관습을 지키도록 가르쳐야 한다.

preserve a custom　관습을 보존하다

The objective was to *preserve* traditions and *customs*.
목적은 전통과 관습을 보존하는 데에 있었다.

respect a custom 관습을 존중하다

We must *respect* Western *customs* as well as Oriental ones.

동양의 관습뿐만 아니라 서구의 관습 또한 존중해야 한다.

become a fashion (trend) 유행이 되다

The actress's accessories *became a fashion trend*.

그 여배우의 장신구는 유행이 되었다.

follow a fashion (trend) 유행을 따르다

Let's *follow* street *fashion* in our next designs.

우리의 다음 디자인에서는 길거리 유행을 따라가 봅시다.

introduce a fashion (trend) 패션을 소개하다

Do you know any good magazines which *introduce* the latest *fashions*?

최신 패션을 소개해 주는 좋은 잡지 알아?

set a fashion (trend) 패션을 만들다

The designer *set a fashion trend* for long skirts.

그 디자이너는 긴 치마 유행을 만들었다.

acquire a habit 습관을 얻다

It is hard to *acquire a* good *habit*.

좋은 습관을 들이는 것은 어렵다.

break a habit 습관을 없애다

It's difficult to *break a* bad *habit*.

나쁜 습관을 버리는 것은 어렵다.

develop a habit 습관을 생기게 하다

I *developed an* odd *habit*.

이상한 습관이 생겼다.

make a habit 습관을 들이다

Don't *make* smoking *a habit*.

담배 피우는 습관을 들이지 마라.

adopt a practice 관행을 받아들이다

We need to *adopt a* good *practice*.

좋은 관행은 수용할 필요가 있다.

follow a practice 관행에 따르다

If you *follow* the standard *practices*, everything will be fine.

보통의 관례를 따른다면 큰 문제는 없을 걸세.

prohibit a practice 관행을 금하다

We *prohibit* religious *practices* on the premises.

우리는 구내에서 종교 의례를 금지합니다.

break (with) (a) routine 순서를 무시하다

How could she *break with* the old *routine* without permission?

어떻게 그녀는 허락도 없이 이전의 순서를 무시할 수 있었나요?

change a routine 순서를 바꾸다

Having *changed a* fixed *routine* worked.

고정된 작업 순서를 바꾼 것이 효과가 있었다.

establish a routine 순서를 만들다

At the early stage, somebody has to *establish a routine*.

초기 단계에서는 누군가는 정해진 순서를 수립해야 한다.

follow a routine 순서를 지키다

Our products are made by *following a* strict *routine*.

저희 제품은 엄격한 과정을 거쳐서 생산됩니다.

challenge a stereotype 고정관념에 도전하다

The book *challenges a stereotype* of gender roles.

그 책은 성(性) 역할의 고정관념에 도전하는 내용이다.

create a stereotype 고정관념을 만들다

Why do you guys *create a stereotype* based on rumors?

왜 자네들은 풍문에 근거해서 고정관념을 만들어 내는가?

reinforce a stereotype 고정관념을 강화하다

Some actions *reinforce* bad *stereotypes*.

어떤 행동들은 나쁜 고정관념을 강화한다.

reject a stereotype 고정관념을 거부하다

The activist helped *reject a* negative *stereotype* for African-Americans.

그 활동가는 미국 흑인에 대한 부정적인 고정관념을 물리치는 데 도움을 주었다.

cherish a tradition 전통을 소중히 하다

Most girls *cherish the tradition* of their fathers walking them down the aisle on their wedding day.

대부분의 여성들은 결혼식 날 아버지와 같이 통로를 걸어 들어가는 전통을 소중히 여긴다.

establish a tradition 전통을 수립하다

He *established* 19th-century *traditions* in art.
그는 19세기 예술의 전통을 세웠다.

follow a tradition 전통에 따르다

They got married *following* Catholic *traditions*.
그들은 가톨릭 전통을 따라 결혼했다.

maintain a tradition 전통을 유지하다

The actor chose to *maintain* Korean *traditions* rather than adopt
Western cultural ideas.
그 배우는 서구 문화의 사고를 따르기보다는 한국의 전통대로 하기로 선택했다.

Collocation Exercises

A. List 1의 동사와 List 2의 명사를 알맞게 연결하여 의미가 통하도록 문장을
완성하시오.

List 1	List 2
broke with	social conventions
fostering	the culture
introducing	Russian fashion
observe	the prevalent practice
following	the routine

1. He refuses to _____ _____ and tries to set his own
standards. Sometimes it hurts other people.

2. She made a lot of money by _____ _____ to South
Korea. After her death, all her property was donated to establish a
fashion academy.

3. Some men have been _____ _____ of spousal abuse,
and it is increasing year by year.

4. The activist dedicated herself to _____ _____ of peace.
She thought that peace was the very solution to violent and irrational
times.

5. He _____ _____ of using exclusive spaces for VIPs. In
his opinion, everyone deserved a chance to get a front row seat.

B. 다음 문장의 빈칸에 들어갈 가장 적절한 표현을 고르시오.

6. We do not have to _____ the Western custom of wearing a
suit and tie.
(a) ban   (b) give
(c) make   (d) observe

7. Some couples repeatedly _____ the stereotype of
independent men and dependent women.
(a) give off   (b) perform
(c) prevent   (d) reinforce

8. We inherit customs from people older than us, but we can also
_____ new traditions.
(a) donate   (b) establish
(c) follow   (d) preserve

9. I've treated people who have _____ an addiction to cocaine that has turned their life upside down.

(a) taken
(b) done
(c) had
(d) used

10. The campaign to _____ the white stereotype of black has achieved some success.

(a) endure
(b) provide
(c) try
(d) challenge

C. 아래 문장을 영작하시오.

11. 부모들은 자녀들이 일기 쓰는 습관을 가지도록 도와줘야 한다.

12. 당신은 인터넷 중독을 극복하기 위해 전문가의 도움이 필요합니다.

13. 우리는 좋은 전통은 간직하면서 새로운 가치를 발전시켜야 한다.

14. 나는 한 달에 두 권의 책을 읽기로 하고 있다.

15. 터틀넥 셔츠를 입는 것이 80년대의 패션이 되었다.

Collocations on
War and Peace

track 42

ally(동맹), enemy(적), negotiation(협상), treaty(조약) 등과 같이 war와 peace에 관련된 주요 어휘 및 콜로케이션들을 살펴본다. get/lose an ally, defeat/face an enemy, open/ break off a negotiation, conclude/ratify a treaty 등 38개의 핵심 표현들을 꼼꼼히 학습한다.

Collocation at a Glance

Verb + Noun	Meaning	Verb + Noun	Meaning
gain an ally 동맹을 얻다		make an enemy 적을 만들다	
get an ally 동맹을 얻다		cease fire 사격을 중지하다	
have an ally 동맹이 있다		draw fire 심하게 비난 받다	
lose an ally 동맹을 잃다		hold fire 사격을 멈추다	
bear arms 무기를 소지하다		open fire 포문을 열다	
lay down arms 무기를 내려놓다		be armed with a missile 미사일로 무장하다	
take up arms 무기를 들다		deploy a missile 미사일을 배치하다	
defeat an enemy 적을 물리치다		fire a missile 미사일을 발사하다	
deter an enemy 적을 막다		shoot down a missile 미사일을 격추하다	
face an enemy 적에 맞서다		break off a negotiation 협상을 깨다	

enter into a negotiation 협상에 임하다	**become** a soldier 군인이 되다
open a negotiation 협상을 개시하다	**accept** a treaty 조약을 받아들이다
resume a negotiation 협상을 재개하다	**agree on/to** a treaty 조약에 동의하다
bring about peace 평화를 가져오다	**conclude** a treaty 조약을 맺다
keep the peace 평화를 지키다	**ratify** a treaty 조약을 비준하다
make peace 평화를 이루다, 화해하다	**be in** a war 전쟁 중이다
enlist as a soldier 군인으로 입대하다	**be ravaged by** war 전쟁으로 희생되다
play a soldier 군인 놀이를 하다	**declare** war 선전포고하다
serve as a soldier 군인으로 복무하다	**wage** war 전쟁하다

Collocation in Use

gain an ally 동맹을 얻다

It's hard to *gain a* reliable *ally* in the war.
전쟁에서 믿을 만한 동맹국을 얻기란 어렵다.

get an ally 동맹을 얻다

The Democrats have *got* a lot of *allies* for the election.
민주당은 그 선거에서 많은 협력자들을 얻었다.

have an ally 동맹이 있다

He *has* no *ally* and fights for himself.

그는 도와주는 사람이 없어 혼자 싸운다.

lose an ally 동맹을 잃다

She *lost* all *allies*.

그녀는 모든 조력자를 잃었다.

bear arms 무기를 소지하다

They are not allowed to *bear arms* in front of the king.

왕 앞에서는 무기를 소지하는 것이 허용되지 않는다.

lay down arms 무기를 내려놓다

The police ordered the burglars to *lay down* their *arms*.

경찰은 강도들에게 무기를 내려놓으라고 명령했다.

take up arms 무기를 들다

Take up arms and start shooting!

무기를 들고 사격 개시!

defeat an enemy 적을 물리치다

The platoon failed in *defeating an enemy* by surprise.

그 소대는 적을 기습적으로 물리치는 데 실패했다.

deter an enemy 적을 막다

We must desperately *deter the enemy* from proceeding.

우리는 필사적으로 적이 전진하는 것을 막아야 한다.

face an enemy 적에 맞서다

Face your *enemy*!

적에 맞서라!

make an enemy 적을 만들다

Of all things, we need to try not to *make an enemy*.

무엇보다도 우리는 적을 만들지 않도록 노력하는 것이 필요하다.

cease fire 사격을 중지하다

The commander ordered soldiers to *cease fire*.

지휘관은 군인들에게 사격 중지 명령을 내렸다.

draw fire 심하게 비난 받다

The arrogant writer *drew* the *fire* of critics.

그 오만한 작가는 비평가들로부터 집중 포화를 받았다.

hold fire 사격을 멈추다

They *held* their *fire* to cover their platoon.

그들은 소대를 엄호하기 위해 사격을 멈추었다.

open fire 포문을 열다

Opening fire means war here.

사격을 개시한다는 것은 여기 전쟁이 일어난다는 이야기이다.

be armed with a missile 미사일로 무장하다

The U.S. is to *be armed with* intercontinental *missiles*.

미국은 대륙 간 미사일로 무장할 예정이다.

deploy a missile 미사일을 배치하다

They insisted that South Korea *deploy missiles* for strategic reasons.

그들은 전략적 이유로 한국에 미사일을 배치해야 한다고 주장했다.

fire a missile 미사일을 발사하다

The commander orderd the crew to *fire the missiles* when the target came into view.

사령관은 부하들에게 목표물이 시야에 들어오면 미사일을 발사하라고 명령했다.

shoot down a missile 미사일을 격추하다

The soldier succeeded in *shooting down a missile* by chance.

그 병사는 우연히 미사일 격추에 성공했다.

break off a negotiation 협상을 깨다

They *broke off* trade *negotiations* in the end.

그들은 결국 무역 협상을 파기했다.

enter into a negotiation 협상에 임하다

The company has to sincerely *enter into a negotiation* with the labor union.

사측은 노조와 성실하게 협상에 임해야 한다.

open a negotiation 협상을 개시하다

The agreement on *opening a* multilateral *negotiation* is the best outcome of this meeting.

다자간 협상을 시작하기로 동의한 것이 이번 회의의 최고 성과이다.

resume a negotiation 협상을 재개하다

The two Koreas agreed to *resume the negotiations*.

남북한은 협상을 재개하기로 동의했다.

bring about peace 평화를 가져오다

It takes considerable efforts to *bring about peace*.

평화를 이룩하는 데는 상당한 노력이 든다.

keep the peace 평화를 지키다

Japan sent troops to *keep the peace* in the region.

일본은 그 지역의 평화 유지를 위해 군대를 보냈다.

make peace 평화를 이루다, 화해하다

Make peace rather than wait for it.

평화를 기다리지 말고 그것을 이루라.

enlist as a soldier 군인으로 입대하다

His sister *enlisted as a solider*.

그의 여동생은 군인으로 입대했다.

play a soldier 군인 놀이를 하다

When we were kids, *playing soldiers* was fun.

우리가 어렸을 때, 군인 놀이가 재미있었다.

serve as a soldier 군인으로 복무하다

Korean men must *serve as a soldier* for 2 years.

한국 남성은 2년간 군복무를 해야 한다.

become a soldier 군인이 되다

He *became a soldier* to make money.

그는 돈을 벌기 위해 군인이 되었다.

accept a treaty 조약을 받아들이다

The National Assembly refused to *accept the treaty*.

국회는 조약 승인을 거부했다.

agree on/to a treaty 조약에 동의하다

The EU member states *agreed* unanimously *to the treaty*.

EU 회원국은 만장일치로 그 조약에 동의했다.

conclude a treaty 조약을 맺다

The two nations *concluded a treaty* and established an organization to enforce it.

두 나라는 조약을 맺고 그 시행을 위한 기구를 창립했다.

ratify a treaty 조약을 비준하다

The treaty should be *ratified* within this year.

그 조약은 올해 안에 비준되어야 한다.

be in a war 전쟁 중이다

That country *is in a* serious *war* against drugs.

그 나라는 마약과 중대한 전쟁을 치르고 있다.

be ravaged by war 전쟁으로 희생되다

It is children and women who *were* most *ravaged by* the brutal *war*.

잔인한 전쟁으로 가장 피해가 큰 사람들은 바로 아이와 여성이다.

declare war 선전포고하다

The allied nations attacked the country without *declaring war*.

연합국은 선전 포고 없이 그 나라를 공격했다.

wage war 전쟁하다

The company is ready to *wage* an economic *war*.

그 회사는 경제 전쟁을 벌일 준비가 되었다.

Collocation Exercises

A. List 1의 동사와 List 2의 명사를 알맞게 연결하여 의미가 통하도록 문장을 완성하시오.

List 1	List 2
bear	reliable allies
gained	arms
ratified	trade negotiations
resume	a spiritual war
wage	the treaty

1. "We have to _____ _____ in this age of chaos," said the minister. Listeners nodded their heads in agreement.

2. It doesn't seem that they will _____ _____ any time soon. Their views have no common ground.

3. It is our right to _____ _____. If the criminals have them, so should we.

4. The United States thought that they _____ a lot of _____ at the initial stage of the Iraq war. But the number is gradually decreasing.

5. The South Korean government _____ _____ two years ago. However, no organization has been established to enforce it.

B. 다음 문장의 빈칸에 들어갈 가장 적절한 표현을 고르시오.

6. Her friends couldn't believe the news that she decided to quit graduate school to _____ as a soldier.
   (a) become   (b) command
   (c) enlist   (d) play

7. The enemy was armed with cutting-edge _____ while we had a few old rifles.
   (a) allies   (b) missiles
   (c) strategies   (d) summits

8. I can't forget the moment the troops started to _____ fire on us. It was the beginning of tragedy in Gwangju.
   (a) allow   (b) cease
   (c) open   (d) start

9. James, who's the host of a prime-time show, is _____ fire for using gay stereotypes on his show.
   (a) ceasing   (b) drawing
   (c) blowing   (d) catching

10. Don't start or _____ into any negotiation where there is any possibility of losing money rather than making it.

(a) enter   (b) begin

(c) access   (d) carry

C. 아래 문장을 영작하시오.

11. 평화를 유지하는 것이 평화를 만드는 것보다 어렵다.

12. 우리는 항상 어떻게 하면 멋진 용사가 될 것인지를 생각한다. 그러나 정말 우리가 배워야 할 것은 적을 만들지 않는 방법이다.

13. 협상을 시작하자마자, 그들은 서로에게 소리치기 시작했다.

14. 우리는 선거에서 중요한 조력자를 잃었다. 선거운동은 우리가 생각했던 것보다 더 어려워질 것이다.

15. 정부가 그 협약에 동의하지 않자 대다수의 NGO들이 유감을 표했다.

Collocations on
Politics and Institution

track 43

오늘은 policy(정책), affair(일), campaign(캠페인), address(연설) 등과 같이 politics와 institution에 관련된 주요 어휘 및 콜로케이션들을 살펴본다. introduce/operate a policy, manage/settle an affair, organize/run a campaign, deliver/give an address 등 36개의 핵심 표현들을 꼼꼼히 학습한다.

Collocation at a Glance

Verb + Noun	Meaning
adopt a policy 정책을 수용하다	
develop a policy 정책을 개발하다	
introduce a policy 정책을 내놓다	
operate a policy 정책을 운용하다	
administer an affair 업무를 처리하다	
manage an affair 업무를 관리하다	
settle an affair 일을 해결하다	
cast a vote 투표하다	
count a vote 득표수를 세다	
gain a vote 표를 얻다	

Verb + Noun	Meaning
take a vote 표결하다	
launch a campaign 캠페인을 시작하다	
lead a campaign 캠페인을 이끌다	
organize a campaign 캠페인을 조직하다	
run a campaign 캠페인을 하다	
appoint a committee 위원회를 임명하다	
chair a committee 위원회 의장을 하다	
create a committee 위원회를 만들다	
establish a committee 위원회를 세우다	
form a committee 위원회를 구성하다	

face pressure 압력에 맞서다	**reveal** a scandal 스캔들을 폭로하다
place pressure 압력을 가하다	**spread** a scandal 스캔들을 유포하다
put pressure 압력을 가하다	**betray** a pledge 서약을 어기다
resist pressure 압력에 저항하다	**fulfill** a pledge 공약을 지키다
fight (in) an election 선거전을 치르다	**make** a pledge 서약을 하다
hold an election 선거를 하다	**deliver** an address 연설을 하다
win an election 선거에서 이기다	**give** an address 연설을 하다
cause a scandal 스캔들을 일으키다	**make** an address 연설을 하다

Collocation in Use

adopt a policy 정책을 수용하다

For our children, we should *adopt an* anti-drug *policy*.

우리 아이들을 위해서 우리는 마약 금지 정책을 채택해야 한다.

develop a policy 정책을 개발하다

The government *developed an* effective *policy* to address the real estate problems.

정부는 부동산 문제를 다루기 위한 효과적인 정책을 개발했다.

introduce a policy 정책을 내놓다

The ruling party should *introduce a* strong *policy* against prostitution.

여당은 성매매 금지를 위한 강력한 정책을 내놓아야 한다.

operate a policy 정책을 운용하다

Operating a policy is as important as introducing one.

정책을 운용하는 것은 그것을 입안하는 것만큼이나 중요하다.

administer an affair 업무를 처리하다

He is to *administer* international *affairs* in the department.

그는 그 부서의 국제 업무를 담당할 것이다.

manage an affair 업무를 관리하다

He *managed a* laborious *affair* of providing food to 1,500 people from all over the world.

그는 전 세계 1,500명의 사람들에게 식량을 제공하는 힘든 업무를 맡았다.

settle an affair 일을 해결하다

Settling a military *affair* requires different types of experiences.

군사 문제를 해결하는 것은 다양한 종류의 경험을 필요로 한다.

cast a vote 투표하다

I *cast a vote* against the Republican candidate.

나는 공화당 후보자에게 반대표를 던졌다.

count a vote 득표수를 세다

Canvassers *counted votes* again to confirm his victory.

개표 점검원들은 그의 승리를 확인하기 위해 득표수를 다시 세었다.

gain a vote 표를 얻다

He *gained* most of the black *votes* in that state.

그는 그 주에서 흑인 표의 대부분을 얻었다.

take a vote 표결하다

The UN *took a vote* on North Korea's nuclear issue.

UN은 북핵 문제를 표결에 부쳤다.

launch a campaign 캠페인을 시작하다

The congressman illegally *launched an* election *campaign*.

그 국회의원은 불법적으로 선거 운동을 시작했다.

lead a campaign 캠페인을 이끌다

You might lose your health while *leading an* election *campaign*.

너는 선거 운동을 이끌다가 건강을 잃을 수 있어.

organize a campaign 캠페인을 조직하다

This new representative seems to have no experience in *organizing a campaign*.

이 새로운 대표자는 운동을 조직해 본 경험이 없는 것처럼 보여.

run a campaign 캠페인을 하다

It is very challenging to *run an* anti-globalization *campaign*.

반세계화 운동을 하는 일은 매우 어렵다.

appoint a committee 위원회를 임명하다

The CEO *appointed a committee* made up of marketing professionals.

그 CEO는 마케팅 전문가들로 구성된 위원회를 만들었다.

chair a committee 위원회 의장을 하다

It is becoming more common for a woman to *chair an* executive
committee.

여성이 집행 위원회의 의장을 맡는 일이 점점 흔해지고 있다.

create a committee 위원회를 만들다

After a long struggle, the African American activist made the
federal government *create a committee* to settle racial conflicts.

그 미국 흑인 운동가는 오랜 투쟁 끝에 연방 정부가 인종 갈등을 해결하기 위한 위원회를 구성하
도록 만들었다.

establish a committee 위원회를 세우다

The Foreign Ministry announced that it would *establish an*
international *committee* for peacemaking.

외무부는 국제 평화 위원회를 설립할 것이라고 발표했다.

form a committee 위원회를 구성하다

They voted eight to one to *form a* special *committee* to carry out
the investigation.

그들은 투표 결과 8대 1로 그 조사를 수행할 특별 위원회를 구성하기로 결정했다.

face pressure 압력에 맞서다

Face both internal and external *pressure* to achieve your dream!

꿈을 이루기 위해서는 내부와 외부 압력 모두에 맞서라!

place pressure 압력을 가하다

Place pressure on the newspaper by sending a lot of protest
e-mails.

다량의 항의 이메일을 보냄으로써 신문사에 압력을 가해라.

put pressure 압력을 가하다

Don't *put* too much *pressure* on him.

그에게 너무 부담을 주지는 말아라.

resist pressure 압력에 저항하다

The machine was able to *resist* tons of *pressure*.

그 기계는 엄청난 압력을 견딜 수 있었다.

fight (in) an election 선거전을 치르다

All of the parties are prepared to *fight in* the presidential *election*.

모든 정당들은 대통령 선거전을 치를 준비가 되어 있다.

hold an election 선거를 하다

Iraq *held an election* to organize an interim government.

이라크는 과도 정부를 조직하기 위한 선거를 했다.

win an election 선거에서 이기다

In my local constituency, I *won an election* by only 7 votes.

나의 지역구에서 단 일곱 표 차이로 선거에서 이겼다.

cause a scandal 스캔들을 일으키다

His reckless behavior *caused a scandal*.

그의 무모한 행동은 스캔들을 일으켰다.

reveal a scandal 스캔들을 폭로하다

The reporter disappeared after *revealing* the sex *scandal*.

그 기자는 섹스 스캔들을 폭로한 후 잠적했다.

spread a scandal 스캔들을 유포하다

People will *spread a scandal*.

사람들은 스캔들을 퍼뜨릴 것이다.

betray a pledge 서약을 어기다

He is the last person to *betray a pledge*.

그는 결코 서약을 저버릴 사람이 아니다.

fulfill a pledge 공약을 지키다

Do your best to *fulfill your pledge*.

약속을 지키기 위해서 최선을 다하라.

make a pledge 서약을 하다

Never *make a pledge* in front of too many people.

너무 많은 사람들 앞에서 절대 서약을 하지 마라.

deliver an address 연설을 하다

I have never *delivered an address* during my college years.

나는 대학 다니는 동안 연설을 해 본 적이 없다.

give an address 연설을 하다

Lincoln *gave* one of the most famous *addresses* in the world in Gettysburg.

링컨은 게티즈버그에서 세계에서 가장 유명한 연설 중의 하나를 했다.

make an address 연설을 하다

The scientist *made a* shocking *address* on the existence of UFOs.

그 과학자는 UFO의 존재에 대한 충격적인 연설을 했다.

Collocation Exercises

A. List 1의 동사와 List 2의 명사를 알맞게 연결하여 의미가 통하도록 문장을 완성하시오.

List 1	List 2
won	foreign and international affairs
made	the second election
caused	a bribery scandal
launched	an election pledge
manages	an anti-drug campaign

1. He _____ _____ that he would make everybody happy.
   But his behavior as a governor made everybody unhappy.

2. The President usually _____ _____ while the vice
   president handles domestic ones.

3. Clinton _____ _____ and served for a total of 8 years.

4. It is an irony that he _____ _____ last month. He used
   to be a drug dealer!

5. His greed for money _____ _____. He took about 1
   million dollars from the businessman.

B. 다음 문장의 빈칸에 들어갈 가장 적절한 표현을 고르시오.

6. I want to deliver _____ like Lincoln or Martin Luther King Jr.

   (a) a great address

   (b) a fierce attack

   (c) accurate judgments

   (d) a formal verdict

7. The prime minister faced _____ from NGOs for his corruption scandal.

   (a) stiff competition

   (b) a severe depression

   (c) a fundamental dilemma

   (d) strong pressure

8. I _____ a vote against the arrogant candidate.

   (a) cast

   (b) had

   (c) obtained

   (d) took

9. When the government has _____ a new policy which raised the cost of power, many people remained skeptical.

   (a) cancelled

   (b) done

   (c) introduced

   (d) told

10. I had to wait until 1960 to _____ an election, which I won by 52 percent.

   (a) vote

   (b) fight

   (c) call

   (d) hold

C. 아래 문장을 영작하시오.

11. 그들은 청소년 흡연에 대항하기 위한 공동 위원회를 구성했다.

---

12. 우리는 환경 보호를 위해 엄격한 정책을 개발할 필요가 있다.

---

13. 그는 자신의 서약을 어기고 다른 팀에 합류했다.

---

14. 그의 십대 소녀와의 데이트는 전국적인 염문을 불러일으켰다.

---

15. 대통령은 OECD 연차 회의에서 기조연설을 했다.

Collocations on
Liberty and Responsibility

track 44

오늘은 obligation(의무), charges(책임), blame(비난), burden(부담) 등과 같이 liberty와 responsibility에 관련된 주요 어휘 및 콜로케이션들을 살펴본다. fulfill/impose an obligation, admit/deny charges, lay/take blame, remove/place a burden 등 38개의 핵심 표현들을 꼼꼼히 학습한다.

Collocation at a Glance

Verb + Noun	Meaning
have will 의지가 있다	
lack will 의지가 부족하다	
lose will 의지를 상실하다	
impose one's will 의지를 강요하다	
fulfill an obligation 책임을 다하다	
impose an obligation 의무를 부과하다	
owe an obligation 의무를 지다	
bring charges 고소하다, 책임을 묻다	
press charges 고소하다	
admit charges 책임을 인정하다	

Verb + Noun	Meaning
deny charges 책임을 부인하다	
accept responsibility 책임을 받아들이다	
take responsibility 책임을 지다	
deny responsibility 책임을 부인하다	
place responsibility 책임을 부과하다	
assert a claim 요구사항을 주장하다	
lay a claim 권리를 주장하다	
prove a claim (소유) 권리를 입증하다	
withdraw a claim 요구를 철회하다	
enjoy freedom 자유를 누리다	

gain freedom 자유를 얻다	**shift** blame 비난을 돌리다
maintain one's freedom 자유를 유지하다	**take** blame 비난을 받다
lose one's freedom 자유를 잃다	**enjoy** independence 독립을 누리다
deny an allegation 진술을 부정하다	**gain** independence 독립을 얻다
dismiss an allegation 주장을 일축하다	**lack** independence 독립성이 부족하다
make an allegation 진술하다	**carry** a burden 짐을 나르다
prove an allegation 주장을 입증하다	**place** a burden 짐을 지우다
lay blame 책임을 지우다	**remove** a burden 부담을 없애다
put blame 책임을 지우다	**shift** a burden 부담을 전가하다

Collocation in Use

have will 의지가 있다

See if they *have the will*.

그들이 의지가 있는지 한번 보라.

lack will 의지가 부족하다

He *lacks the will* **to do the right thing.**

그는 옳은 일을 하고자 하는 의지가 부족하다.

lose will 의지를 상실하다

If I lose my girlfriend, I will *lose* the *will* for life.

나는 여자 친구를 잃는다면, 삶에 대한 의욕을 잃을 것이다.

impose one's will 의지를 강요하다

To win this game, you have to try to *impose your will* on your opponent.

이번 게임에서 이기기 위해서는 상대가 네 말대로 행동하도록 힘써야 한다.

fulfill an obligation 책임을 다하다

To enter adulthood means to *fulfill* family *obligations*.

성인이 된다는 것은 가족에 대한 책임을 다하는 것을 의미한다.

impose an obligation 의무를 부과하다

The regional court *imposed an obligation* to the company to obey the labor law.

지방 법원은 그 회사에 노동법을 준수할 책임을 부과했다.

owe an obligation 의무를 지다

The multinational company has *owed an obligation* to society to make a donation with no strings attached.

그 다국적 회사는 사회에 대해 조건 없이 기부할 의무를 지고 있다.

bring charges 고소하다, 책임을 묻다

Prosecutors decided to *bring charges* of money laundering against the politician.

검찰은 돈세탁 혐의로 그 정치인을 고소하기로 결정했다.

press charges 고소하다

I don't care whether you will *press charges* against me or not.
나는 네가 나를 고소하든 말든 상관 안 해.

admit charges 책임을 인정하다

After the investigators pressed hard on him, he *admitted* all *charges* of sexual abuse in the end.
조사관이 강하게 추궁하자 그는 결국 성적 학대 혐의를 모두 인정했다.

deny charges 책임을 부인하다

The suspects *denied charges* of racism.
용의자들은 인종 차별에 대한 혐의를 부인했다.

accept responsibility 책임을 받아들이다

I will *accept* full *responsibility* for any consequences.
어떤 결과가 나오더라도 나는 모든 책임을 인정할 것이다.

take responsibility 책임을 지다

I'll *take responsibility* for my actions.
제 행동에 대한 책임을 지겠습니다.

deny responsibility 책임을 부인하다

The leader of the student organization continued to *deny responsibility* for the riot.
학생 단체 지도자는 그 폭동에 대한 책임을 계속 부인했다.

place responsibility 책임을 부과하다

He always *places* his *responsibility* on the shoulders of other people.

그는 자신의 책임을 항상 다른 사람들의 어깨에 지운다.

assert a claim 요구사항을 주장하다

He *asserted a claim* for damages under the Securities Act.

그는 증권법에 따라 손해배상을 청구했다.

lay a claim 권리를 주장하다

He *lays* first *claim* to the land which has been wasted until now.

그는 지금까지 버려져 있던 그 땅에 대한 우선권을 주장하고 있다.

prove a claim (소유) 권리를 입증하다

The evidence appears to *prove* your *claims* at the trial!

그 증거는 재판에서 너의 주장을 입증할 수 있을 것으로 보인다.

withdraw a claim 요구를 철회하다

As the company replaced the defective phone with a new one, she *withdrew the claim* for a refund.

회사가 결함 있는 전화기를 새것으로 바꿔주자, 그녀는 환불 요구를 철회했다.

enjoy freedom 자유를 누리다

All people have the right to *enjoy* religious and political *freedom*.

모든 사람들은 종교적, 정치적 자유를 누릴 권리가 있다.

gain freedom 자유를 얻다

Even if we arrested the terrorist, we wouldn't *gain freedom* from fear of terror.

우리는 그 테러리스트를 체포한다고 하더라도, 테러의 두려움으로부터 자유롭게 될 수 없을 것이다.

maintain one's freedom 자유를 유지하다

This act can't *maintain women's freedom* of choice.

이 법안은 여성의 선택의 자유를 유지시킬 수 없다.

lose one's freedom 자유를 잃다

If you lose trust from others, you will also *lose the freedom* to do whatever you want.

만약 당신이 다른 사람으로부터 신뢰를 잃는다면, 당신이 원하는 것은 무엇이든지 할 수 있는 자유 또한 잃게 될 것이다.

deny an allegation 진술을 부정하다

Defendants *denied the allegations*.

피고인들은 진술을 부정했다.

dismiss an allegation 주장을 일축하다

The politician *dismissed allegations* of corruption as baseless and untrue.

그 정치인은 부패에 관한 진술이 근거 없고 사실이 아니라고 일축했다.

make an allegation 진술하다

The accused *made allegations* of misconduct with regrets.

피고는 후회하며 불법 행위에 관해 진술했다.

prove an allegation 주장을 입증하다

The investigation has failed to *prove allegations* over his business dealings.

그 조사는 그의 상거래에 관한 진술을 증명하는 데 실패했다.

lay blame 책임을 지우다

We should not *lay the blame* on a dead man.

우리는 죽은 자에게 책임을 돌리지는 말아야 한다.

put blame 책임을 지우다

Let us *put the blame* where it belongs.

마땅히 가야 할 곳으로 책임을 돌립시다.

shift blame 비난을 돌리다

It is completely unethical to *shift blame* to someone else.

비난을 다른 사람에게 돌리는 것은 전적으로 비윤리적인 행동입니다.

take blame 비난을 받다

I have the guts to *take the blame*.

저는 비난을 받아들일 용기가 있습니다.

enjoy independence 독립을 누리다

Under any condition, *enjoy independence* throughout life.

어떤 조건 아래서도, 평생 독립을 누려라.

gain independence 독립을 얻다

The colonies *gained independence* from the empire.

식민지들은 그 제국으로부터 독립을 얻었다.

lack independence 독립성이 부족하다

The auditors seemed to *lack independence*.

청강생들은 독립성이 부족한 것처럼 보인다.

carry a burden 짐을 나르다

The weakest man *carries* the heaviest *burden*.

가장 나약한 사람이 가장 무거운 짐을 나른다.

place a burden 짐을 지우다

The CEO *placed an* unfair *burden* on his employees.

그 CEO는 사원들에게 부당한 짐을 지웠다.

remove a burden 부담을 없애다

The main economic policy of the Socialist Party in the election is to *remove the burden* of debt from the poor.

이번 선거에서 사회당의 주된 경제 정책은 가난한 사람들의 채무 부담을 없애 주는 것이다.

shift a burden 부담을 전가하다

The US, which is rejecting the Kyoto Protocol, has the intention to *shift* environmental *burdens* to other countries.

교토 의정서를 거부하고 있는 미국은 환경에 대한 부담을 다른 국가로 이동시키려는 의도가 있다.

Collocation Exercises

A. List 1의 동사와 List 2의 명사를 알맞게 연결하여 의미가 통하도록 문장을 완성하시오.

List 1	List 2
lay	the allegation
gain	independence
prove	no responsibility
accepted	a claim
impose	his or her will

1. He _____ _____ for that affair. He washed his hands and had nothing to do with it anymore.

2. Demonstrators accused the police of violence and harassment. However, they had no evidence to _____ _____.

3. In the end, he had no choice but to move away from home in order to _____ _____ from his parents.

4. Nobody can _____ _____ on other people against their wishes.

5. You can _____ _____ to the property. To own it, however, you will have to prove your right in a court of law.

B. 다음 문장의 빈칸에 들어갈 가장 적절한 표현을 고르시오.

6. We are holding an open debate where you can _____
   complete freedom of expression.
   (a) allow   (b) cost
   (c) enjoy   (d) reduce

7. "Some people have all the luck," he murmured, _____ the
   blame for his failure on someone else.
   (a) accepting   (b) getting
   (c) putting   (d) escaping

8. Charges have been _____ against the suspects and they will
   be on trial for drug smuggling.
   (a) brought   (b) removed
   (c) shared   (d) shifted

9. I'm not giving up on him, but James doesn't seem to _____ a
   living will.
   (a) have   (b) lose
   (c) make   (d) impose

10. I knew it was me that broke the contract, but I had no courage to
    _____ full responsibility as well.
    (a) call   (b) hold
    (c) take   (d) make

C. 아래 문장을 영작하시오.

11. 어머니들은 항상 육아의 부담을 안고 살아야 한다. 그들은 그 부담을 남편과 나눌 필요가 있다.

12. 그 군인은 그 비난을 다른 누군가에게 전가하려 했다.

13. 당신이 이 환경 운동에 참여할 필요는 없어요. 전 단지 제 도덕적 의무를 이행하기 위해 참여했을 뿐이에요.

14. John은 불법 의약품을 수입했다는 혐의를 격렬하게 부인했다.

15. 보건 당국은 AIDS 문제 해결을 위한 책임을 정부보다는 개개인에게 지웠다.

Collocations on Law

오늘은 accusation(고소), crime(범죄), sentence(선고), witness(목격자) 등과 같이 law에 관련된 주요 어휘 및 콜로케이션들을 살펴본다. make/face am accusation, commit/report a crime, pass/face a sentence, trace/present a witness 등 36개의 핵심 표현들을 꼼꼼히 학습한다.

Collocation at a Glance

Verb+Noun	Meaning	Verb+Noun	Meaning
establish an alibi 알리바이를 세우다		**drop** a case 사건을 취하하다	
have an alibi 알리바이가 있다		**appear before** a court 법정에 서다	
supply an alibi 알리바이를 제공하다		**go to** court 법정에 출두하다	
deny an accusation 고소 내용에 대해 부인하다		**preside over** a court 재판을 주재하다	
face an accusation 고소에 대응하다		**carry out** a crime 범죄를 저지르다	
level an accusation 비난을 돌리다		**commit** a crime 범죄를 저지르다	
make an accusation 고소하다		**report** a crime 범죄를 보고하다	
adjourn a case 재판을 연기하다		**tackle** a crime 범죄 조사에 착수하다	
highlight a case 사례를 강조하다		**charge** a defendant 피고를 기소하다	
illustrate a case 사례를 설명하다		**defend** a defendant 피고를 변호하다	

release a defendant 피고를 방면하다	**pass** a sentence 판결을 내리다
sue a defendant 피고를 고소하다	**attend** a trial 재판에 출두하다
become (a) law 법제화 되다	**halt** a trial 재판을 중지하다
enforce a law 법을 집행하다	**stand** trial 법정에 서다
obey the law 법에 따르다	**call someone to be** a witness 누구를 증인으로 소환하다
violate a law 법을 위반하다	**find** a witness 증인을 찾다
appeal against a sentence 판결에 항소하다	**trace** a witness 증인을 추적하다
face a sentence 판결을 선고받다	**present** a witness 증인을 출석시키다

Collocation in Use

establish an alibi 알리바이를 세우다

The accused failed in *establishing an alibi*.

그 피고인은 알리바이를 세우는 데 실패했다.

have an alibi 알리바이가 있다

I *have an alibi* for his whereabouts.

나는 그의 소재에 대하여 알리바이가 있다.

supply an alibi 알리바이를 제공하다

The lawyer was asked before the trial to *supply a* false *alibi* for the defendant.

그 변호사는 재판 전에 피고의 거짓 알리바이를 제공하라는 요청을 받았다.

deny an accusation 고소 내용에 대해 부인하다

Far from expectations, Mary *denied the accusation* in court.

예상과 달리, 메리는 재판에서 혐의를 모두 부인했다.

face an accusation 고소에 대응하다

The CEO said that he would resign rather than *face an accusation*.

CEO는 고발당하느니 차라리 사임하겠다고 말했다.

level an accusation 비난을 돌리다

The vice-president strategically *leveled an accusation* at his political enemy.

부통령은 전략적으로 비난을 정치적 숙적에게 돌렸다.

make an accusation 고소하다

The civil organization *made an accusation* against a dishonest officer.

시민 단체는 부정직한 관리를 고발했다.

adjourn a case 재판을 연기하다

It is impossible to *adjourn the case*.

재판을 연기하는 것은 불가능하다.

highlight a case 사례를 강조하다

The case was highlighted for its uniqueness.

그 판례는 독특성 때문에 강조되었다.

illustrate a case 사례를 설명하다

In the meeting, she *illustrated a case* to explain the importance of civil rights.

회의에서 그녀는 시민권의 중요성을 설명하기 위해 한 사례를 들었다.

drop a case 사건을 취하하다

He got some pressure from his family members to *drop the case*.

그는 가족들로부터 고소를 취하하라는 압력을 받았다.

appear before a court 법정에 서다

The defendant *appeared before the court*.

피고는 법정에 섰다.

go to court 법정에 출두하다

I had to *go to court* for a traffic ticket.

교통 위반 딱지 때문에 법정에 출두해야 했다.

preside over a court 재판을 주재하다

Who will *preside over the court*?

누가 이 재판을 주재합니까?

carry out a crime 범죄를 저지르다

The teenagers *carried out a* terrible *crime*.

십대들이 끔찍한 범죄를 저질렀다.

commit a crime 범죄를 저지르다

He says he didn't *commit a crime*.

그는 자기가 범죄를 저지르지 않았다고 말한다.

report a crime 범죄를 보고하다

The judges are reviewing *reported crimes*.

판사들이 신고된 범죄들을 검토하고 있는 중이다.

tackle a crime 범죄 조사에 착수하다

The police are to *tackle the crime* of an illegal use of another's name on the Internet.

경찰은 인터넷상의 불법 명의도용 범죄 조사에 착수할 예정이다.

charge a defendant 피고를 기소하다

The prosecutor *charged a defendant* with murder in the first degree.

검사는 피고를 일급 살인죄로 기소했다.

defend a defendant 피고를 변호하다

Some states have established a public defender's office, in which lawyers are paid by the state to *defend* poor *defendants*.

몇몇 주에서는 국선 변호인 사무소를 설립, 정부가 보수를 주어 변호사들이 가난한 피고인들을 변호하게 한다.

release a defendant 피고를 방면하다

The judge *released the defendant* for lack of evidence.

재판관은 피고를 증거 부족으로 방면했다.

sue a defendant 피고를 고소하다

The defendant being *sued* was her husband.

고소당한 피고는 그녀의 남편이었다.

become (a) law 법제화 되다

The custom *became a law*.

그 관습이 법제화되었다.

enforce a law 법을 집행하다

The role of judicature is to *enforce laws* for public safety.

사법부의 역할은 공공의 안전을 위해 법을 집행하는 것이다.

obey the law 법에 따르다

Why do we have to *obey the law*?

우리가 왜 법을 따라야 하죠?

violate a law 법을 위반하다

John *violated the law* intentionally because he thought that it favored only employers.

존은 그 법이 고용주에게만 유리하다고 생각해서 일부러 그 법을 위반했다.

appeal against a sentence 판결에 항소하다

He *appealed against* his two month jail *sentence* for an offense of cruelty to animals.

그는 동물학대죄로 2개월 징역형을 선고 받자 이에 불복하여 항소했다.

face a sentence 판결을 선고받다

The man who had killed his parents *faced the sentence* of life in prison.

자신의 부모를 살해한 그 남자는 무기 징역을 선고받았다.

pass a sentence 판결을 내리다

The judge is to *pass a sentence* upon the defendant tomorrow.
재판관이 내일 피고에게 판결을 내릴 예정이다.

attend a trial 재판에 출두하다

His family *attended his trial*.
그의 가족이 그의 재판에 출두했다.

halt a trial 재판을 중지하다

The commotion *halted the trial* for a while.
그 소란으로 재판이 잠시 중단되었다.

stand trial 법정에 서다

He *stood trial* at the age of 104.
그는 104세의 나이에 법정에 섰다.

call someone to be a witness 누구를 증인으로 소환하다

The counsel for the plaintiff *called a boy to be a witness*.
원고측 변호인단은 한 소년을 증인으로 소환했다.

find a witness 증인을 찾다

We were not able to *find a witness*.
우리는 증인을 찾을 수 없었다.

trace a witness 증인을 추적하다

The investigator found an unexpected clue while *tracing a witness*.
조사관은 증인을 추적하다가 예상하지 못했던 단서를 잡았다.

present a witness 증인을 출석시키다

A witness **was** *presented* for the defense.

변호를 위해 증인을 출석시켰다.

Collocation Exercises

A. List 1의 동사와 List 2의 명사를 알맞게 연결하여 의미가 통하도록 문장을 완성하시오.

List 1	List 2
appealed against	the public accusation
charged	the court
faced	juvenile crimes
presided over	the defendant
tackle	the sentence

1. The police are trying to _____ _____, but they are increasing dramatically.

2. She _____ _____ of life imprisonment. She kept insisting that she was under the influence of drugs when she committed the murder.

3. Judge Kim, who is famous for his progressive view of labor and capital, _____ _____. People expected a judgment of acquittal on the labor leader.

4. The man _____ _____ of bribery. He handed $20,000 to

the lawmaker.

5. The prosecutor _____ _____ with bribery. He denied all
the allegations.

B. 다음 문장의 빈칸에 들어갈 가장 적절한 표현을 고르시오.

6. The prosecution decided to _____ the case for lack of
evidence.
  (a) advance   (b) drop
  (c) show   (d) take

7. The case was adjourned to give the investigators more time to
_____ a witness.
  (a) catch   (b) make
  (c) see   (d) find

8. The Attorney General said that he would _____ the law at any
cost at his inauguration.
  (a) enforce   (b) impose
  (c) require   (d) violate

9. I'm not _____ an accusation, but you should know that I'm not
going to let you get my father in trouble.
  (a) taking   (b) making
  (c) saying   (d) putting

10. Mr. Park showed mercy on the criminal, who otherwise would have
_____ a life sentence.
(a) passed
(b) got away from
(c) pronounced
(d) faced

C. 아래 문장을 영작하시오.

11. 그 변호사는 피고에 대한 알리바이를 제공하는 데 실패했다.

12. 판사는 증인 중 한 명이 자살을 시도하자 재판을 중단시켰다.

13. 그는 열네 살 때부터 일련의 극악무도한 범죄를 저질러 왔다.

14. 우리는 이 노동 현안을 풀기 위해 법정으로 가기를 원치 않는다.

15. 그 재판관이 피고에게 선고를 하기로 되어 있었다.

Collocations on Food

track 46

오늘은 drink(음료), vegetable(야채), meat(고기), ingredient(재료) 등과 같이 food에 관련된 주요 어휘 및 콜로케이션들을 살펴본다. sip/pour a drink, chop/peel a vegetable, grill/roast meat, add/mix an ingredient 등 44개의 핵심 표현들을 꼼꼼히 학습한다.

Collocation at a Glance

Verb+Noun	Meaning	Verb+Noun	Meaning
slice cheese	치즈를 (얇게) 썰다	take a drink	(음료수를) 마시다
grate cheese	치즈를 (강판에) 갈다	sip a drink	홀짝홀짝 마시다
sprinkle (with) cheese	치즈를 흩뿌리다	pour a drink	술을 따르다
top with cheese	치즈를 얹다	serve a drink	음료수를 제공하다
clean fish	생선을 손질하다	boil a vegetable	야채를 끓이다[삶다]
fillet fish	생선 살을 발라내다	steam a vegetable	야채를 찌다
gut fish	생선 내장을 빼다	parboil a vegetable	야채를 데치다
grill fish	생선을 (그릴에) 굽다	chop a vegetable	야채를 잘게 썰다
steam fish	생선을 찌다	peel a vegetable	야채 껍질을 벗기다
bake fish	생선을 굽다	toss a salad	샐러드를 버무리다

dress a salad
샐러드에 드레싱을 치다

serve something with a salad
무엇을 샐러드와 함께 내놓다

fry an egg
계란 프라이를 하다

boil an egg
계란을 삶다

scramble an egg
스크램블드에그를 만들다

beat an egg
계란(흰자)을 젓다

consume meat
육류를 소비하다

grill meat
고기를 (그릴에) 굽다

roast meat
고기를 (불에 직접) 굽다

stew meat
고기를 뭉근한 불에서 끓이다

tenderize meat
고기를 연하게 하다

add an ingredient
재료를 첨가하다

pour an ingredient
재료를 부어 넣다

blend an ingredient
재료를 혼합하다

mix an ingredient
재료를 혼합하다

stir in an ingredient
재료를 넣고 젓다

turn up/down heat
불을 올리다/내리다

lower heat
불을 낮추다

remove something from heat
무엇을 불에서 치우다

return heat
불을 (~ 정도로) 돌리다

adjust heat
불을 조절하다

skip a meal
식사를 거르다

serve a meal
식사를 제공하다

snap up a meal
식사를 재빠르게 하다

Collocation in Use

slice cheese 치즈를 (얇게) 썰다

Mom *sliced* a piece of *cheese*.
엄마가 치즈 한 조각을 얇게 썰었다.

grate cheese 치즈를 (강판에) 갈다

It's time to *grate* some *cheese* for the salad.

치즈를 갈아서 샐러드를 만들 시간이다.

sprinkle (with) cheese 치즈를 흩뿌리다

Sprinkle with cheese and if desired, salt.

치즈를 뿌려 주시고 원하시면 소금도 뿌리세요.

top with cheese 치즈를 얹다

Top with cheese to taste.

치즈를 얹어 맛을 보세요.

clean fish 생선을 손질하다

Many people ask her about the best way to *clean fish* with a knife.

많은 사람들이 그녀에게 칼로 생선을 손질하는 최고의 방법이 무엇인지 물어 본다.

fillet fish 생선 살을 발라내다

My mother demonstrated to me how to *fillet fish*.

나의 어머니께서 나에게 생선을 가시 없이 저며 내는 법을 보여주셨다.

gut fish 생선 내장을 빼다

She is *gutting fish* at the sink.

그녀는 싱크대에서 생선의 내장을 빼내고 있다.

grill fish 생선을 (그릴에) 굽다

It's hard to *grill fish* outside.

밖에서 생선 굽는 일은 어렵다.

steam fish 생선을 찌다

For *steaming fish*, turn the heat to medium high.

생선을 찌기 위해서 불은 중간 센 불로 맞추세요.

bake fish 생선을 굽다

Bake the fish until it's cooked.

익을 때까지 생선을 구우세요.

take a drink (음료수를) 마시다

After a hard workout, he *took a* long *drink* of water.

거친 운동 후에 그는 한참 물을 들이켰다.

sip a drink 홀짝홀짝 마시다

Mike sits at a bar and *sips a drink* every night.

마이크는 매일 밤 술집에 앉아 술을 홀짝인다.

pour a drink 술을 들이붓다

After he lost his job, he *poured a drink* as he laughed to himself.

직장을 잃고 나서 그는 혼자 웃으면서 술을 따랐다.

serve a drink 음료수를 제공하다

Just *serve* me *a drink*!

그냥 한 잔 주세요!

boil a vegetable 야채를 끓이다[삶다]

Boil a pot of *vegetables*.

야채를 한 냄비 끓이세요.

steam a vegetable 야채를 찌다

You can also *steam vegetables* in a microwave oven.
전자레인지에서 야채를 찔 수도 있어요.

parboil a vegetable 야채를 데치다

Parboil the vegetables and keep aside.
야채를 살짝 익혀서 옆에 두세요.

chop a vegetable 야채를 잘게 썰다

I am busy *chopping vegetables* for dinner.
저녁 식사 야채를 써느라 바쁘다.

peel a vegetable 야채 껍질을 벗기다

Could you *peel the vegetables* as thinly as possible?
될 수 있는 한 얇게 야채 껍질을 벗겨 주시겠어요?

toss a salad 샐러드를 버무리다

Toss the salad with dressing.
드레싱으로 샐러드를 버무리세요.

dress a salad 샐러드에 드레싱을 치다

Lightly *dress* each *salad*.
샐러드마다 살짝 드레싱을 올리세요.

serve something with a salad 무엇을 샐러드와 함께 내놓다

My parents *served* wine *with a salad* for my fiancé.
나의 부모님은 나의 약혼자에게 와인과 샐러드를 대접했다.

fry an egg 계란 프라이를 하다

She's at the stove, *frying eggs*.

그녀는 난로에서 계란 프라이를 하고 있다.

boil an egg 계란을 삶다

You couldn't *boil an egg*.

넌 계란 하나 삶지도 못할 거야.

scramble an egg 스크램블드에그를 만들다

First, *scramble eggs* with smoked bacon.

우선 훈제 베이컨을 넣고 계란을 휘저어 익히세요.

beat an egg 계란(흰자)을 젓다

Beat in the *eggs*, a little at a time.

계란을 한 번에 조금씩 저으세요.

consume meat 육류를 소비하다

The French *consume* the *meat* of horses.

프랑스인들은 말고기를 먹는다.

grill meat 고기를 (그릴에) 굽다

Grill meat over the fire. That's the Korean food, bulgogi.

불 위에 고기를 구워. 그것이 한국 음식 불고기야.

roast meat 고기를 (불에 직접) 굽다

Roast the meat for 10 minutes on each side.

고기를 한 쪽 면에 10분씩 구우세요.

stew meat 고기를 뭉근한 불에서 끓이다

I *stewed meat* with vegetables for a long time.

나는 고기를 야채와 함께 오랫동안 뭉근한 불에 삶았다.

tenderize meat 고기를 연하게 하다

It's necessary to *tenderize the meat* before cooking it.

요리하기 전에 고기를 연하게 하는 것이 필요하다.

add an ingredient 재료를 첨가하다

Just *add* the three essential *ingredients*.

세 가지 필수 재료만 넣으세요.

pour an ingredient 재료를 부어 넣다

I *poured* all the *ingredients* into a blender to mix them.

섞기 위해 믹서에 모든 재료를 부어 넣었다.

blend an ingredient 재료를 혼합하다

The cook *blended the ingredients* with ice.

요리사는 그 재료에 얼음을 섞었다.

mix an ingredient 재료를 혼합하다

The witch is *mixing ingredients* in a cauldron.

그 마녀는 가마솥에 넣고 재료를 섞고 있다.

stir in an ingredient 재료를 넣고 젓다

Stir in all the *ingredients* except sugar.

설탕은 제외하고 모든 재료를 넣고 휘저으세요.

turn up/down heat 불을 올리다/내리다

Would you mind if I *turn the heat down*?

보일러 좀 낮춰도 되겠습니까?

lower heat 불을 낮추다

Lower the heat another 10 degrees before the meat is burned completely.

고기가 완전히 타기 전에 온도를 10도 더 낮추세요.

remove something from heat 무엇을 불에서 치우다

Would you *remove* the pan *from the heat*, and set it aside?

팬을 불에서 내려서 옆에 치워 주시겠어요?

return heat 불을 (~ 정도로) 돌리다

Didn't I tell you to *return the heat* to medium?

내가 너에게 중간 세기로 불을 돌리라고 이야기하지 않았니?

adjust heat 불을 조절하다

Adjust the heat if the pan seems too hot.

팬이 너무 뜨거운 것 같으면 불을 조절하세요.

skip a meal 식사를 거르다

Never *skip a meal*.

절대로 식사를 거르지 마세요.

serve a meal 식사를 제공하다

Get ready to *serve* your first *meal*.

너의 첫 번째 식사 준비를 해라.

snap up a meal 식사를 재빠르게 하다

I was so hungry that I *snapped up a meal* during the intermission of the musical.

나는 배가 너무 고파서 뮤지컬 중간 쉬는 시간에 재빠르게 뭔가를 먹었어.

Collocation Exercises

A. List 1의 동사와 List 2의 명사를 알맞게 연결하여 의미가 통하도록 문장을 완성하시오.

List 1	List 2
blend	cheese
consume	her drink
sipped	all ingredients
skip	meat
sprinkle	your meals

1. The recipe says you have to _____ _____ or any favorite toppings over the salad.

2. Some radical environmentalists rarely _____ _____. They think eating animals is one of the main causes for pollution.

3. After she _____ _____, she began to worry about driving. Finally, she called a taxi and went home safely.

4. Don't _____ _____. Making a presentation is quite energy-consuming and you'll be exhausted very soon.

5. "We don't _____ _____ in this bowl. We need another
   bowl here," said the cook.

B. 다음 문장의 빈칸에 들어갈 가장 적절한 표현을 고르시오.

6. According to my experience, _____ the heat is very important
   in cooking good noodles.
   (a) adjusting   (b) consuming
   (c) making   (d) serving

7. Remember to just _____ the vegetable because boiling them
   fully can destroy nutrition.
   (a) add   (b) grill
   (c) hold   (d) parboil

8. In this seafood restaurant, we can see the cook _____ and
   grill the fish in front of us.
   (a) concoct   (b) fillet
   (c) store   (d) weave

9. I was going to _____ the salad without onions, but my mom
   insisted that I mix it together.
   (a) cook   (b) make
   (c) set   (d) toss

10. Make sure you don't _____ the eggs too long. I don't like
    them hard-boiled and rubbery.

(a) boil   (b) burn
(c) foil   (d) warm

C. 아래 문장을 영작하시오.

11. 계란을 프라이할까요, 아니면 삶을까요?

_____

12. 그는 고기를 연하게 하기 위해서 와인을 사용합니다.

_____

13. 그녀는 샐러드에 드레싱을 하고 친구들을 위해 와인을 조금 준비했다.

_____

14. 칠면조에 짭짤한 재료를 넣어야겠어. 맛이 영 밍밍한걸.

_____

15. 야채를 송송 썰어서 끊는 스튜에 넣어라.

_____

Collocations on Health

track 47

오늘은 recovery(회복), operation(수술), symptom(증상), treatment(치료) 등과 같이 health에 관련된 주요 어휘 및 콜로케이션들을 살펴본다. make/hamper a recovery, have/undergo an operation, exhibit/identify a symptom, have/prescribe a treatment 등 34개의 핵심 표현들을 꼼꼼히 학습한다.

Collocation at a Glance

Verb + Noun	Meaning
give a donation 기부하다	
make a donation 기부하다	
depend on a donation 기부(금)에 의존하다	
lose blood 피를 잃다[흘리다]	
shed blood 피를 흘리다, 사람을 죽이다	
smear blood 피를 바르다	
donate blood 헌혈하다	
have (an) immunity 면역이 있다	
lack (an) immunity 면역이 없다	
build up (an) immunity 면역을 기르다	

Verb + Noun	Meaning
develop (an) immunity 면역(력)이 생기다	
lower (an) immunity 면역성을 낮추다	
make a recovery 회복하다	
speed (up) a recovery 회복을 빠르게 하다	
hamper a recovery 회복을 방해하다	
have an operation 수술을 받다	
undergo an operation 수술을 받다	
carry out an operation 수술을 시행하다	
take antibiotics 항생제를 복용하다	
prescribe antibiotics 항생제를 처방하다	

suffer from cancer 암으로 고통 받다	**exhibit** a symptom 증상을 나타내다
contract cancer 암에 걸리다	**aggravate** a symptom 증상을 심화시키다
diagnose cancer 암을 진단하다	**identify** a symptom 증상을 식별하다
inflict pain 고통을 가하다	**develop** a symptom 증상이 생기다
alleviate pain 고통을 경감시키다	**have** a treatment 치료를 받다
endure pain 고통을 인내하다	**administer** a treatment 치료하다
groan with pain 고통으로 신음하다	**prescribe** a treatment 치료(법)을 처방하다

Collocation in Use

give a donation 기부하다

Give a donation to victims.

희생자들에게 기금을 전하십시오.

make a donation 기부하다

The self-made man *made a donation* to the charity.

그 자수성가한 사람은 자선 단체에 기부했다.

depend on a donation 기부(금)에 의존하다

The asylum for the aged has *depended upon donations* for its operation.

그 양로원은 운영을 기부금에 의존해 왔다.

lose blood 피를 잃다[흘리다]

He has *lost* too much *blood*.

그는 너무 많은 피를 흘렸다.

shed blood 피를 흘리다, 사람을 죽이다

Whoever *sheds* a man's *blood* must be punished.

사람을 죽인 자는 누구든 벌을 받아야 한다.

smear blood 피를 바르다

His face was *smeared* with *blood*.

그는 얼굴은 피범벅이 되어 있었다.

donate blood 헌혈하다

I saw the subtitle on TV reading "Blood type Rh-B is needed."
At once, I ran to the hospital to *donate blood*.

나는 Rh-B형의 피가 필요하다는 자막을 TV에서 보았다. 나는 즉시 병원에 헌혈하러 달려갔다.

have (an) immunity 면역이 있다

They *have* no *immunity* to European diseases.

그들은 유럽계 질병에는 면역성이 없다.

lack (an) immunity 면역이 없다

The babies *lack immunity* to common illness.

아기들은 일반 질병에 면역이 부족하다.

build up (an) immunity 면역을 기르다

It takes a long time to *build up immunity* after a transplant operation.

이식 수술 후 면역을 갖기까지 오랜 시간이 걸린다.

develop (an) immunity 면역(력)이 생기다

You can't *develop an immunity* to food poisoning.

식중독에는 면역력이 생기지 않는다.

lower (an) immunity 면역성을 낮추다

Don't take medications that *lower immunity*.

면역성을 낮추는 약을 복용하지 마라.

make a recovery 회복하다

He is expected to *make a* full *recovery*.

그는 완전히 회복할 것으로 기대된다.

speed (up) a recovery 회복을 빠르게 하다

You need more oxygen to *speed up* your *recovery*.

너는 빨리 회복하기 위해 더 많은 산소가 필요하다.

hamper a recovery 회복을 방해하다

The market continues to *hamper an* economic *recovery*.

시장이 경제 회생을 계속 방해한다.

have an operation 수술을 받다

You have to *have an operation* in another country.

너는 다른 나라로 가서 수술을 받아야 한다.

undergo an operation 수술을 받다

To survive, he needs to *undergo an operation* within 2 hours.

살기 위해서 그는 2시간 이내에 수술을 받아야 합니다.

carry out an operation 수술을 시행하다

We *carry out* all *operations* in our building.

우리는 우리 병동에서 모든 수술을 시행한다.

take antibiotics 항생제를 복용하다

To block this bacteria's reproduction, the infected people need to *take* the strongest *antibiotics*.

이 박테리아의 번식을 막기 위해서는 감염자들이 가장 강한 항생제를 복용해야 할 필요가 있다.

prescribe antibiotics 항생제를 처방하다

The doctor *prescribed* him a shot of *antibiotics*.

의사는 항생제 주사 한 대를 그에게 처방했다.

suffer from cancer 암으로 고통 받다

She's been *suffering from cancer* for two years.

그녀는 2년 동안 암으로 고통 받아 오고 있다.

contract cancer 암에 걸리다

The charitable doctor provided free treatment for the poor who *contracted cancer*.

그 자애로운 의사는 암에 걸린 가난한 사람들을 무료로 치료해 주었다.

diagnose cancer 암을 진단하다

She was *diagnosed* with breast *cancer*.

그녀는 유방암 진단을 받았다.

inflict pain 고통을 가하다

The rascal asked "How can I *inflict* on people as much *pain* as possible?"

그 불한당은 "사람들에게 어떻게 하면 가능한 한 많은 고통을 줄 수 있을까?" 하고 물었다.

alleviate pain 고통을 경감시키다

To sleep is the only way to *alleviate* my *pain* and stress.

자는 것이 나의 고통과 스트레스를 줄일 수 있는 유일한 방법이다.

endure pain 고통을 인내하다

My ability to *endure pain* reached the limit.

고통을 참아 낼 수 있는 내 능력이 한계에 이르렀다.

groan with pain 고통으로 신음하다

While delivering her baby, she yelled and *groaned with pain*.

분만하면서 그녀는 고통으로 소리 지르고 신음했다.

exhibit a symptom 증상을 나타내다

They are sick although they may not *exhibit symptoms*.

비록 증상은 없을지 몰라도 그들은 아프다.

aggravate a symptom 증상을 심화시키다

Stress can *aggravate a symptom*.

스트레스는 증상을 악화시킬 수 있습니다.

identify a symptom 증상을 식별하다

The dermatologist *identified the symptoms* of food allergies with a cutting-edge medical appliance.

그 피부과 의사는 첨단 의료 기기로 식품 알레르기 증상을 확인했다.

develop a symptom 증상을 진전시키다

Patients have *developed symptoms*.

환자들의 증상이 나타났다.

have a treatment 치료를 받다

I haven't *had a treatment* this year.

올해에는 치료를 받지 못했습니다.

administer a treatment 치료하다

Physicians *administer treatments* to patients.

의사들은 환자들에게 치료를 해 준다.

prescribe a treatment 치료(법)을 처방하다

I did my best to *prescribe* the most beneficial *treatments* for you.

저는 당신에게 가장 이로운 치료를 해 드리기 위해 최선을 다했습니다.

Collocation Exercises

A. List 1의 동사와 List 2의 명사를 알맞게 연결하여 의미가 통하도록 문장을 완성하시오.

List 1	List 2
prescribed	emotional pain
made	a twelve hour operation
contracted	an effective treatment
underwent	lung cancer
inflict	a substantial donation

1. He _____ _____ of 2 million dollars to the charity last year. However, he proved to be a thief last week.

2. He knew he had _____ _____ after three years. It was too late.

3. Please keep in mind that your selfish action may _____ _____ on others.

4. The doctor _____ _____ to reduce my smoking. Now I rarely smoke except when I drink.

5. She successfully _____ _____ without any complications. It was truly a miracle.

B. 다음 문장의 빈칸에 들어갈 가장 적절한 표현을 고르시오.

6. The doctor _____ the symptom as athlete's foot.
   (a) aggravated   (b) developed
   (c) endured   (d) identified

7. Many parents try to protect their children from physical diseases. But I think they should consider it more important that our children develop _____ to immoral behaviors.
   (a) an ailment   (b) a donation
   (c) an immunity   (d) a treatment

8. Brown seaweed is believed to help women to make _____ after deliveries.

(a) extreme pains
(b) dark bruises
(c) fast recoveries
(d) inadequate nutrition

9. If you _____ antibiotics improperly, your body will develop antibiotic resistance.
   (a) digest
   (b) eat
   (c) prescribe
   (d) take

10. I found myself unable to _____ blood due to low blood pressure.
    (a) donate
    (b) give
    (c) offer
    (d) provide

C. 아래 문장을 영작하시오.

11. 그는 항생제를 복용할 때마다 기분이 우울했다.

_____

12. 그를 살릴 방법이 없다. 그는 피를 너무 많이 흘렸다.

_____

13. 너무 많은 스트레스는 감기에 대한 면역력을 약화시킨다.

_____

14. 이 약은 너의 회복을 빠르게 할 거야. 하지만 하루에 두 알 이상 복용하지는 마.

_____

15. 나는 내 딸이 마약 중독 치료를 받아 오고 있었다는 사실을 믿을 수가 없다.

_____

Collocations on Clothing

track 48

오늘은 coat(코트), shoes(신발), style(스타일), glasses(안경) 등과 같이 clothing에 관련된 주요 어휘 및 콜로케이션들을 살펴본다. button/hang up a coat, lace up/polish shoes, have/prefer a style, put on/adjust glasses 등 42개의 핵심 표현들을 꼼꼼히 학습한다.

Collocation at a Glance

Verb+Noun	Meaning	Verb+Noun	Meaning
put on clothes 옷을 입다		**straighten** a skirt 치마를 단정히 하다	
wear clothes 옷을 입고 있다		**put on** a skirt 치마를 입다	
take off clothes 옷을 벗다		**wear** a skirt 치마를 입고 있다	
dry clothes 옷을 말리다		**lace up** shoes 신발 끈을 묶다	
iron clothes 옷을 다림질하다		**break in** shoes 신발을 발에 맞게 길들이다	
button a coat 코트의 단추를 채우다		**repair** shoes 신발을 수선하다	
hang up a coat 코트를 걸다		**resole** shoes 밑창을 갈다	
pull (on) a coat 코트의 옷깃을 여미다		**polish** shoes (광택이 나도록) 신발을 닦다	
pull down a skirt 치마를 끌어내리다		**roll up/down** a sleeve 소매를 걷다/내리다	
smooth (down) a skirt 치마의 주름을 단정히 쓸어내리다		**tug at** a sleeve 소매를 끌어당기다	

have (a) style
(옷차림 등에 특정한) 방식이 있다

prefer a style
특정한 방식[양식]을 선호하다

evolve a style
방식을 발전시키다

tailor a style
특정한 양식의 옷을 맞추다

copy a style
양식을 모방하다

drape a cloak
망토를 걸치다

toss a cloak
망토를 (가볍게) 던지다

throw a cloak
망토를 던지다

wrap a cloak
망토를 두르다

put on glasses
안경을 쓰다

wear glasses
안경을 쓰고 있다

adjust glasses
안경을 고쳐 쓰다

clean glasses
안경을 닦다

peer over glasses
안경 너머로 응시하다

don a hat
모자를 쓰다

place a hat
모자를 두다

tip a hat
모자를 들어 올리며 인사하다

wear a hat
모자를 쓰고 있다

fasten a button
단추를 채우다

do up a button
단추를 (가지런히) 채우다

undo a button
단추를 풀다

lose a button
단추를 잃어버리다

Collocation in Use

put on clothes 옷을 입다

Go *put on* some *clothes*.
가서 옷 좀 입어라.

wear clothes 옷을 입고 있다

I *wore* the same *clothes* for two days in a row.
나는 이틀 연속 같은 옷을 입었다.

take off clothes 옷을 벗다

Take off your wet *clothes* quickly. You might catch a cold.

어서 젖은 옷을 벗어. 감기에 걸릴 수 있어.

dry clothes 옷을 말리다

This house has a yard for *drying clothes*. Let's look around it.

이 집은 빨래를 말리는 마당도 있어요. 둘러보시죠.

iron clothes 옷을 다림질하다

My father is *ironing clothes* on the dining table.

아버지는 식탁에서 다림질을 하고 계십니다.

button a coat 코트의 단추를 채우다

Today is quite freezing. Don't forget to *button* your *coat* completely before you go out.

오늘은 진짜 추워. 밖에 나가기 전에 코트의 단추를 다 채우는 거 잊지 마.

hang up a coat 코트를 걸다

The waiter *hung up* the guests' *coats* in the closet.

웨이터는 옷장에 손님들의 코트를 걸었다.

pull (on) a coat 코트의 옷깃을 여미다

With the wind blowing strongly, she *pulled* her *coat* tighter around her.

바람이 세차게 불어오자, 그녀는 코트의 옷깃을 더욱 단단히 여몄다.

pull down a skirt 치마를 끌어내리다

She *pulled* her *skirt down* to cover her knees.

그녀는 무릎을 덮으려고 치마를 끌어내렸다.

smooth (down) a skirt 치마의 주름을 단정히 쓸어내리다

Right before the job interview, she *smoothed* her *skirt down* to remove the wrinkles.

면접 직전 그녀는 주름을 없애려고 치마를 쓸어 내렸다.

straighten a skirt 치마를 단정히 하다

She stood and *straightened* her *skirt*.

그녀는 일어서서 치마를 단정히 했다.

put on a skirt 치마를 입다

She *put on* the tightest and shortest *skirt*. All the men kept their eyes on her.

그녀는 가장 짧고 달라붙는 치마를 입었다. 모든 남성들이 그녀에게서 눈을 떼지 못했다.

wear a skirt 치마를 입고 있다

She got her brother to *wear a skirt* for fun.

그녀는 장난 삼아 남동생에게 치마를 입혔다.

lace up shoes 신발 끈을 묶다

Lace up your *shoes* firmly.

신발 끈을 꽉 묶어라.

break in shoes 신발을 발에 맞게 길들이다

What is the best way to *break* my *shoes in*?

신발 길들이는 가장 좋은 방법이 뭘까?

repair shoes 신발을 수선하다

The rich person hired a man to *repair* and shine his *shoes*.

그 부자는 자신의 신발을 수선하고 광택을 낼 사람을 고용했다.

resole shoes 밑창을 갈다

These *shoes* badly need to be *resoled*.
이 신발은 진짜 밑창 좀 갈아야 한다.

polish shoes (광택이 나도록) 신발을 닦다

Let him *polish* the captain's *shoes*.
그 녀석이 대장 신발을 닦게 해라.

roll up/down a sleeve 소매를 걷다/내리다

Do you mind *rolling up* your *sleeves*?
소매 좀 걷어 올려 주시겠어요?

tug at a sleeve 소매를 끌어당기다

I was aware that the dog was *tugging at* his *sleeve*.
나는 그 개가 그의 소매를 잡아당기고 있는 걸 알아차리고 있었다.

have (a) style (옷차림 등에 특정한) 방식이 있다

He *has a* completely different *style* of clothing than us.
그는 우리와는 완전히 다른 방식으로 옷을 입어.

prefer a style 특정한 방식[양식]을 선호하다

He *prefers* the new *styles* in life even if he's conservative in politics.
그는 정치적으로는 보수적이지만 새로운 삶의 방식을 선호한다.

evolve a style 방식을 발전시키다

An artist has every right to *evolve* his *style*.
예술가는 자신의 방식을 발전시켜 나갈 전적인 권리가 있다.

tailor a style 특정한 양식의 옷을 맞추다

The CEO *tailored* his suit *style* to fit the business.

그 CEO는 사업에 어울리는 양복 스타일을 맞추었다.

copy a style 양식을 모방하다

She intentionally *copied the style* of Italian paintings to draw Europeans' attention.

그는 유럽 사람들의 관심을 끌기 위해 이탈리아 회화 양식을 의도적으로 모방했다.

drape a cloak 망토를 걸치다

He suddenly appeared with the black *cloak draped* over his shoulders.

그는 어깨에 검은 망토를 걸친 채 갑자기 나타났다.

toss a cloak 망토를 (가볍게) 던지다

Zorro *tossed* off his *cloak* at the start of a fight.

조로는 싸움을 시작하며 망토를 벗어던졌다.

throw a cloak 망토를 던지다

Throw a cloak over your head before you go out in the snowfall.

눈보라 속으로 나가기 전에 망토를 머리 위에 둘러라.

wrap a cloak 망토를 두르다

Wrap your *cloak* about you.

망토로 몸을 감싸라.

put on glasses 안경을 쓰다

Whenever reading a book, she *puts on* her *glasses*.

그녀는 독서할 때마다 안경을 쓴다.

wear glasses 안경을 쓰고 있다

The minister *wears glasses* whenever he has his photos taken.

장관은 사진을 찍을 때마다 안경을 쓴다.

adjust glasses 안경을 고쳐 쓰다

When his political opponent argued against him in the TV debate, he *adjusted* his *glasses* and frowned.

TV 토론에서 그의 정치적 반대자가 그의 주장에 대해 논박하자, 그는 안경을 고쳐 쓰며 얼굴을 찡그렸다.

clean glasses 안경을 닦다

Use the red cloth to *clean glasses*. It's cotton flannel.

안경 닦는 데 그 붉은 천을 사용해. 그것은 융이야.

peer over glasses 안경 너머로 응시하다

He *peered over* his *glasses* and pursed his lips more tightly.

그는 그의 안경 너머로 응시하더니 더 굳게 입술을 오므렸다.

don a hat 모자를 쓰다

All the people have *donned* ludicrous party *hats* and are dancing.

모든 사람들이 익살스러운 파티용 모자를 쓰고 춤을 추고 있다.

place a hat 모자를 두다

He *places* his *hat* on a nearby chair.

그는 모자를 가까운 의자 위에 둔다.

tip a hat 모자를 들어 올리며 인사하다

He *tipped* his *hat* and smiled. That behavior looked cute to me.

그가 모자를 들어 올려 인사하며 웃었다. 그 모습이 내게는 귀엽게 보였다.

wear a hat 모자를 쓰고 있다

She *wears* straw *hats* in the summertime.

그녀는 여름 동안에 밀짚모자를 쓴다.

fasten a button 단추를 채우다

Fasten the top *button* of the shirt. Otherwise you will look untidy.

셔츠 맨 위 단추를 채워. 그렇지 않으면 단정치 못해 보일 거야.

do up a button 단추를 (가지런히) 채우다

He always straightens his coat and *does up* its *buttons* in front of a mirror before going to work.

그는 출근하기 전에 항상 거울 앞에서 코트의 매무새를 다듬고 단추를 채운다.

undo a button 단추를 풀다

Because it was so hot, students started *undoing the buttons* of their uniforms.

날씨가 너무 더워서 학생들은 교복 단추를 풀기 시작했다.

lose a button 단추를 잃어버리다

He *lost* three *buttons* of his vest.

그는 조끼 단추 세 개를 잃어버렸다.

Collocation Exercises

A. List 1의 동사와 List 2의 명사를 알맞게 연결하여 의미가 통하도록 문장을 완성하시오.

List 1	List 2
smoothed down	clothes
drying	my coat
pull	his glasses
tailor	her skirt
peered over	his or her style

1. The wind made me _____ _____ tighter around me. I wished we could have made this trip in the summer instead of February.

2. Windy days are the best for _____ _____ but also a nuisance, as things get blown down onto the lawn.

3. His uncle stopped tapping on the computer keyboard and _____ _____ at me.

4. Although her boyfriend would not be back until this afternoon, she _____ _____ as she hurried out of the drawing room.

5. A good media spokesperson should _____ _____ and the content of his or her material for general audiences, as appropriate.

B. 다음 문장의 빈칸에 들어갈 가장 적절한 표현을 고르시오.

6. One _____ his sleeves and showed me his number, which
was tattooed on his arm.

(a) placed   (b) rolled down

(c) rolled up   (d) wore

7. As they got closer, one of the men _____ his hat, saying
"Good Morning."

(a) draped   (b) fastened

(c) held   (d) tipped

8. He _____ his cloak over his shoulder like a sack.

(a) buttoned   (b) laced up

(c) put on   (d) tossed

9. The child is now able to _____ buttons without his mother's
assistance.

(a) fasten   (b) press

(c) tie   (d) wear

10. My father used to _____ his leather shoes on a daily basis.

(a) clean and polish   (b) paint and decorate

(c) repair and resole   (d) wash and dry

C. 아래 문장을 영작하시오.

11. 그는 셔츠를 채우고 있는 네 개의 단추를 끌렀다.

_____

12. 구두 창 어디서 갈아요?

_____

13. 이 젖은 옷 벗을 동안 잠깐만 기다려.

_____

14. 서로 다른 문화는 서로 다른 의복 스타일을 가지고 있다는 것은 수 세기 동안 알려져
왔다.

_____

15. 사진 왼쪽에 중절모를 쓰고 있는 한 귀족이 있다.

_____

Collocations on Weather

track 49

sun(태양), rain(비), wind(바람), snow(눈) 등과 같이 weather에 관련된 주요 어휘 및 콜로케이션들을 살펴본다. the sun rise/set, the rain fall/let up, the wind howl/roar, the snow swirl/thaw 등 38개의 핵심 표현들을 꼼꼼히 학습한다.

Collocation at a Glance

Noun +Verb	Meaning	Noun+ Verb	Meaning
sun rise 해가 뜨다		**lightning** light (up) 번갯불이 비추다	
sun set 해가 지다		**ice** form 얼음이 생기다	
sun shine 해가 빛나다		**ice** crack 얼음에 금이 가다	
sun come out 해가 나다		**ice** melt 얼음이 녹다	
fog lie 안개가 깔리다		**rain** fall 비가 내리다	
fog come down 안개가 내리다		**rain** pour down 비가 쏟아지다	
fog lift 안개가 걷히다		**rain** drip down 빗방울이 뚝뚝 떨어지다	
lightning flash 번개가 번쩍하다		**rain** come 비가 오다	
lightning hit 번개가 치다		**rain** let up 빗줄기가 가늘어지거나 멈추다	
lightning strike 번개가 치다		**wind** blow 바람이 불다	

wind sweep 바람이 세차게 불다	**thunder** growl 천둥이 (낮게) 울리다
wind howl 바람이 윙윙거리다	**thunder** shake 천둥이 땅을 뒤흔들다
wind roar 바람이 거친 소리를 내다	**thunder** roll 천둥이 낮고 길게 울리다
wind die down 바람이 잠잠해지다	**frost** set in 서리가 생기다
cloud gather 구름이 뭉치다	**frost** form 서리가 생기다
cloud break 구름이 흩어지다	**snow** cover 눈이 뒤덮다
cloud cover 구름이 뒤덮다	**snow** pile up 눈이 쌓이다
cloud hang 구름이 걸려 있다	**snow** swirl 눈이 휘몰아치다
thunder boom 천둥이 울리다	**snow** thaw 눈이 녹다

Collocation in Use

sun rise 해가 뜨다

The *sun rises* over the river.

강 위로 해가 떠오른다.

sun set 해가 지다

The *sun* is *setting* in fast motion.

태양이 빠르게 저물고 있다.

sun shine 해가 빛나다

The *sun is shining* overhead.

태양이 머리 위로 빛나고 있다.

sun come out 해가 나다

The *sun came* back *out*.

해가 다시 비쳤다.

fog lie 안개가 깔리다

A white *fog lies* heavily on the earth this morning.

오늘 아침 하얀 안개가 지표 위에 두텁게 깔려 있다.

fog come down 안개가 내리다

I saw the *fog coming down*.

나는 안개가 내리고 있는 것을 보았다.

fog lift 안개가 걷히다

The *fog* has *lifted* and the runways have been cleared.

안개가 걷히고 활주로 위가 맑아졌다.

lightning flash 번개가 번쩍하다

Lightning flashes in the sky.

번개가 하늘에서 번쩍거린다.

lightning hit 번개가 치다

Lightning hit the nose of the plane.

비행기 기수가 번개에 맞았다.

lightning strike 번개가 치다

Lightning never *strikes* the same place twice.
번개는 결코 같은 장소에 두 번 치지 않는다.

lightning light (up) 번갯불이 비추다

A flash of *lightning lit up* the room.
번개 섬광이 방을 환하게 비췄다.

ice form 얼음이 생기다

In a few weeks *ice* will start to *form*.
몇 주 지나면 얼음이 생기기 시작할 것이다.

ice crack 얼음에 금이 가다

The *ice cracked* at the edge of the lake.
호수 가장자리의 얼음이 갈라졌다.

ice melt 얼음이 녹다

The *ice* between them is starting to *melt*.
그들 사이의 냉각된 분위기가 풀리기 시작한다.

rain fall 비가 내리다

When *rain falls*, lightning flashes at times.
비가 내릴 때면, 이따금씩 번개가 친다.

rain pour down 비가 쏟아지다

Tropical *rain pours down*.
열대성 비는 억수같이 쏟아진다.

rain drip down 빗방울이 뚝뚝 떨어지다

The *rain* water *was dripping down* onto the floor.

빗물이 마루 위로 뚝뚝 떨어지고 있었다.

rain come 비가 온다

The *rain came* down on the deck.

부두 위로 비가 내렸다.

rain let up 빗줄기가 가늘어지거나 멈추다

This *rain* is going to *let up* some time soon.

이 비는 좀 있다가 그칠 것이다.

wind blow 바람이 불다

The *wind* is *blowing* our way.

우리 가는 길로 바람이 불고 있다.

wind sweep 바람이 세차게 불다

A cold *wind swept* down from the south.

남쪽에서 찬바람이 거세게 불어왔다.

wind howl 바람이 윙윙거리다

The *wind* is *howling* outside. It's the sign of the tornado's coming.

밖에서 바람이 윙윙 분다. 이는 토네이도가 오고 있다는 징조이다.

wind roar 바람이 거친 소리를 내다

Violent *wind is roaring* through the bridge.

거친 바람이 다리를 지나며 굉음을 내고 있다.

wind die down 바람이 잠잠해지다

It seems like the *wind* has *died down*.

바람이 잠잠해진 것 같다.

cloud gather 구름이 뭉치다

Clouds gather in the canyon. It's a spectacle.

구름이 협곡에 모인다. 그것은 장관이다.

cloud break 구름이 흩어지다

The storm *clouds* are *breaking* up.

폭풍우 구름이 흩어지고 있다.

cloud cover 구름이 뒤덮다

Clouds cover the area.

구름이 그 지역을 뒤덮고 있다.

cloud hang 구름이 걸려 있다

The *cloud* of smoke *hangs* in the air.

연기구름이 대기 중에 걸려 있다.

thunder boom 천둥이 울리다

Look at the window as *thunder booms*.

천둥이 울릴 때 창문을 바라봐.

thunder growl 천둥이 (낮게) 울리다

There is *thunder growling*.

천둥이 울리고 있다.

thunder shake 천둥이 땅을 뒤흔들다

Thunder shakes the ground.

천둥이 지면을 뒤흔든다.

thunder roll 천둥이 낮고 길게 울리다

Thunder rolls in the distance.

먼 곳에서 천둥이 낮게 울린다.

frost set in 서리가 생기다

The *frost set in* last night.

지난 밤 서리가 내렸다.

frost form 서리가 생기다

Usually *frost forms* on clear, calm nights, especially during early autumn.

일반적으로 서리는 맑고 조용한 밤에, 특히 초가을에 내린다.

snow cover 눈이 뒤덮다

Snow and ice *cover* every surface of the polar region all year round.

눈과 얼음이 그 극지방의 온 땅을 일년 내내 덮고 있다.

snow pile up 눈이 쌓이다

Snow piled up around the houses.

눈이 집들 주변에 쌓였다.

snow swirl 눈이 휘몰아치다

I saw the *snow swirling* around the parking lot.

나는 주차장 주변에서 휘몰아치는 눈을 보았다.

snow thaw 눈이 녹다

The *snow thawed* around the edge of the trash can.

쓰레기통 가장자리의 눈이 녹았다.

Collocation Exercises

A. List 1의 동사와 List 2의 명사를 알맞게 연결하여 의미가 통하도록 문장을 완성하시오.

List 1	List 2
The dense fog	**rolled**
Frost	**lifted**
Rain	**has formed**
Snow	**piled up**
The thunder	**was pouring down**

1. _____ _____ half a meter. Children were delighted and grown-ups worried.

2. There is one thing in common about the three murders. _____ _____ when they occurred.

3. _____ _____ as soon as the sun rose. Our journey resumed.

4. _____ _____. We started to tell every kind of scary ghost story.

5. _____ _____ on the windshield, so I need to scrape it off before I leave for work.

B. 다음 문장의 빈칸에 들어갈 가장 적절한 표현을 고르시오.

6. I used to like watching the sun rise. But as I grew old, I preferred watching the sun _____.

(a) catch (b) come up
(c) set (d) warm

7. The wind _____ and the biggest forest fire of the year stopped spreading.

(a) blew (b) died down
(c) roared (d) whistled

8. _____ below us began to crack. Everyone panicked.

(a) The forked lightning (b) The light frost
(c) The thin ice (d) The cold water

9. Today's weather report predicted that lightning might _____ on this area.

(a) shake (b) shape
(c) strike (d) swirl

10. _____ hang high over mountains.

(a) Lightning sparks (b) Roll of thunder
(c) Storm clouds (d) Strong winds

C. 아래 문장을 영작하시오.

11. 창문 밖에서 번개가 번쩍이자 아기가 울기 시작했다.

_____

12. 어두운 구름들이 내 머리 위로 몰려들고 있었다.

_____

13. 아침에 그는 뒤뜰에 서리가 내린 것을 발견했다.

_____

14. 짙은 안개가 언덕에 내렸다. 우리는 단지 우리 자신의 손과 발밖에 볼 수 없었다.

_____

15. 지겨운 비가 마침내 그치고 태양이 빛나기 시작했다. 모든 것이 소생하는 것 같았다.

_____

Collocations on **S**ports

오늘은 opponent(상대방), contest(대회), record(기록), score(점수) 등과 같이 sports에 관련된 주요 어휘 및 콜로케이션들을 살펴본다. defeat/face an opponent, hold/run a contest, set/break a record, get/level a score 등 28개의 핵심 표현들을 꼼꼼히 학습한다.

*C*ollocation at a *G*lance

Verb + Noun	Meaning	Verb + Noun	Meaning
defeat an opponent 상대방을 물리치다		hold a title 타이틀을 유지하다	
face an opponent 상대방과 대항하게 되다		enter a contest 대회에 참여하다	
outwit an opponent 상대방을 능가하다		hold a contest 대회를 열다	
play a game 게임을 하다		run a contest 대회를 운영하다	
win a game 게임을 이기다		hold a record 기록을 보유하다	
lose a game 게임에서 지다		set a record 기록을 세우다	
get a penalty 벌칙을 받다		break a record 기록을 깨다	
give a penalty 벌칙을 주다		kick a goal 골을 넣다	
appeal for a penalty 상대방에게 벌칙을 주도록 항의하다		score a goal 득점을 올리다	
defend a title 타이틀을 방어하다		allow a goal 골을 허용하다	

block a shot 슈팅을 막아내다	**level** a score 동점을 만들다
miss a shot 숏을 실패하다	**bounce** a ball 공을 튀기다
get a score 득점하다	**drop** a ball 공을 떨어뜨리다
take score 점수가 ~가 되게 하다	**kick** a ball 공을 차다

Collocation in Use

| **defeat an opponent** 상대방을 물리치다

Card games usually require good memory skills to *defeat opponents*.

카드 게임에서 상대방을 이기려면 보통 기억력이 좋아야 한다.

| **face an opponent** 상대방과 대항하게 되다

You may *face a* strong *opponent* in the coming match.

다가오는 시합에서 너는 강력한 상대와 붙을 수도 있다.

| **outwit an opponent** 상대방을 능가하다

This game requires players to cooperate with partners and *outwit opponents*.

이 게임에서 선수들은 동료들과 협력해서 상대방을 물리쳐야 한다.

| **play a game** 게임을 하다

Manchester United *plays a* home *game* this week.

맨체스터 유나이티드는 이번 주에 홈경기를 한다.

win a game 게임을 이기다

We finally *won a game* after long defeats.

우리는 긴 패배 이후에 마침내 경기에서 이겼다.

lose a game 게임에서 지다

We didn't *lose the game*; we just ran out of time.

우리는 시합에서 진 것이 아니다. 단지 시간이 없었다.

get a penalty 벌칙을 받다

The key player *got a penalty* in an opening match, which will affect the next game.

핵심 선수가 개막 경기에서 벌칙을 받았는데, 이는 다음 경기에 영향을 줄 것이다.

give a penalty 벌칙을 주다

It's natural to *give a penalty* when a foul is committed.

파울을 범하면 벌칙을 주는 것은 당연하다.

appeal for a penalty 상대방에게 벌칙을 주도록 항의하다

No foul was called, but the goalkeeper *appealed for a penalty*.

파울이 선언되지 않았지만, 그 골키퍼는 벌칙을 주라고 항의했다.

defend a title 타이틀을 방어하다

The golfer *defended* his *title* in this tour.

그 골프 선수는 이번 투어에서 자신의 타이틀을 지켜 냈다.

hold a title 타이틀을 유지하다

The team *held* the soccer championship *title* until last year.

그 팀은 축구 우승 타이틀을 작년까지 유지했다.

enter a contest 대회에 참여하다

I *enter a contest* not just for participation but for prizes.

나는 단지 참가가 아니라 상을 타기 위해 대회에 나간다.

hold a contest 대회를 열다

The university *held a* math *contest* for high school students.

그 대학은 고등학생을 대상으로 수학 경시대회를 열었다.

run a contest 대회를 운영하다

It requires passion and commitment to *run a contest* successfully.

대회를 성공적으로 운영하는 데는 열정과 헌신이 필요하다.

hold a record 기록을 보유하다

In Asia, Lee *holds the record* for most homeruns.

아시아에서 Lee는 최다 홈런 기록을 보유하고 있다.

set a record 기록을 세우다

The athlete has just *set a* new world *record*.

그 육상 선수는 방금 새로운 세계신기록을 작성했다.

break a record 기록을 깨다

She *broke* the Olympic *record* in the women's 110m hurdles.

그녀는 110미터 여자 허들 경기에서 올림픽 기록을 깼다.

kick a goal 골을 넣다

He tried to *kick a goal*, but the ball went over the end line.

그는 골을 넣으려고 했으나, 공은 엔드라인 바깥으로 나가 버렸다.

score a goal 득점을 올리다

The hockey player *scored* the winning *goal* for his team.

그 하키 선수는 그 팀의 결승점을 올렸다.

allow a goal 골을 허용하다

He knew he couldn't *allow* another *goal* for them to take the title.

그는 더 이상 골을 허용해서 그들이 타이틀을 차지하게끔 할 수는 없다는 것을 알고 있었다.

block a shot 슈팅을 막아내다

After you *block a shot*, pass the ball immediately to your teammates.

슈팅을 막아 내거든, 곧바로 동료 선수에게 패스해라.

miss a shot 슛을 실패하다

In defense, he *missed the shot* and his team was allowed an equalizing goal.

수비를 하면서 그는 슛을 놓쳤고 팀은 동점골을 허용했다.

get a score 득점하다

Kobe *got* the highest *score* in the game.

코브는 그 경기에서 최다 득점을 올렸다.

take score 점수가 ~가 되게 하다

His last goal *took* the final *score* to 3-2.

그의 마지막 골은 최종 점수를 3대 2로 만들었다.

level a score 동점을 만들다

Park's goal in the second half *leveled the score*.

후반전에 박 선수의 골은 동점을 만들었다.

bounce a ball 공을 튀기다

The novice tennis player *bounced the ball* and hit it over the fence.

그 풋내기 테니스 선수는 공을 튀긴 다음 담장 너머로 쳐내 버렸다.

drop a ball 공을 떨어뜨리다

The pitcher deliberately *dropped the ball* to set up a double-play.

그 투수는 병살을 만들기 위해서 고의적으로 공을 떨어뜨렸다.

kick a ball 공을 차다

Carlos *kicks a ball* high and far.

카를로스는 공을 높이, 멀리 찬다.

Collocation Exercises

A. List 1의 동사와 List 2의 명사를 알맞게 연결하여 의미가 통하도록 문장을 완성하시오.

List 1	List 2
enter	a ball
broke	the regional contest
defended	main opponent
kick	the long-standing record
outwitted	title

1. She used to _____ _____ against my wall. She said she would like to be a player like Pele.

2. A total of 24 teams will _____ _____. Two teams will have the chance to participate in the world match.

3. Michael _____ his _____, but many people think that he deceived the world.

4. She _____ _____ in the Olympic games. Now she is the fastest woman in the world.

5. She _____ her _____ against her rival in the quiz show. Now, no one can stop her.

B. 다음 문장의 빈칸에 들어갈 가장 적절한 표현을 고르시오.

6. He _____ the shot and lost the game. It was the most distressing moment in his career.
   (a) caught   (b) blocked
   (c) missed   (d) took

7. He _____ the score with his fantastic overhead kick.
   (a) drew   (b) finished
   (c) leveled   (d) stopped

8. The goal keeper _____ just 2 goals in 7 games.
   (a) allowed   (b) hold
   (c) made   (d) scored

9. The referee didn't give that player _____ despite his obvious
   foul.
   (a) a chance   (b) a handicap
   (c) a penalty   (d) a punishment

10. The national women's handball team fought desperately to
    _____ the final game but ended up losing it.
    (a) break   (b) get
    (c) take   (d) win

C. 아래 문장을 영작하시오.

11. 나의 감독은 페널티킥을 호소했지만, 되레 경고를 받았다.

_____

12. 그는 게임도 지고, 사랑도 잃었다.

_____

13. 그의 골로 점수는 3 대 2가 되었다. 경기장은 흥분의 도가니였다.

_____

14. 그는 한국 신기록을 세웠다. 이제 그의 목표는 세계 신기록이다.

_____

15. 우리는 가장 어려운 적과 맞서야 한다. 그것은 게으름이다.

_____

Collocations on
Travel and Transportation

오늘은 plane(비행기), ship(배), taxi(택시), visa(사증) 등과 같이 travel과 transportation 에 관련된 주요 어휘 및 콜로케이션들을 살펴본다. board/get off a plane, ride/mount a bicycle, take/call a taxi, renew/issue a visa 등 34개의 핵심 표현들을 꼼꼼히 학습한다.

Collocation at a Glance

Verb+Noun	Meaning	Verb +Noun	Meaning
board a plane 비행기에 탑승하다		fall off a bicycle 자전거에서 떨어지다	
catch a plane 비행기를 타다		get on/off the bus 버스에 타다/버스에서 내리다	
get off a plane 비행기에서 내리다		miss the bus 버스를 놓치다, 좋은 기회를 놓치다	
board a ship 배에 오르다		rent a bus 버스를 빌리다	
come/go aboard a ship 승선하다		have a stopover 잠시 멈추다, 경유하다	
launch a ship 배를 진수하다, 배를 보내다		make a stopover 잠시 멈추다, 경유하다	
steer a ship 배를 조종하다		need a stopover 잠시 들를 필요가 있다, 경유할 필요가 있다	
ride a bicycle 자전거를 타다		go on a pilgrimage 순례를 계속하다	
mount a bicycle 자전거에 오르다		make a pilgrimage 순례하다	
pedal a bicycle 자전거 페달을 밟다		go by taxi 택시로 이동하다	

take a taxi 택시를 타다	**use** the subway 지하철을 이용하다
call a taxi 택시를 부르다	**obtain** a visa 비자를 얻다
get into/out of a taxi 택시에 타다/택시에서 내리다	**renew** a visa 비자를 갱신하다
travel on a train 기차로 여행하다	**issue** a visa 비자를 발급하다
jump on/from a train (훌쩍 뛰어) 기차에 타다/기차에서 내리다	**deny** a visa 비자 발급을 거부하다
derail a train 기차를 탈선시키다	**act as** (a) guide 가이드 역할을 하다
take the subway 지하철을 타다	**be** a guide 가이드를 하다

Collocation in Use

board a plane 비행기에 탑승하다

She *boarded the plane* for New York without any words.

그녀는 말 한마디 없이 뉴욕행 비행기에 탑승했다.

catch a plane 비행기를 타다

I have *a plane* to *catch*.

타야 할 비행기가 있어.

get off a plane 비행기에서 내리다

First, *get off the plane*, and then wait for the luggage.

우선 비행기에서 내린 다음 짐을 기다리세요.

board a ship 배에 오르다

He *boarded* the wrong *ship*.

그는 엉뚱한 배에 올랐다.

come/go aboard a ship 승선하다

We finally *went aboard the ship*.

우리는 마침내 배에 탔다.

launch a ship 배를 진수하다, 배를 보내다

The cargo *ship* was *launched* to the International Station.

그 화물선은 국제 항구를 향해 출발했다.

steer a ship 배를 조종하다

Anyone can *steer the ship* in calm waters.

누구라도 잔잔한 물에서는 배를 조종할 수 있다.

ride a bicycle 자전거를 타다

He *rode the bicycle* to school.

그는 학교에 자전거를 타고 갔다.

mount a bicycle 자전거에 오르다

He *mounted a bicycle* and pedaled 10 kilometers to the airport.

그는 자전거에 올라 공항까지 10킬로미터를 내달렸다.

pedal a bicycle 자전거 페달을 밟다

Pedal a bicycle as fast as possible to get there in time!

제시간에 거기 도착하려면 가능한 한 빠르게 자전거 페달을 밟아!

fall off a bicycle 자전거에서 떨어지다

Chris has *fallen off his bicycle*.

크리스는 자전거에서 떨어졌다.

get on/off the bus 버스에 타다/버스에서 내리다

When you want to *get off the bus*, ring the bell located above the windows.

버스에서 내리고 싶으면 창문 위에 있는 벨을 울리세요.

miss the bus 버스를 놓치다, 좋은 기회를 놓치다

We regret that there are no refunds for passengers who *miss the bus*.

유감스럽지만 버스를 놓친 승객분들에게 환불해 드리지 않습니다.

rent a bus 버스를 빌리다

How much would it cost to rent a bus for a day?

버스를 하루 빌리는 데 얼마나 할까요?

have a stopover 잠시 멈추다, 경유하다

I *had an* overnight *stopover* in Bangkok.

나는 방콕에서 하룻밤 머물렀다.

make a stopover 잠시 멈추다, 경유하다

What about *making a stopover* in Malaysia, then in Thailand?

말레이시아에 잠시 들른 뒤 타이에 들르는 것은 어때?

need a stopover 잠시 들를 필요가 있다, 경유할 필요가 있다

Do you *need a stopover* in Hanoi?

하노이에 들러야 해?(하노이를 경유해야 돼?)

go on a pilgrimage 순례를 계속하다

An array of people *go on a pilgrimage* to the Holy Land.

사람들의 행렬이 성지를 향해 순례를 계속한다.

make a pilgrimage 순례하다

I hope that I would have the chance to *make a pilgrimage* to Mecca.

나는 메카로 순례를 떠날 기회가 있으면 해.

go by taxi 택시로 이동하다

It's faster to *go by taxi*.

택시로 가는 게 더 빨라.

take a taxi 택시를 타다

It's the best way to *take a taxi* to get to Central Park.

센트럴파크에 가려면 택시를 타는 것이 최고의 방법이야.

call a taxi 택시를 부르다

Call us *a taxi*.

택시 좀 불러 줘.

get into/out of a taxi 택시에 타다/택시에서 내리다

Late for the meeting, Edward *got out of a taxi* and ran across the road.

회의에 늦은 에드워드는 택시에서 내린 뒤 뛰어서 길을 건넜다.

travel on a train 기차로 여행하다

It's convenient to *travel on* underground *trains* in cities like Seoul.

서울과 같은 도시에서는 지하철로 여행하는 것이 편리하다.

jump on/from a train (훌쩍 뛰어) 기차에 타다/기차에서 내리다

He *jumped on* the moving *train*, where his girlfriend was boarding.

그는 움직이고 있는 기차에 올라탔는데, 거기에는 그의 여자 친구가 타고 있었다.

derail a train 기차를 탈선시키다

The 40-car freight *train* was *derailed* in northwest China.

중국 북서부에서 40량짜리 화물열차가 탈선했다.

take the subway 지하철을 타다

Traffic is so heavy at this time. Let's *take the subway*.

이 시간에는 교통 정체가 심해. 지하철을 타자.

use the subway 지하철을 이용하다

Could you tell me how to *use the subway* in Seoul?

서울에서 지하철 이용하는 방법을 알려 줄 수 있습니까?

obtain a visa 비자를 얻다

There are two options to *obtain a* visitor *visa*.

방문 비자를 얻기 위한 방법에는 두 가지가 있다.

renew a visa 비자를 갱신하다

You must *renew* your *visa* every 90 days.

90일마다 비자를 갱신해야 합니다.

issue a visa 비자를 발급하다

We changed the regulation into *issuing a visa* to a person from India.

우리는 인도 사람에게 비자를 발급하기로 규정을 변경했습니다.

deny a visa 비자 발급을 거부하다

For national security, we should *deny visas* to the terrorists.

국가 안보를 위해서 우리는 테러리스트에게 비자 발급을 거부해야 한다.

act as (a) guide 가이드 역할을 하다

She *acted as* his *guide* when he visited New York.

그녀는 그가 뉴욕에 갔을 때 그의 가이드 역할을 했다.

be a guide 가이드를 하다

She *was* his *guide* and helper.

그녀는 그의 가이드이자 조력자였다.

Collocation Exercises

A. List 1의 동사와 List 2의 명사를 알맞게 연결하여 의미가 통하도록 문장을 완성하시오.

List 1	List 2
acted as	his bicycle
deny	our tour guide
going on	a pilgrimage
pedal	a ship
steer	visas

1. As far as I know, US visa offices in Canada don't _____ _____ to Canadians unless they have some compelling reason to do so.

2. He _____ _____ , but all he did was to provide us with a lot of rip-offs.

3. Studying abroad is like _____ _____ ; it requires great perseverance and a clear objective.

4. To manage a company is to _____ _____ ; you need a lot of experience and wisdom as well as technique.

5. My brother waved to us and started to _____ _____ up the hill.

B. 다음 문장의 빈칸에 들어갈 가장 적절한 표현을 고르시오.

6. We were thinking about _____ a taxi, but the millionaire rented a helicopter for us.
   (a) boarding
   (b) making
   (c) mounting
   (d) taking

7. He _____ the train for Nonsan. Praying for his health, his parents saw him off in tears.
   (a) derailed
   (b) jumped on
   (c) meet off
   (d) traced

8. They say, "_____ the subway," but it is very difficult for the disabled to use it.
   (a) Have
   (b) Launch
   (c) Make
   (d) Use

9. As soon as he heard that his grandfather had passed away, he
_____ the first plane home.

(a) caught

(b) hijacked

(c) picked up

(d) rode

10. Is there a direct flight? Or does the plane make _____
somewhere?

(a) a shortcut

(b) a stop

(c) a stopover

(d) a suspension

C. 아래 문장을 영작하시오.

11. 경찰이 이동하기 시작할 무렵 그들은 이미 비행기에 올라 있었다.

12. 나는 지하철이 빠르니까 버스보다는 지하철을 이용합니다.

13. 우리는 (여행 중) 홍콩에 들렀다네.

14. 올해 우리가 일본으로 단기 여행을 하는 데는 비자를 발급 받을 필요가 없다.

15. 나는 그녀가 "나는 당신의 모든 삶에 대한 안내자가 되고 싶어요."라고 말한 순간을
잊을 수가 없다.

Collocations on Language

track 52

오늘은 conversation(대화), comment(논평), term(용어), tone(어조) 등과 같이 language 에 관련된 핵심 어휘들과 콜로케이션을 살펴본다. make/open a conversation, have/ receive a comment, coin/define a term, take/soften a tone 등 48개의 핵심 표현들을 꼼 꼼히 학습한다.

Collocation at a Glance

Verb + Noun	Meaning
make (a) conversation 대화하다	
have a conversation 대화하다	
hold a conversation 대화를 갖다	
open a conversation 대화를 시작하다	
begin a conversation 대화를 시작하다	
have a comment 논평을 하다	
draw a comment 의견을 끌어내다	
attract a comment 의견을 끌어내다	
receive a comment 논평을 받다	
speak (a) language 언어를 말하다	

Verb + Noun	Meaning
understand (a) language 언어를 이해하다	
use (a) language 언어를 사용하다	
learn (a) language 언어를 배우다	
master (a) language 언어에 정통하다	
use a term 용어를 사용하다	
define a term 용어를 정의하다	
explain a term 용어를 설명하다	
coin a term 새로운 용어를 만들어 내다	
say a word 말을 하다	
use a word 말을 사용하다	

pronounce a word
단어를 소리내어 말하다

spell a word
단어의 철자를 대다

find a word
말을 찾다

coin a word
새로운 말을 만들다

deserve a mention
언급할 만하다

get a mention
평을 얻다

hear a mention
평을 듣다

make a mention
평을 하다

receive a mention
평을 얻다

make a statement
진술하다, 성명을 발표하다

issue a statement
성명을 발표하다

release a statement
성명을 내보내다

give a statement
진술을 주다

deny a statement
진술을 부인하다

withdraw a statement
진술을 철회하다

have an accent
악센트가 있다

acquire an accent
발음을 습득하다

lose an accent
악센트를 잃어버리다

draft a memo
메모를 간략하게 적다

write a memo
메모를 적다

send (out) a memo
메모를 보내다

receive a memo
메모를 받다

sign a memo
메모에 서명하다

adopt a tone
어조를 취하다

take a tone
어조를 취하다

soften one's tone
어조를 부드럽게 하다

change one's tone
어조를 바꾸다

lower one's tone
어조를 낮추다

Collocation in Use

make (a) conversation 대화하다

The government tried to *make conversation* with the political activists.

정부는 정치 운동가들과 대화를 하려고 노력했다.

have a conversation 대화하다

The movie star *had a* private *conversation* with one of her friends.

그 영화배우는 친구 중 한 명과 사적인 대화를 나누었다.

hold a conversation 대화를 갖다

The coach and the players *held a* whispered *conversation* during time-out.

감독과 선수들은 작전 시간 동안 속삭이며 대화했다.

open a conversation 대화를 시작하다

Before *opening a* new line of *conversation*, the discussion panels asked for a break.

새로운 주제로 대화를 시작하기에 앞서 토론자들은 잠시 휴식을 요청했다.

begin a conversation 대화를 시작하다

Do you always *begin conversations* this way?

항상 이런 식으로 대화를 시작하세요?

have a comment 논평을 하다

We *have* no *comment*.

우리는 할 말이 없습니다.

draw a comment 의견을 끌어내다

The author's novels rarely fail to *draw a comment*.

그 작가의 소설은 평단의 관심을 놓치는 일이 거의 없다.

attract a comment 의견을 끌어내다

In this class, you will meet with controversial topics that may *attract* various *comments*.

이 수업에서, 여러분들은 다양한 의견을 끌어낼 만한 논쟁적인 주제와 접하게 될 것입니다.

receive a comment 논평을 받다

Her presentation *received a* sarcastic *comment*.

그녀의 발표는 비아냥조의 평을 받았다.

speak a language 언어를 말하다

I wish you *spoke* my *language*.

네가 내 언어로 이야기하면 좋겠어.

understand a language 언어를 이해하다

Nobody can *understand* every *language* ever spoken.

아무도 이 세상에서 말해진 모든 언어를 이해할 수는 없다.

use a language 언어를 사용하다

Don't ever *use* that kind of *language* again.

그런 식의 말을 다신 하지 마라.

learn a language 언어를 배우다

Practice and *learn* foreign *languages* with native speakers via
e-mail, text chat or voice chat. We show you how.

외국어를 원어민과 이메일이나 채팅으로 연습하면서 배우십시오. 저희가 방법을 알려 드립니다.

master a language 언어에 정통하다

I can *master* any *language* after a matter of days.

난 며칠 정도면 어떤 언어나 습득할 수 있다.

use a term 용어를 사용하다

Make sure not to *use* key *terms* loosely, or your paper will sound
ambiguous.

주요 용어를 엄밀하게 사용하도록 주의하세요. 그렇지 않으면 논문이 모호하게 느껴질 것입니다.

define a term 용어를 정의하다

This news article *defined* sociological *terms* in a broad sense.

이 신문 기사는 사회학 용어를 광범위한 의미로 정의했다.

explain a term 용어를 설명하다

Did you *explain* that medical *term*?

그 의학 용어는 설명했나요?

coin a term 새로운 용어를 만들어 내다

Marx *coined the term* "class struggle."

마르크스는 '계급투쟁' 이라는 신조어를 만들어 냈다.

say a word 말을 하다

Don't *say a word*!

아무 말도 하지 마!

use a word 말을 사용하다

Try not to *use* those *words* if possible.

가능하면 그런 말은 하지 않도록 해라.

pronounce a word 단어를 소리내어 말하다

The baby has just *pronounced the word* "Mom."

아기가 방금 '엄마' 라는 말을 발음했어요.

spell a word 단어의 철자를 대다

Unscramble the letters to *spell a word* using the hint and definition on the right.

오른쪽의 힌트와 정의를 이용하여 뒤섞인 글자들을 정리해서 단어의 철자를 말하세요.

find a word 말을 찾다

I couldn't *find the word* anywhere!

그 말을 아무 데서도 찾을 수 없었어!

coin a word 새로운 말을 만들다

Internet users *coin* a lot of new *words*.

인터넷 사용자들은 새로운 말을 많이 만들어 낸다.

deserve a mention 언급할 만하다

This creative essay *deserves an* honorable *mention*.

이 창의적인 에세이는 뛰어난 평가를 받을 만하다.

get a mention 평을 얻다

The college's new scholarship policy *got a* very favorable *mention*.

그 대학의 새로운 장학금 정책은 매우 우호적인 평을 얻었다.

hear a mention 평을 듣다

I have never *heard* any *mention* of this matter.

나는 이 문제에 대해 뭔가 평을 들은 적이 없다.

make a mention 평을 하다

The boy *made* no *mention* of bullying at school and kept silent to his parents.

그 소년은 학교에서의 괴롭힘 행위에 대해 아무 말도 하지 않고 부모에게 사실을 숨겼다.

receive a mention 평을 얻다

Ten years ago such an incident might have *received a mention* in the newspaper.

십년 전에는 그런 사건이 신문에 났을 것이다.

make a statement 진술하다, 성명을 발표하다

He is about to *make a statement*.

그는 막 진술하려는 참이다.

issue a statement 성명을 발표하다

The health organization recently *issued a* public *statement* on epidemic influenza.

보건기구는 최근 전염성 독감에 대해 공식 성명을 발표했다.

release a statement 성명을 내보내다

The university officials *released a* confirming *statement* that there would be a tuition increase by 10% next year.

대학교 관계자는 내년에 10퍼센트의 등록금 인상이 있을 것이라는 확인 성명을 내보냈다.

give a statement 진술을 주다

The suspects *gave a* prepared *statement* to the police.

그 용의자는 경찰에게 미리 준비된 진술을 주었다.

deny a statement 진술을 부인하다

The scientist *denied the statement* that he manipulated his research.

그 과학자는 자신의 연구를 조작했다는 진술을 부인했다.

withdraw a statement 진술을 철회하다

The committee was forced to *withdraw the statement* because of UN opposition.

위원회는 UN의 반대로 그 성명을 철회할 수밖에 없었다.

have an accent 악센트가 있다

She *has a* Spanish *accent*.

그녀에게는 스페인어 악센트가 있다.

acquire an accent 발음을 습득하다

Is it possible to *acquire an* American *accent* with training?

훈련하면 미국식 발음을 익힐 수 있나요?

lose an accent 악센트를 잃어버리다

Would you like to *lose* your *accent*?

당신 사투리를 없애고 싶어요?

draft a memo 메모를 간략하게 적다

Draft a memo to the president.

회장에게 메모 초안을 작성해 주어라.

write a memo 메모를 적다

The poet *writes a memo* as soon as ideas come up.

그 시인은 생각이 떠오르는 대로 메모를 한다.

send (out) a memo 메모를 보내다

Will you *send out* some *memos* to the personnel division?

메모 몇 개 좀 인사과에 보내 줄래요?

receive a memo 메모를 받다

I've just *received* your *memo*.

방금 당신 메모를 받았어요.

sign a memo 메모에 서명하다

Write, *sign*, and post *the memo*.

메모를 써서 서명한 뒤 게시하세요.

adopt a tone 어조를 취하다

He shakes his head and *adopts a* cooler *tone*.

그는 고개를 흔들고 나서 좀 더 차분해진 어조로 말한다.

take a tone 어조를 취하다

Don't *take* that *tone* with me.

나에게 그런 말투 사용하지 마.

soften one's tone 어조를 부드럽게 하다

He *softens his tone* now.

그는 이제 말투를 부드럽게 한다.

change one's tone 어조를 바꾸다

For a harmonious social relationship, learn to *change your tone*.

원만한 사회관계를 위해서, 어조를 바꾸는 법을 배워라.

lower one's tone 어조를 낮추다

When he has complaints, he *lowers his tone* to a murmur.

불만이 있으면 그는 어조를 낮춰 중얼거린다.

Collocation Exercises

A. List 1의 동사와 List 2의 명사를 알맞게 연결하여 의미가 통하도록 문장을
완성하시오.

List 1	List 2
acquired	highly critical comments
attracted	her strong accent
coined	a serious conversation
lowered	the term
opened	the tone

1. "This is strictly between you and me." Then, she _____
   _____ of the conversation.

2. There was some preliminary small talk about the weather before the
   executives _____ _____ .

3. The foreigner _____ _____ after moving to the
   southwest. I found it very difficult to understand.

4. _____ "Neocon" was _____ to refer to a "new-wave" of
   conservative thought.

5. The event attracted wide press coverage. At the same time, it also
   _____ _____ from the public.

B. 다음 문장의 빈칸에 들어갈 가장 적절한 표현을 고르시오.

6. The old man has issued _____ through his attorney,
   protesting his innocence.
   (a) an alert   (b) an apology
   (c) a statement   (d) a threat

7. Humans seem to have inherited the linguistic ability to _____
   language.
   (a) add and provide   (b) avoid and prevent
   (c) conduct and evaluate   (d) understand and use

8. The principal sent _____ to all teachers saying there would be
   minor changes in curriculum.

(a) congratulations
(b) a memo

(c) a petition
(d) a signal

9. I couldn't find any right _____ to say for such a stunning occasion.

(a) speech
(b) turn-taking

(c) utterances
(d) words

10. Leonardo da Vinci _____ special mention for his contribution to the Renaissance.

(a) conserves
(b) deserves

(c) preserves
(d) reserves

C. 아래 문장을 영작하시오.

11. 나는 그녀의 기분을 나아지게 하려고 적당한 말을 찾는 데 질리고 있어.

12. 그 일에 관한 무슨 얘기라도 들은 게 있습니까?

13. 나는 연구 논문에 대한 자세한 논평을 교수님으로부터 받았다.

14. 취업 면접에서는 긴장을 풀고 어조를 부드럽게 하세요.

15. 이 기관은 수화를 배우기에 좋은 장소이다.

Collocations on Study and Academic Work

track 53

오늘은 composition(작문), class(수업), subject(과목), degree(학위) 등과 같이 study and academic work에 관련된 핵심 어휘들과 콜로케이션을 살펴본다. do/write an essay, drop/take a class, pass/take a subject, gain/receive a degree 등 34개의 핵심 표현들을 꼼꼼히 학습한다.

Collocation at a Glance

Verb+Noun	Meaning	Verb+Noun	Meaning
do a composition	작문하다	read literature	문학 작품을 읽다
write a composition	작문하다	study literature	문학을 연구하다
accept criticism	비판을 수용하다	gain a degree	학위를 얻다
express criticism	비판하다	have a degree	학위를 갖고 있다
level criticism	비판을 퍼붓다	obtain a degree	학위를 취득하다
make (a) criticism	비판하다	receive a degree	학위를 받다
provoke criticism	비판을 불러일으키다	do an essay	에세이를 쓰다
do an M.A. /a Ph.D. dissertation	석사/박사 논문을 쓰다	hand in an essay	에세이를 제출하다
prepare an M.A. /a Ph.D. dissertation	석사/박사 논문을 준비하다	turn in an essay	에세이를 제출하다
write an M.A. /a Ph.D. dissertation	석사/박사 논문을 쓰다	write an essay	에세이를 쓰다

fail a subject 과목에 낙제하다	**offer** a class 수업을 제공하다
pass a subject 과목을 통과하다	**register for** a class 수강 신청하다
take a subject 과목을 듣다	**take** a class 수업을 듣다
do (some) writing 글을 쓰다	**censor** a book 책을 검열하다
improve writing 글쓰기를 향상시키다	**co-author** a book 책을 공동 저작하다
practice writing 글쓰기를 연습하다	**plagiarize** a book 책을 표절하다
drop a class 수강을 취소하다	**revise** a book 책을 개정하다

Collocation in Use

do a composition 작문하다

I've *done compositions* on such topics as family, work experience, etc.
난 가족, 직업, 경험 등의 주제로 작문을 해 왔다.

write a composition 작문하다

Applicants for this college have to *write a composition* in entrance examination.
이 대학 지원자들은 입학시험에서 작문을 해야 한다.

accept criticism 비판을 수용하다

It is very hard to *accept criticism* from one's own students.
자기 학생의 비판을 수용하기란 쉽지 않은 일이다.

express criticism 비판하다

Major world religions *express criticism* at the "money-is-everything" attitude.

세계의 주요 종교는 '돈이 전부' 라는 태도에 대해 비판한다.

level criticism 비판을 퍼붓다

National media watchdog groups *leveled criticism* at the yellow journalism of the popular tabloid newspaper.

전국의 언론 감시 그룹들은 대중적 인기를 끌고 있는 타블로이드판 신문의 황색 저널리즘에 비판을 퍼부었다.

make (a) criticism 비판하다

The minority party has *made* harsh *criticism* at the economic policies of the current regime.

야당은 현 정권의 경제 정책에 모진 비판을 가했다.

provoke criticism 비판을 불러일으키다

Socially and environmentally irresponsible business practices worldwide have *provoked* increasing *criticism* for multinational corporations.

전 세계에서 사회적, 환경적으로 무책임하게 이루어지고 있는 기업 행위는 다국적기업에 대한 점증적인 비판을 불러일으켜 왔다.

do an M.A. /a Ph.D. dissertation 석사/박사 논문을 쓰다

She *did* her *Ph.D. dissertation* while doing a part-time job and raising two children.

그녀는 시간제 일을 하고 두 명의 자녀를 키우면서 박사 논문을 썼다.

prepare an M.A. /a Ph.D. dissertation
석사/박사 논문을 준비하다

He has *prepared* his *M.A. dissertation* for 2 years.

그는 석사 논문을 2년 동안 준비했다.

write an M.A. /a Ph.D. dissertation
석사/박사 논문을 쓰다

I dare say *writing a dissertation* is as painstaking as giving birth to a child.

감히 말하건대, 논문을 쓰는 것은 아이를 낳는 것만큼 고통스럽다.

read literature
문학 작품을 읽다

They *read* English *literature*. But they don't know anything about Korean literature.

그들은 영문학 작품을 읽는다. 그러나 그들은 한국 문학에 대해선 아무것도 모른다.

study literature
문학을 연구하다

Studying literature is studying human nature.

문학을 연구하는 것은 인간의 본성을 연구하는 것이다.

gain a degree
학위를 얻다

Is it better to *gain a degree* than to have experiences in teaching?

학위를 받는 것이 교사 경험을 쌓는 것보다 좋은가?

have a degree
학위를 갖고 있다

He *has* two *degrees*; one in engineering and the other in physics.

그는 두 개의 학위를 가지고 있다. 하나는 공학이고 다른 하나는 물리학이다.

obtain a degree 학위를 취득하다

It took seven years for me to *obtain* my Ph.D. *degree*.

나는 박사 학위 받는 데 7년이 걸렸다.

receive a degree 학위를 받다

She *received* her *degree* in Russia.

그녀는 러시아에서 학위를 받았다.

do an essay 에세이를 쓰다

You should *do an essay* over and over again to be a good writer.

글을 잘 쓰려면 에세이를 거듭 써야 한다.

hand in an essay 에세이를 제출하다

College professors have observed growing number of instances in which students were found to *hand in* ready-made *essays* purchased on-line.

대학교수들은 학생들이 이미 만들어진 에세이를 인터넷에서 구입하여 제출하는 사례들을 더욱 더 많이 목격하고 있다.

turn in an essay 에세이를 제출하다

Did you *turn in* the mid-term *essay*? It's due today!

너 중간고사 에세이 냈어? 오늘이 마감이잖아!

write an essay 에세이를 쓰다

I've decided to *write* my final *essay* on global warming and its consequences.

나는 기말 에세이를 지구 온난화와 그에 따른 결과에 대해 쓰기로 결정했다.

fail a subject 과목에 낙제하다

He could not graduate because he *failed* two *subjects*.

그는 2개 과목을 낙제하는 바람에 졸업하지 못했다.

pass a subject 과목을 통과하다

He *passed* just one *subject* while failing seven subjects.

그는 7개 과목에 낙제하고 단 한 과목만 통과했다.

take a subject 과목을 듣다

The maximum number of *subjects* I can *take* this semester is seven.

이번 학기 내가 들을 수 있는 과목은 최대 7개이다.

do (some) writing 글을 쓰다

He *does some writing* while listening to the radio.

그는 라디오를 듣는 동안 글을 좀 쓴다.

improve writing 글쓰기를 향상시키다

If you want to *improve* your *writing*, write, write, and write again.

만약 글쓰기를 향상시키고 싶다면 쓰고, 쓰고, 또 써라.

practice writing 글쓰기를 연습하다

The experienced young writer once *practiced* her *writing* by improvising a story into different genres.

젊고 경험이 풍부한 그 작가는 한때 이야기를 즉흥적으로 여러 장르로 작성하며 글쓰기를 연습했다.

drop a class 수강을 취소하다

He seldom *dropped* his *classes*.

그는 수강을 취소하는 일이 거의 없었다.

offer a class 수업을 제공하다

The company will *offer* some *classes* on auditing and finance.

그 회사는 회계와 재정에 관한 몇 가지 수업을 제공할 것이다.

register for a class 수강 신청하다

To register for a class, fill out the form below and submit.

수강 신청하려면 아래 서식을 기입해서 제출해 주세요.

take a class 수업을 듣다

A large number of students *took a* history *class* covering the Korean War.

많은 학생들이 한국 전쟁을 다루는 역사 수업을 들었다.

censor a book 책을 검열하다

They used to *censor books* in the 70's and 80's.

70, 80년대에는 흔히 책을 검열하곤 했다.

co-author a book 책을 공동 저작하다

Two scientists *co-authored a book* on humor and health.

두 명의 과학자가 유머와 건강에 대한 책을 공동 집필했다.

plagiarize a book 책을 표절하다

The professor is suspected to have *plagiarized a* Japanese *book*.

그 교수는 한 일본 서적을 표절했다는 의심을 받고 있다.

revise a book 책을 개정하다

We will *revise the book* some time soon.

우리는 조만간 그 책을 개정할 것입니다.

Collocation Exercises

A. List 1의 동사와 List 2의 명사를 알맞게 연결하여 의미가 통하도록 문장을 완성하시오.

List 1	List 2
dropped	an MA degree
got	bitter criticism
leveled	the class
practiced	doctoral dissertation
prepare	writing

1. I _____ _____. All the lecturer did was to tell boring and obscene jokes.

2. He was a full-time student in a Ph.D. course. However, because of financial difficulties, he had no choice but to _____ his _____ while making money as a train worker.

3. People _____ _____ at the National Assembly but the stupid politicians were proud of what they did.

4. He's not qualified for this position. He _____ _____ in economics. But we need a person with a Ph.D. in public administration.

5. She _____ _____ every day to be a persuasive writer.

B. 다음 문장의 빈칸에 들어갈 가장 적절한 표현을 고르시오.

6. They _____ an introductory book for leadership. One explained principles of leadership and the other showed practical examples.
   (a) co-authored   (b) co-hosted
   (c) combined   (d) cooperated

7. Students refused to _____ essays to the professor who had taken the bribe.
   (a) turn out   (b) turn in
   (c) turn off   (d) turn on

8. You have to write _____ to enter the college of humanity.
   (a) a business contract   (b) a literary composition
   (c) a political announcement   (d) a technical manual

9. This class helps students _____ from many different genres in a critical manner.

(a) do research

(b) make proposals

(c) read literature

(d) set agendas

10. I _____ the subject by a narrow margin.

(a) entered

(b) instructed

(c) passed

(d) succeded

C. 아래 문장을 영작하시오.

11. 독창적인 작가가 되기 위해서는 매일 글쓰기 연습을 해야 한다.

12. 그는 박사 학위 논문을 쓰고 전공을 바꾸었다.

13. 나는 그 수업이 너무 벅차서 수강을 취소했다.

14. 동성애 주제에 초점을 맞춘 영화는 보수적인 비평가들의 거친 비판을 불러일으킬 가능성이 높다.

15. 학기말 에세이는 학과 사무실에 제출해 주세요.

Collocations on
Art

track 54

오늘은 craft(공예), artist(예술가), painting(회화), sculpture(조각) 등과 같이 art에 관련된 핵심 어휘들과 콜로케이션을 살펴본다. learn/master a craft, commission/feature an artist, do/hang a painting, create/display a sculpture 등 30개의 핵심 표현들을 꼼꼼히 학습한다.

Collocation at a Glance

Verb + Noun	Meaning
commission an artist 예술가에게 의뢰하다, 주문하다	
feature an artist 예술가를 (특집으로) 다루다	
apply with a brush 붓을 사용하다	
use a brush 붓을 사용하다	
wield a brush 붓을 다루다	
be cast in bronze 청동으로 주조되다	
be made in bronze 청동으로 만들어지다	
mold clay 찰흙을 빚다	
shape clay 찰흙으로 모양을 내다	
fire clay 찰흙을 굽다	

Verb + Noun	Meaning
learn a craft 공예를 배우다	
master a craft 공예를 습득하다	
perfect a craft 공예 기술을 완성하다	
perform a dance 춤을 공연으로 선보이다	
have a dance 춤을 추다	
sit out a dance 춤을 안 추고 쉬다	
compose music 음악을 작곡하다	
listen to music 음악을 듣다	
put on music 음악을 틀다	
put something to music 무엇을 음악으로 만들다	

do painting
페인트칠을 하다

work on a painting
그림 작업을 하다

hang a painting
그림을 걸다

compose poetry/a poem
시를 쓰다

recite poetry/a poem
시를 암송하다

learn poetry/a poem **by heart**
시를 외우다

memorize poetry/a poem
시를 외우다

create a sculpture
조각 작품을 만들다

display a sculpture
조각을 진열하다

exhibit a sculpture
조각을 전시하다

Collocation in Use

commission an artist 예술가에게 의뢰하다, 주문하다

The wealthy patron of the art college *commissioned an artist* to draw his portrait.

그 예술대학의 부유한 후원가는 한 화가에게 자신의 초상화를 그리도록 의뢰했다.

feature an artist 예술가를 (특집으로) 다루다

The gallery is going to host an exhibition *featuring* major impressionist *artists*.

그 화랑에서는 주요 인상파 화가들의 작품을 전시하는 특별전을 개최할 예정이다.

apply with a brush 붓을 사용하다

Only those with a practiced eye can see the painting skill *applied* to the canvas *with a* thin *brush*.

숙련된 안목을 지닌 사람만이 캔버스에 가는 붓이 사용된 유화 기법을 알아볼 수 있다.

use a brush 붓을 사용하다

He can *use a brush* as skillfully as he uses a pen.

그는 펜을 다루는 것만큼이나 능숙하게 붓을 사용할 수 있다.

wield a brush 붓을 다루다

The final step is to *wield a brush* to finish this painting.

마지막 단계는 이 그림을 완성하기 위해 붓을 사용하는 것입니다.

be cast in bronze 청동으로 주조되다

Today the sculptures of Auguste Rodin have a limited number of replicas *recast in bronze*.

오늘날 로댕의 조각품은 청동으로 다시 주조된 복제품이 제한적으로 만들어져 있다.

be made in bronze 청동으로 만들어지다

In front of the building, there stood a statue *made in bronze*.

그 건물 앞에는 청동으로 만들어진 동상이 서 있다.

mold clay 찰흙을 빚다

Children like to *mold clay* and make something unusual.

아이들은 찰흙을 빚어서 뭔가 독특한 것을 만들기를 좋아한다.

shape clay 찰흙으로 모양을 내다

Shape clay into anything you want.

네가 원하는 모양대로 진흙을 빚어 봐라.

fire clay 찰흙을 굽다

Her hobby is to *fire clay* to make a mug.

그녀의 취미는 찰흙을 구워 찻잔을 만드는 것이다.

learn a craft 공예를 배우다

Mom opened a place to *learn a* sewing *craft*.

엄마는 바느질 공예를 배울 수 있는 장소를 열었다.

master a craft 공예를 습득하다

The chef apprentice *mastered* the cooking *craft* in the long run.

그 요리사 견습생은 오랜 시간 끝에 조리법을 숙달했다.

perfect a craft 공예 기술을 완성하다

I tried hard to *perfect* the wood carving *craft* under the direction of my teacher.

나는 스승의 지도 아래 목각 기술을 완성하려고 열심히 노력했다.

perform a dance 춤을 공연으로 선보이다

The dancing circle will *perform a* traditional *dance* for the school festival.

그 춤 동아리는 학교 축제 때 전통무용을 공연할 예정이다.

have a dance 춤을 추다

We *had a* joyful *dance* at the graduation party.

우리는 졸업 파티에서 흥겹게 춤을 췄다.

sit out a dance 춤을 안 추고 쉬다

She was so shy that she *sat out the dance*.

그녀는 너무 소심해서 춤추지 않고 가만히 앉아 있었다.

compose music 음악을 작곡하다

He first attempted to *compose* church *music*, but was not successful.

그는 처음에 교회 음악을 작곡했으나 성공적이지 못했다.

listen to music 음악을 듣다

I tend to *listen to* all kinds of *music* rather than listen selectively.

나는 음악을 골라서 듣기보다는 모든 종류를 다 듣는 편이다.

put on music 음악을 틀다

My brother always *puts on music* when he's alone.

내 동생은 혼자 있을 때면 늘 음악을 튼다.

put something to music 무엇을 음악으로 만들다

He has talent for *putting* his sentiment *to* jazz *music*.

그에게는 자신의 감정을 재즈 음악으로 만들어 내는 재능이 있다.

do painting 페인트칠을 하다

I *did* some *painting* at home with my family last Sunday.

나는 지난 일요일 가족들과 함께 집에서 페인트칠을 좀 했다.

work on a painting 그림 작업을 하다

He has been *working on a painting* for more than 5 years.

그는 한 작품을 5년이 넘게 작업하고 있다.

hang a painting 그림을 걸다

When seeking a good place to *hang* your *paintings* at home, it's best to avoid humidity and direct sunlight.

집에 그림을 걸어 두기 좋은 장소를 찾고 있다면, 습도와 직사광선을 피하여 선택하는 것이 좋다.

compose poetry/a poem 시를 쓰다

He *composed* a love *poem* for his girlfriend.
그는 여자 친구를 위해 사랑의 시를 한 편 썼다.

recite poetry/a poem 시를 암송하다

It is worth reading and *reciting* some of the modern *poems*.
현대 시를 읽고 그 중의 몇 편을 암송하는 것은 가치 있는 일이다.

learn poetry/a poem by heart 시를 외우다

It takes too much time to *learn* 19th-century English *poetry by heart*.
19세기 영국시를 외우는 데는 시간이 너무 많이 걸린다.

memorize poetry/a poem 시를 외우다

One of my friends *memorizes* hundreds of *poems* from five different countries.
내 친구 중 하나는 5개 나라의 시 수백 편을 외우고 있다.

create a sculpture 조각 작품을 만들다

Her first artwork was *a sculpture created* out of recycled materials.
그녀의 첫 예술 작품은 재활용 재료로 만든 조각품이었다.

display a sculpture 조각을 진열하다

Several stores in the street *display* huge wood *sculptures* of jangseung.
그 거리의 여러 상점에서는 거대한 목조 장승 조각상을 진열하고 있다.

exhibit a sculpture 조각을 전시하다

The curator has planned to *exhibit* a collection of the
Renaissance *sculptures*.

그 미술관 관장은 르네상스 조각 소장품을 전시하기로 계획했다.

Collocation Exercises

A. List 1의 동사와 List 2의 명사를 알맞게 연결하여 의미가 통하도록 문장을
완성하시오.

List 1	List 2
creates	the clay
molded	the traditional dance
put on	sweet music
performed	several paintings
work on	monumental sculptures

1. She _____ _____ for me. It was reminiscent of my
   childhood.

2. She _____ _____ while her husband played the drums.
   Their perfect harmony caught many passengers' attention.

3. He is going to _____ _____ of mothers with babies. He
   has been interested in expressing maternal love.

4. She _____ _____ into the shape of a boy. In fact, she
   had lost her only son in a tragic car accident.

5. The artist _____ _____ out of recycled materials and discarded electronic goods.

B. 다음 문장의 빈칸에 들어갈 가장 적절한 표현을 고르시오.

6. She has baked pottery for more than 7 years to _____ the craft.

(a) acquire (b) master

(c) skip (d) transfer

7. The exhibition _____ various artists from art photographers to action artists.

(a) commissions (b) carries

(c) features (d) proposes

8. He _____ the oil paint with a Korean traditional brush usually used for calligraphy.

(a) applied (b) enameled

(c) plastered (d) varnished

9. The king ordered to have his statues _____ bronze.

(a) applied to (b) cast in

(c) founded in (d) minted in

10. The course requirement includes _____ a poem in front of the class.

(a) reciting (b) recollecting

(c) reflecting (d) resolving

C. 아래 문장을 영작하시오.

11. 그 군인들 상은 청동으로 주조되었는데, 높이가 10미터정도 되었다.

_____

12. 칼로(Kahlo)는 몇몇 자화상을 그렸다. 각 그림은 그녀의 정체성의 다른 측면들을 보여
준다.

_____

13. 선생님은 진심으로 학생들이 시를 외우기를 원했다. 왜냐하면 그는 문학이 사람들을
평온하게 할 뿐만 아니라 행복하게 만들어 준다고 믿었기 때문이다.

_____

14. 점점 많은 사람들이 취미와 실용적인 목적으로 책 공예 배우는 것을 선택한다.

_____

15. 벽을 칠하는 데 붓보다는 차라리 롤러를 사용하겠어.

_____

Collocations on **F**eelings

track 55

오늘은 anger(분노), embarrassment(당황), surprise(놀람), hatred(증오) 등과 같이 feelings에 관련된 핵심 어휘들과 콜로케이션을 살펴본다. control/fuel one's anger, cover/ relieve one's embarrassment, have/show surprise, bring/find happiness 등 38개의 핵심 표현들을 꼼꼼히 학습한다.

Collocation at a Glance

Verb + Noun	Meaning	Verb + Noun	Meaning
control one's anger 분노를 제어하다		overcome fear 공포를 극복하다	
fuel someone's anger 누구의 화를 돋우다		be filled with happiness 행복으로 충만하다	
show one's anger 분노를 내비치다		bring happiness 행복을 불러오다	
tremble with anger 분노로 떨다		cry with happiness 행복해서 울다	
blush with embarrassment 당황하여 얼굴이 붉어지다		find happiness 행복을 찾다	
cover one's embarrassment 당황스러움을 감추다		seek happiness 행복을 추구하다	
relieve someone's embarrassment 누구의 당황스러움을 덜어 주다		be filled with hatred 증오로 가득하다	
save oneself from embarrassment 당황스러움에서 빠져나가다		burn with hatred 증오로 불타오르다	
experience fear 공포를 경험하다		arouse jealousy 질투를 불러일으키다	
instill fear 공포를 주입시키다		cause jealousy 질투를 유발하다	

feel jealousy 질투를 느끼다	take pride 자부심을 갖다
declare one's love 사랑을 공표하다	be tinged with sadness (엷은) 슬픔을 띠고 있다
fall in love 사랑에 빠지다	bring sadness 슬픔을 불러일으키다
feel love 사랑을 느끼다	feel sadness 슬픔을 느끼다
return love 사랑을 되돌리다	show sadness 슬픔을 보이다
seek love 사랑을 구하다	feign surprise 놀란 척하다
hurt someone's pride 누구의 자존심에 상처를 입히다	have surprise 놀라다
restore (one's) pride 자존심을 회복하다	hide surprise 놀란 마음을 숨기다
swell with pride 자부심이 부풀어 오르다	show surprise 놀란 마음을 보이다

Collocation in Use

control one's anger 분노를 제어하다

Though the boys kept on making fun of her appearance, she managed to *control her anger*.

남자애들이 그녀의 외모를 가지고 계속 놀려댔지만, 그녀는 애써 화를 억제했다.

fuel someone's anger 누구의 화를 돋우다

It's not a good idea to *fuel Daddy's anger* by telling a lie.

아빠한테 거짓말을 해서 화를 돋우는 것은 별로 좋은 생각이 아냐.

show one's anger 분노를 내비치다

He *showed his anger* with his writing.

그는 글쓰기로 분노를 표현했다.

tremble with anger 분노로 떨다

When she came to know that her husband had been murdered, she *trembled with* bitter *anger* and sorrow all day long.

남편이 살해당했다는 것을 알게 되자, 그녀는 하루 종일 심한 분노와 슬픔으로 몸을 떨었다.

blush with embarrassment 당황하여 얼굴이 붉어지다

When asked to sing a song, the shy guy *blushed with embarrassment* and hesitated for a moment.

노래를 부르라는 요구를 받자 그 수줍어하는 청년은 당혹스러워 얼굴이 붉어지며 잠시 머뭇거렸다.

cover one's embarrassment 당황스러움을 감추다

I noticed that he tried to *cover his embarrassment* by coughing.

난 그가 기침으로 당황스러움을 감추려 한다는 것을 알아차렸다.

relieve someone's embarrassment 누구의 당황스러움을 덜어 주다

His appearance *relieved my embarrassment*.

그의 출현이 내 난처한 마음을 덜어 주었다.

save oneself from embarrassment 당황스러움에서 빠져나가다

She *saved herself from embarrassment* by cracking jokes.

그녀는 농담을 함으로써 당황스러움에서 빠져나갔다.

experience fear 공포를 경험하다

The only survivor from the coal mine collapse last Monday
experienced terrible *fear* in the darkness.

지난 월요일 석탄 광산 붕괴 사고의 유일한 생존자는 어둠 속에서 극심한 공포를 경험했다.

instill fear 공포를 주입시키다

Hackneyed horror movie techniques are hardly successful to
instill fear.

진부한 공포 영화 기법은 공포심을 유발하기에는 역부족이다.

overcome fear 공포를 극복하다

She *overcame fear* with faith in God.

그녀는 신에 대한 믿음으로 공포를 극복했다.

be filled with happiness 행복으로 충만하다

Newly-married couples always seem to *be filled with happiness*
and joy.

신혼 부부들은 항상 행복과 기쁨으로 충만해 보인다.

bring happiness 행복을 불러오다

The baby's birth *brought* great *happiness* to him.

그 아기의 출생은 그에게 커다란 행복을 가져다주었다.

cry with happiness 행복해서 울다

The moment firefighters rescued the baby, the entire family
started to *cry with happiness* and relief.

소방관이 아기를 구해 내자, 온 가족은 행복감과 안도에 겨워 울기 시작했다.

find happiness 행복을 찾다

Modern people busy with their work hardly *find happiness* in a simple life.

일하느라 바쁜 현대인들은 소박한 삶에서 행복을 거의 찾지 못한다.

seek happiness 행복을 추구하다

If you *seek happiness* for yourself, it will always elude you. If you *seek happiness* for others, you will find it for yourself.

네 자신의 행복을 추구하면 행복은 항상 너를 비켜갈 것이다. 다른 사람들의 행복을 추구한다면 네 자신의 행복을 찾을 것이다.

be filled with hatred 증오로 가득하다

During the revolution the city *was filled with hatred* and hostility, which led to the bloody massacre by police against civilians.

혁명 기간 동안 그 도시는 증오와 적개심으로 가득했고, 이는 경찰에 의한 시민 학살로 이어졌다.

burn with hatred 증오로 불타오르다

When he found his daughter kidnapped, he *burned with hatred* and started to scream.

자신의 딸이 납치되었다는 걸 알게 되자, 그는 증오심에 불타 소리를 지르기 시작했다.

arouse jealousy 질투를 불러일으키다

Her new boyfriend *aroused jealousy* in her ex-boyfriend.

그녀의 새 남자 친구는 그녀의 예전 남자 친구의 질투를 샀다.

cause jealousy 질투를 유발하다

Jealousy between siblings is often *caused* by parents' partiality for one child over another.

형제자매 사이의 질투는 종종 부모가 한 자녀를 다른 자녀보다 편애하는 데서 비롯된다.

feel jealousy 질투를 느끼다

True friends *feel* no *jealousy* towards each other.

진정한 친구는 서로 간에 질투를 느끼지 않는다.

declare one's love 사랑을 공표하다

The Hollywood movie star openly *declared his love* for a young actress.

그 할리우드 영화배우는 한 젊은 여배우에 대한 사랑을 공개적으로 밝혔다.

fall in love 사랑에 빠지다

How dare she *fall in love* with a millionaire, who always keeps talking about true love?

늘 진정한 사랑을 얘기하는 그녀가 어떻게 백만장자와 사랑에 빠질 수 있어?

feel love 사랑을 느끼다

Who on earth will *feel* warm *love* beyond his cold appearance?

어느 누가 그의 차가운 인상을 극복하고 온정 어린 애정을 품을 수 있겠어?

return love 사랑을 되돌리다

She broke up with me over the phone and I got depressed. I don't know how to *return* her *love*.

그녀가 전화로 헤어지자고 해서 난 크게 상심했다. 어떻게 해야 그녀의 사랑을 되돌릴 수 있는지 모르겠다.

seek love 사랑을 구하다

Seek love and peace, not hatred and competition.

증오와 경쟁심을 찾지 말고, 사랑과 평화를 구하세요.

hurt someone's pride 누구의 자존심에 상처를 입히다

She looked down on me and treated me badly. That really *hurt my pride*.

그녀는 날 깔보고 못되게 굴었다. 그건 정말 내 자존심을 상하게 했다.

restore (one's) pride 자존심을 회복하다

The National Soccer team seeks to *restore its pride* with Saturday's game against Japan.

국가 대표 축구팀은 토요일 일본과의 경기에서 자존심을 회복하고자 한다.

swell with pride 자부심이 부풀어 오르다

Her heart *swelled with pride* while watching her son's piano concert.

아들의 피아노 연주회를 바라보는 동안 그녀의 마음은 자부심으로 부풀어 올랐다.

take pride 자부심을 갖다

Parents need to encourage their children to *take pride* in themselves and to focus on their success rather than failure.

부모들은 자녀들이 자부심을 갖고 실패보다는 성공에 집중하도록 격려할 필요가 있다.

be tinged with sadness (엷은) 슬픔을 띠고 있다

The final lecture *was tinged with sadness*, but the professor asked his students to go on learning.

마지막 강의는 슬픈 색채를 띠고 있었지만, 교수는 학생들에게 계속 배워 나갈 것을 부탁했다.

bring sadness 슬픔을 불러일으키다

His death *brought* deep *sadness* to her.
그의 죽음은 그녀에게 깊은 슬픔을 가져다주었다.

feel sadness 슬픔을 느끼다

They could *feel the sadness* his illness brought to the family.
그들은 그의 병이 가족에게 가져다준 슬픔을 느낄 수 있었다.

show sadness 슬픔을 보이다

The movie *shows the sadness* of unrequited love.
그 영화는 짝사랑의 슬픔을 보여준다.

feign surprise 놀란 척하다

The man *feigned surprise* and shock at the police investigation and said that he had known nothing about the crime.
그 남자는 경찰 조사에서 놀라고 충격을 받은 것처럼 꾸몄으며 그 범죄에 대해 아무 것도 몰랐다고 말했다.

have surprise 놀라다

I *had* a lovely *surprise* this morning when I received the admission notice from the medical school.
아침에 그 의과 대학의 합격 통보를 받았을 때 난 너무 놀랍고 즐거웠다.

hide surprise 놀란 마음을 숨기다

My mother *hid* her *surprise* at my strong response.
어머니는 나의 강한 반응에 대한 놀람을 감추셨다.

show surprise 놀란 마음을 보이다

My girlfriend *showed* a pleasant *surprise* to the birthday gift.
여자 친구는 생일 선물을 보고 즐겁고 놀란 마음을 표현했다.

Collocation Exercises

A. List 1의 동사와 List 2의 명사를 알맞게 연결하여 의미가 통하도록 문장을 완성하시오.

List 1	List 2
cried with	the anger
was filled with	happiness
feigned	hatred
fueled	surprise
was tinged with	sadness

1. The city pushed ahead with the plan to demolish the old buildings, and it _____ _____ of the villagers.

2. The boy _____ _____ when he found the gift under the Christmas tree. In fact, he saw his parents put it there secretly last night.

3. She _____ _____ when she was declared innocent. Seven years had passed since her case started.

4. He _____ _____ for organized crimes. But he couldn't do anything about it.

5. Our party _____ _____. We won the championship but
two of our players were seriously hurt.

B. 다음 문장의 빈칸에 들어갈 가장 적절한 표현을 고르시오.

6. I don't feel _____ for rich people. However, I really envy
intelligent people.
(a) accomplishment   (b) curiosity
(c) jealousy   (d) self-respect

7. She _____ with embarrassment when asked to sing a song in
front of her congratulators.
(a) blushed   (b) cried
(c) swelled   (d) trembled

8. The memory of the accident _____ a deep fear of being alone
in his mind.
(a) disappeared   (b) instilled
(c) sat   (d) survived

9. The president revealed that he _____ love with a famous
fashion model. The next concern of the people was whether or not
he would marry her.
(a) brought   (b) caused
(d) declared   (d) fell in

10. In spite of the recent fact that English is widely spread and used in
France, French people have _____ pride in their national
language, French.
(a) made
(b) hurt
(c) restored
(d) taken

C. 아래 문장을 영작하시오.

11. 그녀는 그에게서 사랑을 바랐다. 그러나 그가 준 것은 고통과 후회뿐이었다.

12. 그 배우는 '올해의 여배우' 상을 수상하자 자부심으로 부풀어 있었다.

13. 그는 증오로 활활 타오르고 있었다. 하지만 그의 목소리는 깊고 느렸다.

14. 그 재난의 생존자들은 죽음의 두려움을 극복하기 위해 함께 모였다.

15. 예언자 모하메드를 테러리스트로 묘사한 덴마크 만화는 이슬람교도들의 광범위한 분
노를 촉발시켰다.

Collocations on Interest and Concern

track 56

오늘은 attention(주의), concern(관심, 우려), curiosity(호기심), expectation(기대) 등과 같이 interest and concern에 관련된 핵심 어휘들과 콜로케이션을 살펴본다. pay/draw attention, have/raise a concern, meet/realize expectations 등 36개의 핵심 표현들을 꼼꼼히 학습한다.

Collocation at a Glance

Verb + Noun	Meaning	Verb + Noun	Meaning
show interest 관심을 보이다		disturb someone's concentration 누구의 집중을 방해하다	
take interest 관심[흥미]을 갖다		have (an) appeal 호소력이 있다	
lose interest 관심[흥미]을 잃다		lose (an) appeal 호소력[매력]을 잃다	
arouse interest 관심을 불러일으키다		make (an) appeal 호소하다, 상소하다	
have an awareness 인식이 있다		widen (an) appeal 호소를 넓히다	
increase awareness 인식을 증대하다		have curiosity 호기심이 있다	
heighten awareness 인식을 높이다		arouse someone's curiosity 누구의 호기심을 불러일으키다	
require concentration 집중을 필요로 하다		satisfy someone's curiosity 누구의 호기심을 충족시키다	
lose one's concentration 집중을 잃다		pay attention 주의를 기울이다	
break someone's concentration 누구의 집중을 흐뜨리다		draw attention 주목을 끌다	

require attention 주목이 필요하다	**realize** expectations 기대를 깨닫다
get attention 주목을 받다	**have** regard 존경하다
have a concern 우려가 있다	**pay** regard 관심을 기울이다
show concern 우려를 드러내다	**give** regard 관심을 주다
raise a concern 우려를 키우다	**take** care 다루다, 돌보다
appreciate someone's concern 누구의 관심[염려]에 감사하다	**provide** care 돌보아 주다
have expectations 기대가 있다	**need** care 간호가 필요하다
meet expectations 기대를 충족하다	**receive** care 간호를 받다

Collocation in Use

show interest 관심을 보이다

She's never *shown* any *interest* in you.

그녀는 너에게 한 번도 관심을 보인 적이 없다.

take interest 관심[흥미]을 갖다

Why do we *take* so much *interest* in celebrities' lives?

우리는 왜 유명 인사들의 사생활에 그렇게 많은 관심을 갖는 걸까?

lose interest 관심[흥미]을 잃다

He'll *lose interest* in a day or two.

그는 하루 이틀 지나면 흥미를 잃을 것이다.

arouse interest 관심을 불러일으키다

The TV lottery show for the biggest jackpot prize ever *aroused* national *interest*.

사상 최대 액수가 걸린 복권 추첨 TV쇼는 전 국민적 관심을 불러일으켰다.

have an awareness 인식이 있다

The newly elected leader of the country seems to *have* greater *awareness* of religious conflicts between Islam and Christianity.

새로 선출된 그 나라의 지도자는 이슬람교와 기독교 사이의 종교적 갈등을 더 깊이 인식하고 있는 것 같다.

increase awareness 인식을 증대하다

The government aims to *increase* public *awareness* about the new disability employment policy.

정부는 새로운 장애인 고용 정책에 대한 대중의 인식을 증대하려 하고 있다.

heighten awareness 인식을 높이다

African countries have made attempts to *heighten* HIV/AIDS *awareness* among young people.

아프리카 국가들은 에이즈에 대한 젊은이들의 인식을 높이는 노력을 해 왔다.

require concentration 집중을 필요로 하다

Test-taking *requires* a great deal of *concentration*.

시험 보는 일은 대단한 집중력을 필요로 한다.

lose one's concentration 집중을 잃다

The pretty girl made him *lose his concentration* for a moment.

그 예쁜 소녀는 그가 잠시 집중을 잃도록 만들었다.

break someone's concentration 누구의 집중을 흩뜨리다

The loud laughter *broke* the silence and *everyone's concentration*.

큰 웃음소리는 침묵을 깼고 모든 사람들의 집중을 흩뜨렸다.

disturb someone's concentration 누구의 집중을 방해하다

A painful emotion may *disturb your concentration*.

가슴 아픈 감정이 너의 집중을 방해할 수도 있다.

have (an) appeal 호소력이 있다

The efforts may *have* some *appeal* after all.

그 노력이 결국 호소력을 지니게 될 수도 있다.

lose (an) appeal 호소력[매력]을 잃다

The politician *lost* his popular *appeal* to middle-class working families because he failed to address the needs and concerns of them.

그 정치인은 중산층 노동가정의 욕구와 관심을 다루는 데 실패해서 그들의 대중적 호감을 잃었다.

make (an) appeal 호소하다, 상소하다

Several religious leaders *made appeals* to the court on behalf of their religious organization to ban the development and destruction of human embryos for medical research.

종교 지도자 몇몇이 자신들의 종교 단체를 대표하여 의학연구를 위해 인간 배아를 개발, 파괴하는 행위를 금지하라고 법원에 호소했다.

widen (an) appeal 호소를 넓히다

The rural areas that suffered severe devastation from heavy snows this winter *widened appeal* to the public for help.

이번 겨울 폭설로 심각한 타격을 입은 농촌 지역은 호소를 넓혀 국민들에게 도움을 요청했다.

have curiosity 호기심이 있다

This cat appears to *have* no *curiosity* about things around it.

이 고양이는 주변에 전혀 관심이 없는 것처럼 보인다.

arouse someone's curiosity 누구의 호기심을 불러일으키다

Mother's pregnancy often *arouses a child's* excessive *curiosity*.

어머니의 임신은 종종 아이에게 지나친 호기심을 불러일으킨다.

satisfy someone's curiosity 누구의 호기심을 충족시키다

The answer did not *satisfy my curiosity*.

그 대답은 제 호기심을 만족시키지 못했습니다.

pay attention 주의를 기울이다

You'd better *pay attention* to more urgent matters.

좀 더 급한 문제에 주의를 기울이는 편이 좋을 거예요.

draw attention 주목을 끌다

The noise *drew the attention* of the soldiers.

그 소리는 군인들의 주목을 끌었다.

require attention 주목이 필요하다

Handling employee conflicts is a matter *requiring* full *attention*.

고용 갈등을 다루는 일은 모든 주의를 기울여야 할 사안이다.

get attention 주목을 받다

As he came to be known as a prince of a small country, he *got* unwanted *attention*.

그는 한 작은 국가의 왕자로 알려지게 되면서 원하지 않는 관심을 받았다.

have a concern 우려가 있다

I *have a concern* about the plane.

저는 그 비행기에 대한 우려를 가지고 있습니다.

show concern 우려를 드러내다

Her eyes *showed* deep *concern* for the hungry child.

그녀의 눈은 그 배고픈 아이에 대한 깊은 염려를 드러냈다.

raise a concern 우려를 키우다

An acute problem of computer systems *raised* safety *concerns*.

컴퓨터 체계의 심각한 문제가 보안상의 우려를 증대시켰다.

appreciate someone's concern 누구의 관심[염려]에 감사하다

I *appreciate your concern*.

걱정해 주셔서 감사합니다.

have expectations 기대가 있다

He *has* high *expectations* of himself.

그는 자신에 대해 높은 기대감을 가지고 있다.

meet expectations 기대를 충족하다

I guess I couldn't *meet* their *expectations*.

저는 그들의 기대에 부응할 수 없을 것 같아요.

realize expectations 기대를 깨닫다

She at last *realized* her father's *expectation*, but it was far different from what she was thinking about.

그녀는 마침내 아버지의 기대를 알게 되었지만, 그것은 그녀가 생각하던 것과는 크게 달랐다.

have regard 존경하다

She *has* no *regard* for anyone else.

그녀는 다른 어떤 누구도 존경하지 않는다.

pay regard 관심을 기울이다

He never *pays regard* to another's need other than his own family.

그는 가족을 제외한 타인의 필요에 결코 관심을 갖지 않는다.

give regard 관심을 주다

Please *give* him my best *regards*.

그에게 진심 어린 안부를 전해 주세요.

take care 다루다, 돌보다

I'll give you tips that help *take care* of your skin and keep it clean.

피부를 관리하고 깨끗하게 유지시켜 주는 방법을 알려 드릴게요.

provide care 돌보아 주다

This nursing home *provides* long-term *care* for elderly people.

이 요양원은 노인들에게 장기간의 보호를 제공한다.

need care 간호가 필요하다

Sick newborn babies *need* intensive *care*.

아픈 신생아들은 집중 간호가 필요합니다.

receive care 간호를 받다

Patients should *receive* appropriate *care* while in the hospital.

환자들은 그 병원에 있는 동안 적절한 치료를 받아야 합니다.

Collocation Exercises

A. List 1의 동사와 List 2의 명사를 알맞게 연결하여 의미가 통하도록 문장을 완성하시오.

List 1	List 2
aroused	awareness
increased	its appeal
raising	excessive care
take	public concern
widened	my curiosity

1. His restless behavior just _____ _____.

2. The conflict over territories has _____ _____ of the issue in both countries.

3. The web site has _____ _____ due to its successful makeover of design and layout last year.

4. The union of pilots will begin a general strike after the government takes action, _____ _____ of an unprecedented major transportation disruption.

5. According to a survey, teenagers tend to _____ _____ of their appearance.

B. 다음 문장의 빈칸에 들어갈 가장 적절한 표현을 고르시오.

6. Teachers often worry about their lack of experience in making students _____ more attention to the class.
   (a) consume   (b) hold
   (c) pay   (d) show

7. I _____ your concern and effort to talk about the issue of war with children.
   (a) appreciate   (b) feel
   (c) have   (d) win

8. Public welfare policies should _____ proper regard to the needs of social minorities.
   (a) meet   (b) pay
   (c) satisfy   (d) seek

9. My teacher's monotonous voice made me _____ my concentration and fall asleep.
   (a) break   (b) disturb
   (c) lose   (d) require

10. Those who _____ high expectations of a business boom tend to invest their money into stocks.

(a) have
(b) meet
(c) take
(d) watch

C. 아래 문장을 영작하시오.

11. 어린 아이들은 TV를 시청할 때, 광고에 굉장한 관심을 보입니다.

12. 특히 날씨가 좋지 않을 때 운전은 각별한 집중을 요구한다.

13. 필사적인 노력에도 불구하고 그는 모든 사람의 기대를 충족시키지는 못했다.

14. 전통적인 영어 교실들은 영어의 문법과 정확한 사용에 대한 학생들의 인식을 제고하고자 시도했다.

15. 어린아이들은 보통 한 번에 한 가지에만 주의를 기울인다.

Collocations on
Values and **I**deals

track 57

오늘은 fame(명성), justice(정의), honor(명예), ideal(이상) 등과 같이 values and ideals 에 관련된 핵심 어휘들과 콜로케이션을 살펴본다. achieve/enjoy fame, do/get justice, have/defend honor, achieve/attain ideal 등 44개의 핵심 표현들을 꼼꼼히 학습한다.

*C*ollocation at a *G*lance

Verb+Noun	Meaning	Verb+Noun	Meaning
achieve fame 명성을 얻다		bring shame 수치를 주다	
enjoy fame 명성을 누리다		cause shame 수치를 주다	
seek fame 명성을 추구하다		feel shame 수치를 느끼다	
win fame 명성을 얻다		earn respect 존경을 얻다	
do justice 정당하게 다루다, 바르게 나타내다		feel respect 존경심을 느끼다	
get justice 공정한 대접을 받다		gain respect 존경을 얻다	
want justice 정의를 원하다		have respect 존경하다	
defend one's honor 명예를 지키다		hold respect 존경심을 지니다	
have honor 명예롭다, 영광이다		lose respect 존경심을 잃다	
restore one's honor 명예를 회복하다		win respect 존경을 얻다	

abandon an ideal
이상을 저버리다

achieve an ideal
이상을 성취하다

attain an ideal
이상을 성취하다

betray an ideal
이상을 배신하다

pursue an ideal
이상을 추구하다

support an ideal
이상을 지지하다

assert a belief
신념을 주장하다

express a belief
신념을 표현하다

follow a belief
신념을 따르다

have a belief
신념을 가지다

hold a belief
신념을 유지하다

share a belief
신념을 공유하다

state a belief
신념을 말하다

break a promise
약속을 어기다

fulfill a promise
약속을 이행하다

keep a promise
약속을 지키다

make a promise
약속을 하다

deserve credit
칭찬 받을 자격이 있다, 믿을 만하다

get credit
공로를 인정받다

give credit
영예를 주다

take credit
공로를 차지하다

follow an example
보기를 따르다

set an example
모범을 보이다

show an example
실례를 보여주다

Collocation in Use

achieve fame 명성을 얻다

The historian *achieved fame* and recognition in his field.

그 역사가는 자신의 분야에서 명성을 얻고 인정을 받았다.

enjoy fame 명성을 누리다

Shakespeare's plays and poems *enjoy* lasting *fame*.

셰익스피어의 희곡과 시는 지속적인 명성을 누리고 있다.

seek fame 명성을 추구하다

He would feel empty if he stops *seeking fame* and fortune.

그가 명성과 부를 얻으려고 애쓰는 것을 그만둔다면 공허함을 느끼게 될 것이다.

win fame 명성을 얻다

The Eagles *won fame* and rose to the status of national celebrity as their hit single "Hotel California" achieved nationwide success.

이글스는 싱글 음반 '호텔 캘리포니아'가 전국적인 성공을 거두면서 명성을 얻게 되었고 유명 인사의 지위에 오르게 되었다.

do justice 정당하게 다루다, 바르게 나타내다

Words don't *do justice* — you have to see it to believe it.

말로는 제대로 표현할 수 없어. 네가 믿기 위해서는 직접 보아야 해.

get justice 공정한 대접을 받다

I'm not leaving until I *get justice*.

제대로 대해 주시기 전에는 안 갈 겁니다.

want justice 정의를 원하다

I asked the client whether he really *wanted justice*, or he wanted mercy and grace.

나는 의뢰인에게 정말로 처벌을 원하는지, 아니면 자비와 아량을 원하는지를 물었다.

defend one's honor 명예를 지키다

Martyrdom is an act of sacrifice to *defend the honor* of a religion and its teachings.

순교는 종교와 그 가르침의 명예를 수호하기 위한 희생 행위이다.

have honor 명예롭다, 영광이다

We *have* your *honor*.

당신을 뵙게 되어 영광입니다.

restore one's honor 명예를 회복하다

By killing the villain, he *restored his honor*.

그 악당을 살해함으로써 그는 자신의 명예를 회복했다.

bring shame 수치를 주다

The gross misconduct of the man *brought shame* upon the entire community.

그 남자의 엄청난 악행은 마을 전체에 수치를 안겨 주었다.

cause shame 수치를 주다

Love should *cause* us no *shame*.

사랑이 우리에게 수치를 주는 일은 없을 것이다.

feel shame 수치를 느끼다

I *felt shame* at my stupid mistake.

난 내 어리석은 실수에 창피했다.

earn respect 존경을 얻다

You don't need to *earn* my *respect*.

제게 존경을 받으실 필요는 없습니다.

feel respect 존경심을 느끼다

Our heart *feels respect* for the officer that died.

우리는 고인이 된 경관에 대해 존경심을 느낀다.

gain respect 존경을 얻다

The stepfather is looking for a way to *gain respect* from his children.

그 양아버지는 아이들에게 존경 받을 수 있는 방법을 찾고 있다.

have respect 존경하다

The politician *has respect* for diversity and struggles for racial equality.

그 정치인은 다양성을 존중하며 인종 간의 평등을 위해 노력하고 있다.

hold respect 존경심을 지니다

The scientists *hold* a great deal of *respect* for technological advance in artificial intelligence.

그 과학자들은 인공지능 분야의 기술진보에 대단한 존경심을 가지고 있다.

lose respect 존경심을 잃다

Do you want me to *lose respect* for you?

제가 당신에 대한 존경심을 버리기를 원하십니까?

win respect 존경을 얻다

The factory manager tried to build a good working environment and, by doing so, he *won respect* from his coworkers.

공장 감독은 좋은 작업환경을 만들기 위해 애썼으며, 그로 인해 동료들로부터 존경을 받게 되었다.

abandon an ideal 이상을 저버리다

He *abandoned* the unattainable *ideal* and determined to focus on what he could reach.

그는 성취할 수 없는 이상을 포기하고 도달할 수 있는 이상에 집중하기로 결심했다.

achieve an ideal 이상을 성취하다

Intellectuals during the Joseon Dynasty strived to *achieve* the Confucius moral *ideal*.

조선시대 지식인들은 유교의 도덕적 이상을 달성하고자 노력했다.

attain an ideal 이상을 성취하다

Emphasis on health and physical attractiveness drives people to try hard to *attain* the slim body *ideal*.

건강과 육체적 매력을 강조하는 현상이 사람들로 하여금 날씬한 몸의 이상을 달성하고자 열심히 노력하도록 내몰고 있다.

betray an ideal 이상을 배신하다

The dictator *betrayed* our democratic *ideal* of political freedom and equality.

그 독재자는 정치적 자유와 평등이라는 우리의 민주주의 이상을 저버렸다.

pursue an ideal 이상을 추구하다

Puritans *pursued* high ethical and religious *ideals* as Christians.

청교도들은 기독교인으로서 높은 윤리적, 종교적 이상을 추구했다.

support an ideal 이상을 지지하다

It's hard to convince people to *support a* particular *ideal*.

사람들이 하나의 특정한 이상을 지지하도록 납득시키는 일은 쉽지 않다.

assert a belief 신념을 주장하다

In modern democratic societies, citizens are relatively free to *assert* their *beliefs*.

현대의 민주주의 사회에서, 시민들은 비교적 자유롭게 자신의 신념을 주장할 수 있다.

express a belief 신념을 표현하다

Galileo *expressed* his *belief* in the Copernican theory, which aroused fierce opposition and anger from the Roman Catholic Church.

갈릴레오는 코페르니쿠스의 이론에 대한 신념을 표현했는데, 이것은 로마 가톨릭 교회의 격렬한 반대와 분노를 불러왔다.

follow a belief 신념을 따르다

He *follows* the *belief* that "Time is money."

그는 '시간은 돈이다' 라는 신념을 따르고 있다.

have a belief 신념을 가지다

Korean independence activists during the colonial times *had a* deep *belief* in the importance of formal education.

식민지 시대 한국의 독립 운동가들은 학교교육의 중요성에 대한 깊은 믿음을 지니고 있었다.

hold a belief 신념을 유지하다

Do you still *hold* no *belief* in God?

너는 아직 신에 대한 믿음이 없느냐?

share a belief 신념을 공유하다

We *shared* similar *beliefs*.

우리는 비슷한 믿음을 가졌다.

state a belief 신념을 말하다

He was merely *stating a belief*.

그는 단지 신념을 말하고 있었습니다.

break a promise 약속을 어기다

I never *break a promise*.

저는 약속을 절대 어기지 않습니다.

fulfill a promise 약속을 이행하다

I'm afraid that I am unable to *fulfill the promise* I made to you.

너에게 했던 약속을 지키지 못할 것 같아 걱정돼.

keep a promise 약속을 지키다

You'd better *keep* your *promises*.

너는 약속을 지키는 것이 좋을 것이다.

make a promise 약속을 하다

The presidential candidate *made a* bold *promise* to cut taxes for low earners.

그 대통령 후보는 수입이 적은 사람들의 세금을 감면하겠다는 대담한 약속을 했다.

deserve credit 칭찬 받을 자격이 있다, 믿을 만하다

You *deserve* as much *credit* as I do.

제가 받은 것만큼이나 당신도 칭찬을 받을 자격이 있습니다.

get credit 공로를 인정받다

The mayor *got credit* for his efforts to improve the housing condition of low-income residents.

그 시장은 저소득 주민의 주거 조건을 개선하려는 노력으로 칭송을 받았다.

give credit 영예를 주다

In order not to commit deliberate or accidental plagiarism, don't forget to *give credit* to sources of information you used or borrowed.

고의적이거나 실수로 표절을 하지 않으려면, 당신이 사용하거나 빌려온 정보의 출처를 밝히는 것을 잊지 마십시오.

take credit 공로를 차지하다

What should you do when others *take credit* for your work?

다른 사람들이 네가 한 일에 대해 공을 가로채면 어떻게 할래?

follow an example 보기를 따르다

Let us *follow* his *example*.

그를 본받읍시다.

set an example 모범을 보이다

The peaceful regime change in the country *set a* good *example* for those countries looking forward to a free, fair election.

그 나라의 평화로운 정권 교체는 자유롭고 공정한 선거를 기대하고 있는 나라들에게 좋은 모범이 되었다.

show an example 실례를 보여주다

Adults often *show* bad *examples* to the younger generation.

어른들은 종종 어린 세대에게 안 좋은 예들을 보여준다.

Collocation Exercises

A. List 1의 동사와 List 2의 명사를 알맞게 연결하여 의미가 통하도록 문장을 완성하시오.

List 1	List 2
betraying	fame
bring	honor
enjoy	ideal
have	respect
won	great shame

1. The multi-millionaire singer said he would never make another album for sale in record shops because he did not need the cash and does not _____ _____ in San Francisco.

2. Can you _____ _____ and act dishonestly? Remember that honor and honesty are closely related.

3. That person has excluded himself, "spiritually" speaking, from the fellowship of his people by _____ his _____ of holiness.

4. Both of the scandals would _____ _____ to the nation and symbolize the continuing lack of moral behavior within the political and business sectors.

5. Critics of her early works said that she couldn't act but she gradually _____ their _____.

B. 다음 문장의 빈칸에 들어갈 가장 적절한 표현을 고르시오.

6. She doesn't really understand the importance of _____ respect for each and every person.

(a) doing
(b) having
(c) pursuing
(d) winning

7. At least _____ him credit for trying even if he's not successful.

(a) buy
(b) deserve
(c) give
(d) hold

8. We _____ a strong belief that the Korean market will come back.

(a) defend
(b) enjoy
(c) hold
(d) set

9. In 1968, the young around the world who _____ social justice tried to remove unfair political restriction.

(a) did
(b) got
(c) had
(d) wanted

10. Korean MP3 industries don't have to follow iPOD _____ of the innovative design and the user-friendly interface.

(a) examples
(b) fame
(c) love
(d) respect

C. 아래 문장을 영작하시오.

11. 이 사진은 그녀의 실물하고 너무 다른데!

12. 그녀는 나한테 한 약속을 정말 죄다 어겼다.

13. 나쁜 사례를 따르지 말고 아이들에게 모범을 보여라.

14. 난 내가 영어를 잘 배운다는 스스로에 대한 믿음이 있다.

15. 자신감이 부족한 사람은 작은 실수에도 큰 수치심을 느낀다.

Collocations on Signs and Symbols

track 58

오늘은 symbol(상징), pattern(유형), flag(깃발), mark(표시) 등과 같이 signs and symbols에 관련된 핵심 어휘들과 콜로케이션을 살펴본다. bear/display a symbol, have/design a pattern, fly/wave a flag, get/leave a mark 등 36개의 핵심 표현들을 꼼꼼히 학습한다.

Collocation at a Glance

Verb+Noun	Meaning	Verb+Noun	Meaning
give color	인상적으로 만들다	bear a logo	로고를 가지다
join the colors	입대하다	carry a logo	로고를 담다
show one's (true) colors	의견[입장]을 분명히 하다, 본성[개성]을 드러내다	unveil a logo	로고를 공개하다
fly a flag	깃발을 휘날리다	get a mark	표시를 얻다
hang out a flag	깃발을 게양하다	leave a mark	표시를 남기다
lower a flag	깃발을 내리다	make a mark	표시하다, 이름을 떨치다
wave a flag	깃발을 흔들다	take off a mark	표시를 없애다
alter form	모양을 바꾸다	have a pattern	패턴[양식, 무늬]이 있다
change form	모양을 바꾸다	design a pattern	패턴을 고안하다
take on (a) form	모양을 취하다	weave a pattern	패턴으로 짜다

print a pattern 패턴을 찍다	**have** a sign 표시가 있다
get a notice 주의를 받다	**exhibit** a sign 표시를 나타내다
issue a notice 주의사항을 발부하다	**recognize** a sign 표시를 인식하다
post a notice 주의사항을 게시하다	**show** a sign 표시를 보여주다
sound a warning 경보를 발하다	**bear** a symbol 상징을 가지다
give a warning 경고하다	**display** a symbol 상징을 나타내다, 전시하다
disregard a warning 경고를 무시하다	**decipher** a symbol 상징을 해독하다
bear a sign 표시를 나타내다	**interpret** a symbol 상징을 해석하다

Collocation in Use

give color 인상적으로 만들다

Effective use of collocations can *give color* to your writing or speaking.

콜로케이션을 효과적으로 이용하면 글쓰기와 말하기를 좀 더 인상적으로 할 수 있다.

join the colors 입대하다

After he returned from a journey around the world, he immediately *joined the colors*.

그는 세계 일주 여행에서 돌아온 뒤 바로 군에 입대했다.

show one's (true) colors 의견[입장]을 분명히 하다, 본성[개성]을 드러내다

Many students *show their colors* with tattoos.
많은 학생들이 문신으로 자신들의 개성을 드러낸다.

fly a flag 깃발을 휘날리다

The public square *flies a flag* high in the sky all through the year.
광장은 일년 내내 하늘 높이 깃발을 휘날린다.

hang out a flag 깃발을 게양하다

A group of people *hung out a flag* to celebrate the festival.
일군의 사람들이 축제를 축하하기 위해 깃발을 게양했다.

lower a flag 깃발을 내리다

The national *flag* was *lowered* when the annual memorial ceremony for the war dead was over.
전몰장병 기념식이 끝나자 국기가 내려졌다.

wave a flag 깃발을 흔들다

Spectators from different countries in the ski jumping stadium *waved* their own national *flags* to cheer up their national representatives.
여러 나라에서 온 스키 점프 경기장의 관중들은 자기 나라 대표선수들을 응원하기 위해서 자국 국기를 흔들었다.

alter form 모양을 바꾸다

Get this free legal *form*, and you may *alter* this to fit your business needs.
이 무료 법령 양식을 가져가세요. 사업 용도에 맞게 수정해도 됩니다.

change form 모양을 바꾸다

The moon *changes* its *form* gradually.

달은 점차 모양을 바꾼다.

take on (a) form 모양을 취하다

A chameleon *takes on* different *forms* in different surroundings.

카멜레온은 환경에 따라 다른 모습을 취한다.

bear a logo 로고를 가지다

People prefer products *bearing a* famous *logo*.

사람들은 유명 상표가 보이는 상품을 선호한다.

carry a logo 로고를 담다

The advertisement still *carried* the previous *logo* of the company.

그 광고는 여전히 회사의 이전 로고를 담고 있었다.

unveil a logo 로고를 공개하다

The cosmetics company *unveiled* its new *logo* at the department store.

그 화장품 회사는 백화점에서 새로운 로고를 공개했다.

get a mark 표시를 얻다

I don't know where I *got* this *mark*.

나는 이 표시가 어디서 났는지 모르겠어.

leave a mark 표시를 남기다

Ancient people *left* a number of abstract, geometrical *marks* on stones or in the caves.

고대의 사람들은 돌이나 동굴 안에 수많은 추상적, 기하학적 표시를 남겼다.

make a mark 표시하다, 이름을 떨치다

The scientific expedition team *made* several distinguishing *marks* on its routes in case of emergency.

그 과학 조사단은 위급 상황에 대비하여 지나온 길에 눈에 잘 띄는 표시를 해놓았다.

take off a mark 표시를 없애다

The clerk *took* the brand *mark off* the shirt, as soon as I paid the bill for it.

그 점원은 내가 계산을 하자마자 셔츠에서 상표를 떼어 냈다.

have a pattern 패턴(양식, 무늬)이 있다

Each individual person *has* his or her own particular *pattern* of habits and behaviors.

개인마다 자신만의 습관이나 행동 양식을 가지고 있다.

design a pattern 패턴을 고안하다

She *designed a* vintage, denim fabric *pattern*.

그녀는 데님 소재의 복고풍 도안을 디자인했다.

weave a pattern 패턴으로 짜다

The girl *weaved a* fish *pattern* on her jumper.

그 소녀는 자신의 점퍼에 물고기 패턴을 짜 넣었다.

print a pattern 패턴을 찍다

The young artist *printed an* exquisite *pattern* on the paper by silkscreen technique.

그 젊은 화가는 실크스크린 기법으로 종이에 이국적인 도안을 찍어냈다.

get a notice 주의를 받다

The illegal immigrants *got a notice* from the Immigration office.
불법 이주자들은 이민국으로부터 통지를 받았다.

issue a notice 주의사항을 발부하다

The college entrance exam board *issued an* important *notice* to test takers.
대학 입학시험 위원회는 수험생들에게 중요한 주의사항을 발부했다.

post a notice 주의사항을 게시하다

The school official has *posted a notice* about the school's upcoming annual reunion on the bulletin board.
학교 관계자는 게시판에 다가오는 학교 연례 동창회에 관한 공지를 게시했다.

sound a warning 경고 방송을 하다

The riot police *sounded a warning* to protesters to disperse immediately and began to break up the crowd.
시위 진압 경찰은 시위대에게 즉시 흩어질 것을 경고하고는 군중을 해산시키기 시작했다.

give a warning 경고하다

The evening weather report *gave a warning* of potential hazard from falling temperatures to campers on the mountain.
저녁 날씨 방송은 산에서 야영하는 사람들에게 기온 하강으로 인한 잠재적인 위험을 경고했다.

disregard a warning 경고를 무시하다

Only an idiot would *disregard a* tornado *warning*.
오직 바보만이 토네이도 경고를 무시할 것이다.

bear a sign 표시하다

Atmospheric change such as global warming and ozone layer depletion *bears a sign* of environmental crisis.

지구 온난화 및 오존층 감소와 같은 기상 변화는 환경 위기라는 표시를 나타낸다.

have a sign 표시하다

The construction place *has a* caution *sign* to warn passers-by and drivers.

그 건설 현장에는 통행인들과 운전자들에게 경고하는 주의 표지가 있다.

exhibit a sign 표시를 나타하다

The entrance door *exhibits a sign* that says "Staff Only."

그 출입문에는 '직원 전용' 이라는 표지가 적혀 있다.

recognize a sign 표시를 인식하다

It's somewhat difficult to *recognize the sign*.

그 표시를 인식하는 것은 다소 어렵다.

show a sign 표시를 나타내다

The abandoned house *shows* no *sign* of life.

그 버려진 집은 생명의 흔적을 전혀 보여주지 않는다.

bear a symbol 상징을 가지다

According to *The Da Vinci Code* written by Dan Brown, artworks of Leonardo Da Vinci *bear* pagan *symbols* quite a lot.

댄 브라운이 쓴 《다빈치 코드》에 따르면, 레오나르도 다 빈치의 예술 작품은 이교도적인 상징을 상당히 많이 포함하고 있다.

display a symbol 상징을 나타내다, 전시하다

The museum *displays* Nazi *symbols* to evoke in people's minds
the danger of political extremism.

그 박물관은 사람들에게 정치적 극단주의의 위험성을 일깨우기 위해 나치의 상징을 전시하고 있다.

decipher a symbol 상징을 풀다

Not until the Rossetta stone came to light did scholars find a way
to *decipher* ancient Egyptian *symbols*.

로제타석이 발견되고서야 학자들이 고대 이집트의 상징을 해석할 수 있게 되었다.

interpret a symbol 상징을 해석하다

It is hard to *interpret* this *symbol*.

이 상징을 해석하는 것은 어렵다.

Collocation Exercises

A. List 1의 동사와 List 2의 명사를 알맞게 연결하여 의미가 통하도록 문장을
완성하시오.

List 1	List 2
left	a big mark
sounded	a geometric pattern
took on	human form
unveiled	the new logo
wove	the warning

1. The company _____ _____ on the anniversary of their founding.

2. The red ink _____ _____ on my best shirt, but I don't know where the nearest washroom is.

3. The goddess fell in love with the man. She _____ _____ to approach him.

4. The police _____ _____ to the demonstrators in front of the National Assembly Building.

5. She _____ _____ on her jumper. It looked something like a gigantic ear.

B. 다음 문장의 빈칸에 들어갈 가장 적절한 표현을 고르시오.

6. In Egypt, many items _____ the dung beetle as a religious symbol. It represents the Sun God rolling the ball of the sun.
   (a) bear   (b) care
   (c) draw   (d) imagine

7. People _____ flags of different colors as the World Cup soccer team was passing by.
   (a) carried   (b) posted
   (c) chose   (d) waved

8. When I asked how to defeat Dracula, she _____ me the sign of a cross.

(a) caught   (b) changed

(c) imagined   (d) showed

9. The scientists group released the research that gives _____ to the controversy of evolution theory.

(a) color   (b) form

(c) hands   (d) marks

10. The Maritime Police _____ a formal notice warning ships to stay nearby in harbors.

(a) applied   (b) issued

(c) got   (d) told

C. 아래 문장을 영작하시오.

11. 난 꽃무늬가 있어서 그 치마가 좋아.

_____

12. 그는 벽에 '금연'이라고 쓰인 게시물을 붙였다.

_____

13. 그는 월드컵에서 이름을 떨칠 준비가 되어 있다.

_____

14. 내 의사는 지나친 운동의 결과에 대해 내게 경고했다.

_____

15. 각각의 국기는 그 나라의 상징을 보여준다.

_____

Collocations on
Direction and Movement

track 59

오늘은 route(길), departure(출발), advance(진전), direction(방향) 등과 같이 direction and movement에 관련된 핵심 어휘들과 콜로케이션을 살펴본다. follow/take a route, make/hasten a departure, make/halt an advance, show/change direction 등 42개의 핵심 표현들을 꼼꼼히 학습한다.

Collocation at a Glance

Verb + Noun	Meaning	Verb + Noun	Meaning
take a direction 방향을 취하다		make progress 진보하다, 나아지다	
change direction 방향을 바꾸다		slow progress 진행 속도를 늦추다	
show direction 방향을 가르쳐 주다		accelerate progress 진행 속도를 높이다	
face in a direction 방향으로 향해 있다		monitor progress 진척을 확인하다	
lack direction 방향성이 없다		chart progress 진척을 도표에 나타내다	
follow a route 길을 따라가다		gather pace 속도를 높이다	
take a route 길을 취하다		increase pace 속도를 올리다	
choose a route 길을 선택하다		quicken pace 속도를 빠르게 하다	
turn off a route 옆길로 들어가다		maintain pace 속도를 유지하다	
plan a route 행로를 계획하다		make a retreat 후퇴하다	

cover a retreat
퇴로를 보호하다, 엄호하다

lead a retreat
후퇴를 이끌다

order a retreat
철수를 명령하다

block a retreat
후퇴를 막다

change course
방향을 바꾸다

set a course
길을 정하다

follow a course
길을 따라가다

take a course
길을 택하다, 강습을 받다

make an advance
앞으로 나아가다

halt an advance
진행을 멈추다

resist an advance
진행에 저항하다

stop an advance
진행을 멈추다

find one's way
길을 찾다

lose one's way
길을 잃다

ask about the way
길에 대해 묻다

point the way
길을 가리키다

make a departure
출발하다

hasten a departure
출발을 서두르다

delay departure
출발을 연기하다

make one's return
되돌아오다

delay one's return
귀환을 연기하다

await someone's return
누구의 귀환을 기다리다

Collocation in Use

take a direction 방향을 취하다

The telephone company's rate plan *took a* new *direction* for better customer oriented service.
그 회사의 요금 정책은 보다 나은 고객 지향적 서비스를 위해 새로운 방향을 정립했다.

change direction 방향을 바꾸다

He found a perfect fishing spot where the river *changed direction*.

그는 강이 방향을 바꾸는 곳에서 완벽한 낚시 장소를 발견했다.

show direction 방향을 가르쳐 주다

They only *show* us which *direction* we need to go.

그들은 단지 우리에게 어느 방향으로 가야 할지 보여준다.

face in a direction 방향으로 향해 있다

She *faces in the direction* of the violinist.

그는 바이올린 연주자로 방향을 정했다.

lack direction 방향성이 없다

You're talented, but you *lack direction*.

너는 재능은 있는데 방향성이 없어.

follow a route 길을 따라가다

The bus *followed a route* down the highway.

그 버스는 고속도로를 따라갔다.

take a route 길을 취하다

I suggest we *take* another *route*.

나는 우리가 다른 길을 택해야 된다고 생각해.

choose a route 길을 선택하다

Update your car navigation system and *choose* the shortest *route* possible.

자동차 내비게이션 장치를 업데이트해서 가장 가까운 길을 선택하세요.

turn off a route 옆길로 들어가다

Turn off route 30 in downtown, and drive south toward the general hospital.

시내에서 30번 길로 빠져서 종합병원 방면으로 남쪽으로 운전해 가세요.

plan a route 행로를 계획하다

The thief carefully *planned* his escape *route*.

그 도둑은 주의 깊게 도주로를 계획했다.

make progress 진보하다, 나아지다

Are you *making* any *progress* at all?

너는 조금이라도 나아지고 있니?

slow progress 진행 속도를 늦추다

It may have *slowed* his *progress* down.

그것이 그의 일 진행 속도를 늦췄던 것 같다.

accelerate progress 진행 속도를 높이다

The purpose of the workshop is to *accelerate progress*.

그 워크숍의 목적은 진행 속도를 높이는 것이다.

monitor progress 진척을 확인하다

I've been *monitoring* your *progress*.

나는 너의 일의 진행을 계속 확인하고 있어.

chart progress 진척을 도표에 나타내다

The school committee created an assessment model to *chart progress* on students' achievement.

그 학교 위원회는 학생들의 성취도 향상을 표기할 수 있는 평가 모델을 개발했다.

gather pace 속도를 높이다

Scientific research in this field is likely to *gather pace* in the near future.

이 분야의 과학적 연구는 가까운 미래에 가속될 것 같다.

increase pace 속도를 올리다

She *increasesd* her *pace* and started walking rapidly.

그녀는 속도를 올려 재빠르게 걷기 시작했다.

quicken pace 속도를 빠르게 하다

I *quickened* my *pace*.

나는 속도를 올렸다.

maintain pace 속도를 유지하다

The top five marathon runners *maintained* a fast *pace* from the start.

상위 다섯 명의 마라톤 주자들은 처음부터 빠른 속도를 유지했다.

make a retreat 후퇴하다

The runaway soldiers *made a* hasty *retreat* to the exit.

그 탈영병들은 급히 비상구로 도망갔다.

cover a retreat 퇴로를 보호하다, 엄호하다

The police shot bullets to *cover* their *retreat*.

경찰은 퇴로를 엄호하기 위해 총을 쐈다.

lead a retreat 후퇴를 이끌다

The lieutenant *led a* quick *retreat* from the front line.

그 중위는 전선에서의 빠른 후퇴를 이끌었다.

order a retreat 철수를 명령하다

He was forced to *order a retreat*.

그는 철수를 명령 받았다.

block a retreat 후퇴를 막다

A tall warrior *blocked* their *retreat*.

키가 큰 전사가 그들의 후퇴를 막았다.

change course 방향을 바꾸다

On receiving the scout's report about obstacles on the road, the commander ordered his troops to immediately *change course*.

척후병의 도로상의 장애물에 대한 보고를 받자마자, 그 지휘관은 부대에게 즉시 경로를 바꾸도록 명령했다.

set a course 길을 정하다

The nation's economy policy *set a* new *course* to promote mutual cooperation with the EU.

그 나라의 경제 정책은 유럽연합과의 상호 협력을 증진시킨다는 새로운 방침을 정했다.

follow a course 길을 따라가다

The motorcycle race *follows a course* up the hill.

그 오토바이 경주는 언덕 위로 향하는 코스를 따라 진행된다.

take a course 길을 택하다, 강습을 받다

The baby swallowed a button, but the doctor told the mother, "just let nature *take its course*."

아기가 단추를 삼켰는데, 의사는 아기엄마에게 '그냥 배설물로 나오도록 내버려두라' 고 말했다.

make an advance 앞으로 나아가다

The fierce dog *made advances* towards him.

그 사나운 개는 그를 향해 앞으로 나아갔다.

halt an advance 진행을 멈추다

This new vaccine is expected to *halt advances* of the flu virus.

이 새로운 백신은 독감 바이러스의 진행을 멈추게 할 것이라고 기대된다.

resist an advance 진행에 저항하다

The heavy bombardment on the battlefield couldn't *resist the advance* of enemy troops.

전장에 가해진 엄청난 폭격도 적군의 전진을 막아 낼 수 없었다.

stop an advance 진행을 멈추다

The UN has taken measures to *stop* the scientific *advance* of the country towards creating a nuclear bomb.

UN은 핵폭탄 개발을 향한 그 나라의 과학적 진보를 막기 위해 조치를 취해 왔다.

find one's way 길을 찾다

They easily *found their way* to the museum.

그들은 박물관으로 가는 길을 쉽게 찾았다.

lose one's way 길을 잃다

If I *lost my way*, would you stand with me?

내가 길을 잃으면, 나와 함께 있어 주겠어요?

ask about the way 길에 대해 묻다

I *asked about the* quickest *way* to the pub.

나는 선술집으로 가는 가장 빠른 길을 물었다.

point the way 길을 가리키다

The road sign *points the way* to the stadium.

그 도로 표지판은 경기장으로 가는 길을 가리키고 있다.

make a departure 출발하다

A group of horses, with their riders on their backs, *made a* noisy *departure*.

한 무리의 말이 기수를 등에 태운 채 소란스럽게 출발했다.

hasten a departure 출발을 서두르다

She *hastened* her *departure* from the hotel despite bad weather conditions.

그녀는 날씨가 안 좋은데도 호텔에서 떠나는 것을 서둘렀다.

delay departure 출발을 연기하다

We will *delay departure* of the cargo for a week due to technical problems.

우리는 기술적인 문제로 인해 그 화물의 출발을 일주일 늦출 예정입니다.

make one's return 되돌아오다

After long-term treatment for a car accident injury, I *made my return* to work.

자동차 사고로 오랫동안 치료를 받은 후, 나는 일터로 돌아왔다.

delay one's return 귀환을 연기하다

His fiancée *delayed her return* without a word.

그의 약혼녀는 아무런 말 없이 귀국을 연기했다.

await someone's return 누구의 귀환을 기다리다

The parents patiently *awaited the return of their son*.

그 부모는 참을성 있게 아들의 귀환을 기다렸다.

Collocation Exercises

A. List 1의 동사와 List 2의 명사를 알맞게 연결하여 의미가 통하도록 문장을 완성하시오.

List 1	List 2
delay	big advances
taken	the course
gather	departure
made	pace
monitor	the progress

1. Planes aren't allowed to land there before 6:00 am, which forced us to _____ our _____ from San Francisco.

2. The late 1940s saw the beginnings of recovery, which slowly began to _____ _____ into the next decade.

3. Students who have _____ _____ of Spoken English and have attained the required level are also admitted.

4. The School Board will _____ _____ of all schools and will hold them to similar exacting standards of performance.

5. Thanks to lower labor costs and improved production techniques, many Asian countries had _____ _____.

B. 다음 문장의 빈칸에 들어갈 가장 적절한 표현을 고르시오.

6. Jack's family _____ the return of his two sons.
   (a) awaited
   (b) changed
   (c) thought
   (d) made

7. Because his tour guide deceived him, he _____ his way at some point.
   (a) asked
   (b) followed
   (c) lost
   (d) set

8. The General was shot and severely injured, but he _____ the advance to continue.
   (a) made
   (b) stopped
   (c) planned
   (d) took

9. Unexpected inflation made markets _____ direction and stock investors became rattled.
   (a) lack
   (b) set
   (c) show
   (d) take

10. Though he loses his way, the male does not like to be advised of which _____ he should take.
   (a) arrival
   (b) departure
   (c) fact
   (d) route

C. 아래 문장을 영작하시오.

11. 우리 또한 옳은 방향으로 가고 있는 게 아닐지도 몰라.

_____

12. 그는 갑자기 50번 도로 출구를 빠져 나와 북쪽으로 달리기 시작했다.

_____

13. 그는 러시아 군대의 퇴로를 성공적으로 엄호했다.

_____

14. 그 교사는 학생들의 학습 진행 상황을 모니터하고 한 명 한 명의 프로필을 작성한다.

_____

15. 일반적으로 높은 온도는 화학적 반응의 속도를 증가시킨다.

_____

Collocations on Danger

오늘은 accident(사고), caution(주의), threat(위협), crisis(위기) 등과 같이 위험에 관련된 핵심 어휘들과 콜로케이션을 살펴본다. cause/prevent an accident, advise/exercise caution, make/pose a threat, face/overcome a crisis 등 32개의 핵심 표현들을 꼼꼼히 학습한다.

Collocation at a Glance

Verb + Noun	Meaning	Verb + Noun	Meaning
cause an accident 사고를 일으키다		face a crisis 위기에 처하다	
prevent an accident 사고를 예방하다		overcome a crisis 위기를 극복하다	
survive an accident 사고에서 살아남다		face danger 위험과 마주하다	
cause (an) alarm 놀람[불안]을 일으키다		pose danger 위험을 일으키다	
raise (an) alarm 경고하다, 경보를 울리다		see danger 위험(성)을 보다	
sound an alarm 경고하다, 경보를 울리다		bring (a) disaster 재난을 불러오다	
advise caution 주의를 당부하다		cause (a) disaster 재난을 유발하다	
exercise caution 주의 깊게 행동하다		avoid (a) disaster 재난을 피하다	
urge caution 주의를 촉구하다		survive (a) disaster 재난에서 살아남다	
create a crisis 위기를 초래하다		give protection 보호하다	

offer protection 보호하다	**need** shelter 보호(처)가 필요하다
provide protection 보호하다	**offer** shelter 보호처[피난처]를 제공하다
ensure safety 안전을 보장하다	**seek** shelter 피난처를 찾다
guarantee safety 안전을 보장하다	**make** a threat 위협하다
increase safety 안전성을 높이다	**pose** a threat 위협을 일으키다, 위협이 되다
improve safety 안전성을 향상시키다	**receive** a threat 위협을 받다

Collocation in Use

cause an accident 사고를 일으키다

High winds and heavy rains can *cause accidents*.

세찬 바람과 폭우는 사고를 일으킬 수 있다.

prevent an accident 사고를 예방하다

Find methods to *prevent an accident* from happening.

사고가 일어나는 걸 방지할 수 있는 방법을 찾아라.

survive an accident 사고에서 살아남다

The family *survived a* fatal *accident*.

그 가족은 치명적인 사고에서 살아남았다.

cause (an) alarm 놀람[불안]을 일으키다

Demographic changes *cause alarm* in Korea.

인구 변화는 한국사회에 불안을 야기한다.

raise (an) alarm 경고하다, 경보를 울리다

Scientists *raised alarm* about the cleanliness of the oceans.
과학자들은 바다의 청결함에 대해 경고했다.

sound an alarm 경고하다, 경보를 울리다

When a smoke detector *sounds an alarm*, sprinklers will operate.
연기 탐지기가 경보를 울리면, 살수기가 작동할 것이다.

advise caution 주의를 당부하다

Experts *advise caution* in using the tools.
전문가들은 그 도구를 사용하는 데 있어서 주의를 당부한다.

exercise caution 주의 깊게 행동하다

The movie director *exercised* great *caution* when handling controversial issues not to evoke harsh criticism.
그 영화감독은 논쟁적인 사안을 다룰 때 심한 비판을 불러일으키지 않으려고 신중을 기했다.

urge caution 주의를 촉구하다

Officials *urged caution* on unexpected roadway hazards.
공무원들은 도로상에서 벌어질 수 있는 뜻밖의 위험에 대한 주의를 촉구했다.

create a crisis 위기를 초래하다

The internet can *create a crisis* through cyber-terrorism.
인터넷은 사이버 테러리즘을 통해 위기를 초래할 수 있다.

face a crisis 위기에 처하다

No business wants to *face a crisis* in finance.
어떤 사업도 재정적인 위기에 봉착하는 것을 원하지 않는다.

overcome a crisis 위기를 극복하다

Countries with few natural resources require measures to
overcome potential oil *crisis*.

천연 자원이 거의 없는 나라들은 잠재적인 석유 위기를 극복하기 위한 조치를 필요로 한다.

face danger 위험과 마주하다

Keep contact with the emergency center in case you *face* some
kind of *danger* on the job.

작업 중에 위험에 처할 상황에 대비하여 긴급구호 센터와 연락을 유지해 두십시오.

pose danger 위험을 일으키다

Wildfires *posed danger* across the area.

들불은 그 지역 전체에 걸쳐 위험을 초래했다.

see danger 위험(성)을 보다

Those who suffered severe side effects from the medication can
see the *danger* of overdosing on medicines.

의약 처방의 심각한 부작용을 겪은 사람이라면 약품의 과다 복용이 지닌 위험성을 알 수 있다.

bring (a) disaster 재난을 불러오다

War will *bring disaster*.

전쟁은 재난을 가져올 것이다.

cause (a) disaster 재난을 유발하다

A virus may *cause a* worldwide *disaster*.

바이러스는 전 세계적인 재난을 유발할 수 있다.

avoid (a) disaster 재난을 피하다

He managed to *avoid disaster* while traveling.

그는 여행하는 동안 가까스로 재난을 피했다.

survive (a) disaster 재난에서 살아남다

Preparing today could help you *survive a disaster* tomorrow.

오늘 대비하는 것이 내일 재난에서 살아남게 도와줄 것이다.

give protection 보호하다

Keeping clean *gives* a person *protection* against all sorts of diseases.

청결을 유지하는 것은 모든 종류의 질병을 막아 준다.

offer protection 보호하다

The security solutions *offer protection* from ID theft.

그 보안 기술은 신분 도용을 막아 준다.

provide protection 보호하다

Improvement of construction site safety policies can *provide protection* for all workers and prevent accidents.

건설 현장의 안전 방침 개선은 노동자들을 보호할 수 있으며 사고를 예방할 수 있다.

ensure safety 안전을 보장하다

The coalition force made an official announcement to *ensure* the *safety* of civilians.

연합군은 시민의 안전을 보장하겠다는 공식 성명을 발표했다.

guarantee safety 안전을 보장하다

The parents association urged manufacturers to take measures to *guarantee* the *safety* of toy guns.

학부모 연합회는 제조업체들에게 장난감 총의 안전을 보장하기 위한 조치를 취하도록 촉구했다.

increase safety 안전성을 높이다

The newly set up surveillance cameras are expected to *increase* the *safety* of pedestrians on dark, narrow streets.

새로 설치된 감시 카메라는 어둡고 좁은 길에서 보행자의 안전을 증대시킬 것으로 기대된다.

improve safety 안전성을 향상시키다

They have embarked a new research in automotive design to *improve safety* and comfort for pregnant women.

그들은 자동차 디자인에 있어 임신한 여성들의 안전성과 편안함을 향상시키기 위한 새로운 연구에 착수했다.

need shelter 보호(처)가 필요하다

Everyone *needs shelter* to provide them with rest, warmth, and protection from harsh weather.

누구나 휴식과 온기 그리고 모진 날씨로부터의 보호를 제공해 줄 피난처를 필요로 한다.

offer shelter 보호처[피난처]를 제공하다

The ecological preservation area *offers shelter* for birds during the coldest months.

그 생태 보존 지역은 가장 추운 몇 달 동안 새들이 피난할 곳을 제공하고 있다.

seek shelter 피난처를 찾다

The homeless *seek shelter* from hurricanes at this time of year.

노숙자들은 연중 이맘때면 허리케인으로부터 피난할 곳을 찾는다.

make a threat 위협하다

The husband habitually *makes threats* of violence against his wife.

그 남편은 자기 부인에게 상습적으로 폭행 위협을 준다.

pose a threat 위협을 일으키다, 위협이 되다

The emission of toxic pollutants into the air and river can *pose a serious threat* to public health and the environment.

독성 오염 물질을 대기와 강으로 배출하는 것은 공중 보건과 환경에 심각한 위협이 될 수 있다.

receive a threat 위협을 받다

The prosecutor handling a corruption case *received* personal *threats* by telephone.

부정부패 사건을 맡고 있는 그 검사는 전화로 사적인 위협을 받았다.

Collocation Exercises

A. List 1의 동사와 List 2의 명사를 알맞게 연결하여 의미가 통하도록 문장을 완성하시오.

List 1	List 2
face	a death-threat
offered	a temporary emergency shelter
provides	the best protection
received	the alarm
sounded	the worst crisis

1. The activist recently _____ _____ from an extremist group, but she continued building up the movement.

2. The flood victims were _____ _____ and a small amount of relief supplies.

3. This sunblock cream _____ you _____ against sun damage while you're doing outdoor activities.

4. As soon as the security system _____ _____, the bank robbers tried to run away, but, they were arrested by the police.

5. Lifeguards are trained to take immediate steps even when they _____ _____. They are considered professionals.

B. 다음 문장의 빈칸에 들어갈 가장 적절한 표현을 고르시오.

6. The regular repair and maintenance of the building can guarantee and improve its _____.
(a) chance
(b) life
(c) safety
(d) warning

7. People all over the world are well aware of _____ posed by the arms race.
(a) the coziness
(b) the dangers
(c) the intimacies
(d) the lessons

8. The press reported that it was miraculous that anyone could _____ the terrible air disaster.

(a) face   (b) run

(c) suffer   (d) survive

9. The district public office introduced speed bumps on several points
   on the roads to _____ fatal car accidents.
   (a) cause   (b) follow
   (c) prevent   (d) urge

10. Diabetics should _____ extreme caution on diet; especially,
    they need to avoid sugar-rich food.
    (a) commit   (b) exercise
    (c) express   (d) want

C. 아래 문장을 영작하시오.

11. 많은 사고는 졸거나 술을 마신 운전자에 의해 야기된다.

_____

12. 긴급 상황시 이 구명 조끼의 사용에 주의를 요합니다.

_____

13. 테러는 국가 안보에 심각한 위협을 준다.

_____

14. 이 장비는 잠재적인 위험으로부터 보호해 준다.

_____

15. 정부는 신용카드사의 재정 위기를 극복하기 위한 제안서를 검토 중이다.

_____

Collocations on Aid and Cooperation

track 61

끝으로 support(지원), coalition(연합), cooperation(협력), encouragement(격려) 등과 같이 협력에 관련된 핵심 어휘들과 콜로케이션을 살펴본다. draw/receive support, create/join a coalition, demand/promote cooperation, offer/need encouragement 등 42개의 핵심 표현들을 꼼꼼히 학습한다.

Collocation at a Glance

Verb + Noun	Meaning	Verb + Noun	Meaning
draw support 지지를 끌어내다		draw comfort 위안을 끌어내다	
find support 지지를 찾다		seek comfort 위안을 구하다	
receive support 지지를 받다		take comfort 위안을 받다	
cut support 지원을 중단하다		have a partnership 제휴하다, 협력하다	
offer assistance 지원하다		enter into a partnership 제휴하다, 협력하다	
need assistance 지원이 필요하다		establish a partnership 협력 관계를 구축하다	
require assistance 지원을 필요로 하다		form a partnership 협력 관계를 형성하다	
expect assistance 지원을 기대하다		create a coalition 연합을 만들다	
seek assistance 지원을 구하다		form a coalition 연합을 구성하다	
bring comfort 위안을 가져오다		join a coalition 연합에 참여하다	

lead a coalition 연합을 이끌다	**seek a sponsor** 후원자를 구하다
promote cooperation 협력을 촉진하다	**attract a sponsor** 후원자를 끌어오다
need cooperation 협력이 필요하다	**get a sponsor** 후원자를 얻다
require cooperation 협력을 필요로 하다	**ask (for) advice** 조언을 부탁하다
demand cooperation 협력을 요구하다	**accept advice** 충고를 받아들이다
offer encouragement 격려하다	**follow advice** 조언을 따르다
need encouragement 격려가 필요하다	**ignore advice** 조언을 무시하다
require encouragement 격려를 필요로 하다	**offer guidance** 지침을 주다
draw encouragement 격려를 끌어내다	**provide guidance** 지침을 제공하다
receive encouragement 격려를 받다	**need guidance** 지침이 필요하다
collect a sponsor 후원자를 모으다	**seek guidance** 지침을 구하다

Collocation in Use

draw support 지지를 끌어내다

Family and friends are two main sources where we can *draw* wholehearted *support*.

가족과 친구는 우리가 진심 어린 지지를 끌어낼 수 있는 두 가지 주요 원천이다.

find support 지지를 찾다

The anti-globalization protest *found* little *support* for its effort at home.

세계화에 반대하는 그 시위는 국내에서는 노력에 대한 지지를 거의 얻지 못했다.

receive support 지지를 받다

Please contact us if you want to *receive* technical *support*.

기술적인 지원을 받으려면 우리에게 연락하십시오.

cut support 지원을 중단하다

There is a growing voice to urge the government to *cut support* for military solutions to political conflict.

정치적 갈등을 군사적으로 해결하려는 데 정부의 지원 중단을 촉구하는 목소리가 커지고 있다.

offer assistance 지원하다

Occasionally, you can help someone to achieve something higher than he or she initially expected, without any intention of *offering assistance* at all.

이따금 도와주려는 의도가 전혀 없었는데도, 당신은 누군가가 처음의 예상을 뛰어넘는 성취를 이루는 데 도움을 주기도 합니다.

need assistance 지원이 필요하다

I *need assistance* finding a wealthy husband. I am in search of a man to support me financially.

나는 부자 남편을 찾는 데 도움이 필요합니다. 재정적으로 나를 부양할 남자를 찾고 있어요.

require assistance 지원을 필요로 하다

Elderly persons *require assistance* with daily living.

노인들은 일상생활에서 도움을 필요로 한다.

expect assistance 지원을 기대하다

The town, devastated from a big flood, is *expecting* emergency *assistance* from outside communities.

큰 홍수로 황폐해진 그 마을은 외부 사회로부터 긴급 지원을 기대하고 있다.

seek assistance 지원을 구하다

The police are *seeking assistance* in solving a serial murder case.

경찰은 연쇄 살인 사건을 해결하기 위해 도움을 구하고 있다.

bring comfort 위안을 가져오다

I must *bring comfort* to her.

난 그녀에게 위안을 주어야 해.

draw comfort 위안을 끌어내다

He *draws comfort* from his lover's affection when he feels deep sorrow.

그는 깊은 슬픔을 느낄 때, 연인의 애정에서 위로를 얻는다.

seek comfort 위안을 구하다

I assume that she'd *seek* your *comfort*.

제 생각에는 그녀가 당신의 위로를 구할 것이라고 봅니다.

take comfort 위안을 받다

When you're just doing things wrong, you can *take comfort* in the thoughts that you can use your mistakes to work not against you, but for you.

만약 뭔가 일을 잘못하고 있다면, 당신은 실수를 자신에게 해가 되기보다는 이익이 되는 방향으로 사용할 수 있다는 생각에서 위안을 얻을 수 있습니다.

have a partnership 제휴하다, 협력하다

In today's competitive business environment, it's tough for a corporation to survive unless it *has a* strategic *partnership* with its business rivals.

오늘날의 경쟁적인 사업 환경에서, 기업이 경쟁사와 전략적으로 제휴하지 않으면 살아남기 힘들다.

enter into a partnership 제휴하다, 협력하다

The company announced today it has *entered into a* strategic *partnership* with its biggest rival.

그 회사는 오늘 최대 경쟁사와 전략적 제휴 관계를 맺었다고 발표했다.

establish a partnership 협력 관계를 구축하다

Major banks *established* mutual *partnerships* to improve profits.

주요 은행들은 수익을 개선하기 위해 상호협력 관계를 구축했다.

form a partnership 협력 관계를 형성하다

The owner of the shop wants *a partnership formed* by two or more persons with stable financial status.

그 상점 주인은 안정적인 재정 상태를 지닌 사람들 두어 명과 동업을 하길 원한다.

create a coalition 연합을 만들다

A group of congressmen has *created a* conservative *coalition*.

국회의원 한 집단이 보수 연합을 결성했다.

form a coalition 연합을 구성하다

The member states of the UN security council agreed to *form a* broad military *coalition* that can be sent immediately into conflict areas.

유엔 안전보장이사회 회원국들은 분쟁 지역에 신속하게 파견될 수 있는 광범위한 군사 연합을 구성하는 데 찬성했다.

join a coalition 연합에 참여하다

Join the National *Coalition* for sexual freedom!
성 해방을 위한 국민 연합에 가입하십시오!

lead a coalition 연합을 이끌다

The cross-party *coalition led* by the Progressive party launched an election campaign primarily focused on domestic issues.
진보당이 이끄는 연립 정당은 국내 문제에 주로 초점을 맞춘 선거 운동을 시작했다.

promote cooperation 협력을 촉진하다

Advocates of the screen quota system in Korea will host a meeting to *promote cooperation* in films.
한국의 스크린쿼터 체제를 옹호하는 사람들은 영화사 간의 협력을 촉진하기 위한 모임을 열 예정이다.

need cooperation 협력을 필요로 하다

I don't *need* your *cooperation*.
난 네 협력 필요 없어.

require cooperation 협력을 필요로 하다

Peacekeeping operations *require cooperation* between countries in a particular region.
평화 유지 활동은 특정 지역에 위치한 국가 간의 협력을 필요로 한다.

demand cooperation 협력을 요구하다

Prompt decision-making in a business *demands cooperation* among the unit.
기업에서의 신속한 의사 결정은 부서들 간의 협력을 요한다.

offer encouragement 격려하다

Linda *offered* him her support and *encouragement*.
린다는 그에게 지지와 격려를 보냈다.

need encouragement 격려가 필요하다

To grow up into maturity, we all *need encouragement*.
성숙하기 위해 우리 모두는 격려가 필요하다.

require encouragement 격려를 필요로 하다

Many Korean students *require encouragement* and practice to hone their English-language facility.
많은 한국 학생들은 영어를 능숙하게 하려면 격려와 연습을 필요로 한다.

draw encouragement 격려를 끌어내다

Religious people tend to *draw encouragement* from prayer to God.
종교적인 사람들은 신을 향한 기도에서 격려를 끌어내는 경향이 있다.

receive encouragement 격려를 받다

From the teacher's compliments and positive feedback, the students *received encouragement*.
교사의 칭찬과 긍정적인 피드백으로부터 학생들은 격려를 받는다.

collect a sponsor 후원자를 모으다

The sports club *collected* enough *sponsors* for its sports events.
그 스포츠클럽은 자신들의 스포츠 행사의 후원자를 충분히 모집했다.

seek a sponsor 후원자를 구하다

We're *seeking sponsors* for our baseball team.
우리는 우리 야구팀의 후원자를 구하고 있습니다.

attract a sponsor 후원자를 끌어오다

The oil exploration project has failed to *attract sponsors* to fund it.

그 석유 시추 계획은 자금을 대 줄 후원자를 모으는 데 실패했다.

get a sponsor 후원자를 얻다

Didn't you *get a sponsor* yet?

아직 후원자 못 구했어?

ask (for) advice 조언을 부탁하다

Tim went to him to *ask for* his *advice*.

팀은 조언을 구하러 그에게 갔다.

accept advice 충고를 받아들이다

You are too proud to *accept advice*.

넌 너무 거만해서 충고를 받아들이지 못하는 거야.

follow advice 조언을 따르다

Follow your manager's *advice*.

매니저의 충고에 따르십시오.

ignore advice 조언을 무시하다

Those who *ignore advice* from other people and do things as they please are likely to make trouble when they need to do a particular group work.

남들의 충고를 무시하고 자기 하고 싶은 대로만 하는 사람들은 특정한 집단 업무를 수행할 때 문제를 만들 소지가 크다.

offer guidance 지침을 주다

This book *offers* moral *guidance*.

이 책은 도덕적 지침을 준다.

provide guidance 지침을 제공하다

I need someone who can *provide guidance* and feedback for me.

난 나한테 지침과 피드백을 줄 수 있는 사람이 필요해.

need guidance 지침이 필요하다

She *needs* spiritual *guidance*.

그녀에게는 영적인 지도가 필요하다.

seek guidance 지침을 구하다

I came here to *seek* practical *guidance* on this course.

전 이 과정에 대한 실제적인 안내를 구하러 왔습니다.

Collocation Exercises

A. List 1의 동사와 List 2의 명사를 알맞게 연결하여 의미가 통하도록 문장을 완성하시오.

List 1	List 2
brought	the doctor's advice
receive	the cooperation
needs	great comfort
follow	little encouragement
promote	assistance

1. Whatever the cost, the patient was determined to _____

   _____.

2. I have suffered a huge financial loss and had a tough time lately.
   However, her encouragement _____ me _____ from
   all the difficulties.

3. The aim of the meeting is to _____ _____ between
   the two parties and to attract a huge following in the next election.

4. My brother had surgery last week; he still _____
   _____ from physicians when moving.

5. Students who _____ _____ from their teachers are
   likely to show poor performance.

B. 다음 문장의 빈칸에 들어갈 가장 적절한 표현을 고르시오.

6. Korea and Japan _____ a partnership to hold the 2002 World
   Cup and had remarkable success.
   (a) allied   (b) broke
   (c) established   (d) took

7. Don't ask me to take your side. You won't be able to _____
   any support from your friends for such an absurd claim.
   (a) assist   (b) find
   (c) need   (d) offer

8. The "Stop the War" coalition _____ by an anti-war organization
   provides information on peace events and related issues.

(a) discussed   (b) led

(c) presented   (d) restricted

9. The following website offers more detailed _____ on maintaining this laptop.

   (a) exception   (b) experiments

   (c) guidance   (d) safety

10. After exposing bribes of the media conglomerate for politicians, the newspaper had difficulty in _____ sponsors for financial aid.

   (a) attracting   (b) borrowing

   (c) providing   (d) showing

C. 아래 문장을 영작하시오.

11. 학생회는 다음 달에 있을 자선 경매를 위해 후원자를 모집하고 있다.

12. 너는 이 문제를 성급히 결론 내리기 전에 전문가로부터 지침을 구해야만 한다.

13. 내 의견은 동료들로부터 강한 지지를 얻었다.

14. 그는 동료들의 충고를 무시하더니 일을 망쳐 버렸다.

15. 어린아이의 인격 성장은 오랜 기간 부모의 격려를 필요로 한다.

(1-5) 다음 괄호 안에 공통적으로 들어갈 동사를 보기에서 고르시오.

do(did)	**get(got)**	**show(showed)**	**find(found)**
give(gave)	**make(made)**	**hold(held)**	**keep(kept)**
take(took)	**have(had)**		

1 Some people _____ a bias for lawyers.

We gathered here to _____ international solidarity against racism.

They _____ their anger with their writing.

2 The state will _____ an election to organize an interim government.

The Lions _____ the soccer championship title.

We _____ a strong belief that the Korean market will come back.

3 It is a good habit to _____ a journal every day.

We should send troops to _____ the peace in the region.

You'd better _____ your promises.

4 His last goal _____ the final score to 3-2.

I _____ the maximum number of subjects last semester.

She showed me photos of all the children that she _____ care of.

5 He _____ me a promise when he was in the hospital that he would regain his health.

The anti-war movement _____ enemies of conservative groups.

Thanks to lower labor costs and improved production techniques, many Asian countries had _____ big advances.

(6-10) (A)와 (B)를 알맞게 연결하여 문장을 완성하시오.

(A)	(B)
6. I couldn't make him	(a) express their opinion in public. However, some of them are really good at private communication.
7. I have to	(b) download the program. I cannot watch the video clip on my computer.
8. Shy people are reluctant to	(c) face the worst crisis. They are considered professional.
9. Not a few women have been working to	(d) stop the prevalent practice of family violence, but it is increasing year by year.
10. Lifeguards are trained to take immediate steps even when they	(e) understand the bottom line. He was a complete idiot when it came to accounting.

(11-15) 의미가 잘 통하도록 적절한 표현을 아래에서 찾아 문장을 완성하시오.

> **inflict emotional pain**
>
> **gain independence**
>
> **promote the cooperation**
>
> **prepare his doctoral dissertation**
>
> **have honor**

11. The aim of the meeting is to _____ _____ between the
two parties and to attract a huge following in the next election.

12. Can you _____ _____ and act dishonestly?
Remember that honor and honesty are closely related.

13. He was a full-time student in a Ph.D. course. However, because of
financial difficulties, he had no choice but to _____
_____ while making money as a train worker.

14. Please keep in mind that your selfish action may _____
_____ on others.

15. In the end, he had no choice but to move away from home in order
to _____ _____ from his parents.

(16-20) 다음 해석을 보고 빈칸을 알맞은 콜로케이션으로 채우시오.

16. He _____ _____ _____ after his girlfriend got
fired from the bank. (그는 여자 친구가 은행에서 해고당한 후 그의 계좌를 해지했다.)

17. Only the intelligence source has the program to _____
_____ _____.
(단지 정보원만이 이 암호를 풀 수 있는 프로그램을 가지고 있다.)

18. They _____ _____ _____ against the Mafia, but
the Mafia didn't care what they did at all. (그들은 마피아에 대항한 연합을 형
성했다. 하지만 마피아는 그들이 한 일에 대해 전혀 신경쓰지 않았다.)

19. His goal _____ _____ _____ to 3-2. The
stadium was filled with excitement.

(그의 골로 점수는 3 대 2가 되었다. 경기장은 흥분의 도가니였다.)

20. He _____ _____ _____ after he wrote his
doctoral dissertation. (그는 박사 학위 논문을 쓰고 전공을 바꾸었다.)

DAY 01　DO ❶

1. business, 에드워드는 사업을 같이 할 만한 사람이 못 된다. 그의 상점들은 세 번이나 부도를 당했다.

2. overtime, 그 간호사는 일주일에 거의 세 시간 시간외 근무를 했다. 그녀는 집에 오면 늘 녹초가 되었다.

3. research, 그는 다국적 기업에 관한 연구를 진행하고 있다. 그는 그의 연구 결과가 세상을 놀라게 할 것
이라고 말한다.

4. job, 그녀의 육체적 약점에도 불구하고 그녀는 대단한 일을 해냈다. 우린 정말 감명 받았다.

5. activities, 몇몇 학교에서는 학생들이 졸업을 위해 학과외 활동을 할 필요가 있다.

6. experiment, 급우들과 실험을 했다고 해도 자신의 언어로 표현된 개인 보고서를 제출해야만 한다.

7. service, 지금은 남자만이 군 복무를 해야 한다. 그런데 여자들이 평등을 주장하고 있다. 그렇다면 여자
도 군 복무를 해야 하는가?

8. assignment, 숙제를 당신이 직접 하지 마세요. 그것은 당신의 숙제가 아닙니다. 당신 아이의 숙제입
니다.

9. trade, 세계 경제에 대해 공부하는 것과 실제 무역을 하는 것은 별개의 문제다.

10. work, 그들은 새로운 쇼핑몰을 위한 건설 작업을 할 회사들을 찾고 있다.

11. We are doing research on Korean traditional dance.

12. He did his assignment while smoking.

13. The state requires all men to do three years' military service.

14. I don't think he did a great job. He was just lucky.

15. You would rather focus on one thing than do a lot of businesses at one time.

DAY 02　DO ❷

1. exercise, 요가 외에 다른 운동을 하는 것이 좋을 것 같습니다.

2. drugs, 중독자들이 마약을 끊는 가장 좋은 방법 중 하나는 상담과 치료를 받아 보는 것이다.

3. food, 우리는 파티 음식을 위해 음식 조달업체에 전화했다.

4. article, 나는 한국 문화에 관한 논문을 하나 쓸 계획이다.

5. nails, 더욱 패션 감각 있게 보이려면, 너의 손톱을 빨간색으로 칠해라.

6. something, 아버지는 늘 나를 짜증나게 하는 일을 하신다.

7. hair, 나는 그녀가 머리를 다듬는 방식이 스타일이 항상 독특해서 좋다.

8. laundry, 그녀가 빨래를 할 때 비누 넣는 것을 잊을지도 모른다.

9. favor, 나는 그에게 어떻게 감사해야 할 지 모르겠다. 그는 내가 도움을 필요로 할 때 나에게 커다란 호의를 베풀었다.

10. dishes, 그그가 우리에게 음식을 해주었으므로 나는 설거지하기를 자청했다. 나는 요리를 끔찍하게 못하기 때문에 이건 괜찮은 분업이었다.

11. Do your nails before and after the trip.

12. I love the way he does things in a quiet way.

13. If you want to express yourself, try doing an article.

14. He started doing drugs when his two sons died in a tragic car accident.

15. Many husbands say that they "help their wives do the laundry." But it is their own job.

DAY 03 DO ❸

1. honor, 졸업식에 대통령을 모시게 된 것은 우리에게 커다란 영광입니다.

2. reverse, 첫 번째 문으로 들어가시고 다음에 두 번째 문으로 들어가세요. 나가실 때는 반대로 하시면 됩니다.

3. injustice, 문화와 교육을 분리하는 것은 소수 민족에게 부당한 일이다.

4. translation, 내 친구들 중 하나는 직업으로 프랑스어를 영어로 번역한다.

5. sum, 이거 암산으로 할 수 있어? 1부터 100까지의 모든 수를 다 더해 봐.

6. trick, 만약 게임에서 이기고 싶다면 공격만 가지고는 되지 않을 것이다.

7. evil, 만약 네가 누구에게 해를 입힌다면 다시 되돌려 받을 것이다.

8. arrangement, 우리는 우리가 만들어 드린 음악을 편곡해 드릴 수도 있습니다.

9. thinking, 그는 나에게 학생들이 비판적 사고를 하도록 만들 수 있을까에 대해 질문했다. 그는 학생들로 하여금 주어진 내용을 그저 받아들이기 보다는 다양한 관점을 가질 수 있게 할 수 있을지에 대해 관심을 가져왔다.

10. calculation, 그는 계산을 그렇게 잘하는 것은 아니지만, 수학 영재이다.

11. I can do evil either with my head or my heart.

12. It is a teacher's duty to encourage students to do the thinking and talking.

13. If you want to run faster than your brother, this book might do the trick.

14. Many institutions still do injustice to people with disabilities.

15. Why don't you try doing the reverse? I guess the problem will be more easily resolved.

DAY 04 FIND ❶

1. mate, 그는 서른세 살이었고 이제 영혼의 반쪽을 찾을 만큼 나이가 들었다고 생각했다.
2. alternative, 우리는 당장 대안을 찾아야만 한다. 그렇지 않으면 사장의 지시를 따르는 것 외에 다른 도리가 없다.
3. ally, 내 말 잘 들어. 넌 세상에 적이 너무 많아. 만약 네 편을 찾을 수 없다면 만들어야 해.
4. volunteer, 우리는 지역 신문에 비정부기구 활동을 위한 자원봉사자를 구하는 광고를 냈다.
5. occupation, 그 회사에서 직업을 얻으려면 능력을 보여 주어야만 한다.
6. sponsor, 그 화가는 재산이 많은 스폰서를 만나 명성 있는 메트로폴리탄 박물관에서 그녀 자신의 전시회를 열 수 있었다.
7. survivors, 그들은 화재에서 20명의 생존자를 발견했다.
8. replacement, 우리는 그에 대한 대체 인력을 찾아볼 필요가 있다. 그는 다음 주에 그만둘 예정이다.
9. culprit, 그 방에 있던 전화기의 지문은 경찰에게 범인을 찾아내는 데 결정적인 단서를 제공했다.
10. recruits, 특수부대에서 일할 신병을 찾는 것은 점점 더 어려워지고 있다. 대부분의 젊은이들은 야전에서 일하는 것보다 행정 업무를 하는 것을 선호한다.
11. He had a Ph.D. in Natural Science, so he had no difficulty in finding an occupation in the research industry.
12. The president has to find a replacement for the Prime Minister by next week.
13. The company tried to find an alternative for the order to recall its cars.
14. The police failed in finding the culprit. In fact, he was hiding inside a toilet in the police station.
15. One of the most important roles of the personnel department is to find recruits.

DAY 05 FIND ❷

1. salvation, "어떤 이들은 돈과 명예에서 구원을 찾는 것 같습니다. 하지만 인간이 만든 것은 우리를 구원할 수 없습니다."라고 목사는 말했다.
2. nerve, 그 순간 다윗과 골리앗의 이야기가 머리를 스쳐 갔다. 그는 용기를 내어 자기를 놀려대던 고학년 학생들에게 맞섰다. 결과는? 당연히 그는 두들겨 맞았다.
3. happiness, 다양한 복지 정책은 사람들로 하여금 행복을 찾고 자기실현을 달성할 수 있도록 돕기 위해 수립된다.
4. satisfaction, 그는 '잘하는 것' 보다는 '완벽하게 하는 것' 에서 만족을 찾는 유형의 사람이다.
5. comfort, 난 어려움에 빠질 때마다 종교에서 위안을 찾았다. 하지만 그녀는 그것은 단지 자기기만일 뿐

이라고 말했다.

6. courage, 두려움을 이기기 위한 가장 좋은 방법은 무엇인가? 그것은 네 자신 안에 있는 용기를 찾아내는 것이다.

7. relief, 그녀는 자신의 아들 사진들을 보는 것에서 위안을 찾을 수 없었다. 아들은 영영 가 버렸고 아무도 그를 다시 데려올 수는 없었다.

8. peace, 이 세계는 고통으로 가득 차 있다. 하지만 우리는 명상과 영적 대화들에서 평화를 찾을 수 있다.

9. inspiration, 그는 그의 판타지 소설에 대한 영감을 고대 신화들로부터 찾았다.

10. forgiveness, 그 가해자는 죽은 희생자로부터 용서를 구할 수 없었다. 이것은 그로 하여금 오랫동안 죄의식에 시달리게 만들었다.

11. He used to find his musical inspiration from Korean art.

12. She couldn't find true happiness in making money.

13. The mother tried to find relief in looking at the picture of her dead daughter.

14. The man failed in finding the nerve to talk back to his boss.

15. It is better to find salvation in the lotto than in politics.

DAY 06 FIND ❸

1. pretext, 주(州)는 그 집을 수색할 만한 구실을 찾기 위해 노력했다. 하지만 그것은 정말 어처구니없는 것이었다.

2. explanation, 첨단 기술이라고 할지라도 경이로운 이집트의 피라미드 건축에 대한 적절한 설명을 해 낼 수 없다.

3. discrepancy, 내가 찾은 두 문서 사이의 차이점을 설명해 줄 수 있겠니? 두 문서가 똑같아야 하는데 다르네.

4. flaw, 너의 단점을 점검하지 않고 다른 사람들의 단점을 찾아내려 노력하지 마라.

5. precedent, 우리는 이런 종류의 프로젝트에 대한 선례를 찾을 수 없었다. 우리가 출발선에서 시작해야 한다는 뜻이다.

6. meaning, 인생에서 의미를 찾고 싶니? 그렇다면 넌 독서를 많이 하고, 여행을 자주 하며, 너에게 영감을 주는 일을 해야만 해.

7. information, 그 스파이는 비밀 조직으로부터 기밀 정보를 입수하는 데 성공했다.

8. clue, 그 도둑은 너무나도 주도면밀해서 형사는 그가 범죄를 저질렀다는 그 어떤 단서도 찾을 수 없었다.

9. evidence, 그 박사과정 학생은 그의 지도교수가 제시한 가설에 반대되는 증거를 찾았다. 하지만 그는 그것을 출판하지 않았다.

10. relationship, 그의 연구는 우리가 어떤 사람의 문화적 배경과 작문에서 주제를 전개하는 방법에 있어서 강한 관련성을 찾을 수 있다는 것을 보여준다.

11. The hacker was not able to find any discrepancy between the two files.

12. People have tried to find the meaning of life in philosophy and religion for thousands of years.

13. The United States found what they believed to be a plausible pretext of WMD (weapons of mass destruction) for attacking Iraq.

14. He found an important clue in the book. Some of the letters had been highlighted.

15. As we couldn't find a similar precedent, we had to start from scratch.

DAY 07   GET ❶

1. last word, 그 완고한 사람은 결코 다른 사람들로 하여금 최종적인 결정을 하도록 하지 않았고, 논쟁은 합의에 도달하는 데 실패했다.

2. approval, 신청서를 완벽하게 구비해서 제출하면 승인을 받는 데 얼마나 걸릴까요?

3. apology, 죽은 소년의 부모는 운전자의 사과를 받았다.

4. chance, 첫인상을 만들 기회는 오직 한 번입니다.

5. benefit, 만약 살을 빼기 위해 식이요법으로 효과를 얻길 원한다면 너의 음식의 성분에 대해 정확히 알아야 할 것이다.

6. access, 관리자들이 너에게 허가를 내주기 전까지는 제한된 웹 커뮤니티에 접근할 수 없다.

7. sentence, 그는 사람에게 발포한 혐의로 5년형을 받았다.

8. edge, 아직 좋지 않은 경제 사정 속에서 점점 더 많은 구직자들이 경쟁자들에 대한 강점을 얻기 위해서 성형외과 의사들을 찾고 있다.

9. exposure, 글을 잘 쓰기 위해서는 다양한 장르의 글을 충분히 접하는 것이 필요하다.

10. guarantee, 매니저로부터 승진할 거라는 보장을 받은 후, 그는 회사에 남기로 결심했다.

11. Currently, the terrorists' activities in the Middle East are getting a lot of exposure in the press.

12. Though you never get a guarantee to win, you should fight on the side of justice.

13. After a long period of war, the country got an edge over the enemy.

14. He gets access to the secret library, but he is illiterate.

15. He got an approval from his boss, but he couldn't go on a leave for he had no money.

DAY 08   GET ❷

1. point, 너는 정말 요점을 파악하지 못하고 있어. 제일 단순한 것을 이해하는 데 얼마나 걸리는 거니?

2. feeling, 네 눈을 처음으로 보았을 때, 난 바로 우리가 이미 만난 적이 있다는 느낌을 받았어.

3. taste, 참여적 관찰과 면밀한 대화 분석이 민족과 문화를 진정으로 맛볼 수 있는 가장 좋은 방법일 지도 모른다.

4. joke, 다른 사람들은 다 마구 웃는데 꼭 농담을 못 알아듣는 사람이 하나 있다.

5. idea, 내가 곧 이사 갈 거라는 생각은 어디에서 난 거냐?

6. answer, 난 네가 답을 얻었다고 생각하지 않아. 결론을 내기 전에, 잠시 멈추고 그게 이치에 맞는지 다시 한 번 생각해 보렴.

7. impression, 깔끔하고 가독성 좋은 이력서는 고용주로 하여금 당신이 정말 진지하게 일을 찾고 있다는 인상을 준다.

8. hang, 내가 열네 살의 나이에 베이스 연주 요령을 익혔을 때 난 그룹들과 전국에서 연주하기 시작했다.

9. grasp, 그의 회피하는 듯한 어정쩡한 대답으로 인해 이 상황을 온전히 이해하는 것이 어려웠다.

10. perspective, 당신의 글쓰기 과정을 새로운 관점에서 바라본다면, 글이 막히는 순간을 좀 더 쉽게 벗어날 수 있을 것이다.

11. I found that this was an excellent book to get a good grasp of English.

12. When you reach maturity, you get a different perspective on life.

13. When I saw her for the first time, I got the impression that she was a kind person.

14. It is painful but pleasant to get the hang of playing drums.

15. He always says that he got the point but makes mistakes over and over again.

DAY 09   GET ❸

1. hiccups, 누군가가 내 윗옷 주머니에 개구리를 넣어 놓았다. 그것을 발견하자마자 나는 너무나도 놀라서 한 시간 동안 딸꾹질을 했다.

2. results, 우리는 그 제품에 많은 노력을 기울였고 좋은 결과를 얻었다. 우린 큰돈을 벌었다.

3. shots, 그는 대담하게도 카메라를 꺼내서 폭풍이 자신에게 다가올 때 그것을 몇 장 찍었다.

4. grades, 몇몇 학생들은 명백히 다른 학생들의 것만큼 좋지 않은 작품을 제출함으로써 좋은 학점을 받는다.

5. job, 업무 경험, 긍정적 태도, 그리고 좋은 커뮤니케이션 기법들이 당신이 종신 정규직을 얻을 수 있게 해 준다.

6. leave, 아직 휴가 좀 남아 있니? 그렇다면 나랑 낚시 여행 가는 건 어때?

7. liking, 이번엔 정말 그녀가 나에게 호감을 가지기 시작했어. 선물이 정말 효과가 있었다고.

8. promotion, 나는 남들만큼 열심히 일했지만 결코 승진하진 못했다. 다른 직장을 알아볼 예정이다.

9. score, 추가 비용을 지불하면, 논평이 첨부된 글쓰기 성적을 받아볼 수 있습니다.

10. name, 그 정치인은 신문에 자기 이름이 나기를 바란다.
11. The director got a good name for directing the hit movie.
12. He got the highest score on the test.
13. She refused to get a sick leave and went on working.
14. It is really embarrassing to get hiccups in front of the prime minister.
15. He got depressed because he didn't get a promotion.

DAY 10 GIVE ❶

1. look, 1987년 선거에 대한 논문은 이전에 거의 알려지지 않았던 정치적 사건들을 살펴보고 있다는 이유로 커다란 흥미를 불러일으키는 것으로 보인다.
2. chase, 순찰선이 추격을 했고 3,000킬로미터의 경주가 이어졌다. 때로는 두 보트의 간격이 1,000미터도 되지 않았다.
3. eye, 그 아름다운 여성은 행인들이 그녀에게 추파를 던질 때 그저 이를 드러내고 웃으며 손을 흔들었다.
4. cue, 책을 읽을 수 있을 만큼 밝은 전구를 사용해라. 밝은 빛은 뇌에 일어날 시간이라는 암시를 준다.
5. hand, 이번 토요일에 그들이 이사를 왔다. 그래서 나는 인사를 건네고 그들이 몇 개의 커다란 짐들을 옮기는 것을 도와주었다.
6. details, 이 페이지는 우리가 속한 배드민턴 리그들에 대해 자세한 설명을 해 주고 있다.
7. ring, 사무실에 돌아오면 너에게 전화할게.
8. birth, 그 여성은 임신 촉진제를 이용하여 다섯 쌍둥이를 낳았다.
9. boost, 선행 하나가 당신의 명성을 크게 증진시킬 수 있다.
10. view, 이 망원경은 다른 어떤 망원경보다 경치를 더 잘 볼 수 있게 해 줄 것입니다.
11. Since the American woman moved in, my husband has been giving her the eye.
12. The article seems to give women the cue that using a sperm bank is the best way to treat infertility problems.
13. A hapless young man gave chase after my beautiful but fickle granddaughter.
14. He gave a boost to the local community by establishing a village symphony.
15. He gave details on early language education based on his point of view on critical period.

DAY 11 GIVE ❷

1. account, 클라크는 해명을 하게 되면 비밀 신분이 드러나기 때문에, 할 수 없이 그 소동이 가라앉을 때

까지 감옥에 가야 한다.

2. alibi, 피의자는 알리바이를 제시해야 했지만, 침묵을 지키고 있었다.

3. odds, 나는 대략 20 대 1의 내기까지 걸었다. 다시 말하자면, 그가 사무실에 남아 있으면 그들이 1달러를 잃고, 그가 정시에 떠나면 내가 그들에게 20달러를 주는 것이다.

4. voice, 그 후로 10년이 흘렀다. 그동안 줄곧 난 그토록 오래 마음속에 담아 두었던 말을 꺼낼 용기를 얻지 못했다.

5. example, 대부분의 회원이 뇌에 손상을 입은 사람들과 그 가족으로 이루어진 뇌손상협회에서 그는 뛰어난 성과를 보여 준 예가 되었다.

6. comfort, 그를 땅에 묻은 뒤, 목사는 방문자들에게 위로의 말을 건넸다.

7. total, 1900~1910년 목록을 보면 모두 합쳐 302건이 기재되어 있다.

8. evidence, 국제사면위원회가 작성한 이 보고서는 국가보안법이 인권을 침해하고 있다는 증거를 제시하고 있다.

9. instruction, 운전연습 기간 동안, 나는 일정한 속도로 달리라는 지시를 받았다.

10. demonstration, 이것들을 어떻게 조립하는지 한번 시범을 보여주시겠어요?

11. I couldn't even find the courage to give comfort to those with a brain injury.

12. Give me an account of why you were forced to give them 20 dollars.

13. She gave her students instructions to read the textbook aloud.

14. We should give voice to immigrant workers who are suffering from miserable conditions.

15. The boy gave an alibi that he had been studying at home, but his clothes were so dirty.

DAY 12 GIVE ❸

1. party, 성대한 파티를 열어서 사람들이 예전에나 먹었던 흔치 않은 음식들을 실컷 먹고 싶다.

2. discount, 신속한 지불에 대해 혜택을 드립니다. 첫 번째 할부금 기한이 끝나는 날이나 그 전까지 전액을 다 지불하면 할인을 해 드리겠습니다.

3. way, 지난 세기 이후로, 긍지 높은 전통을 자랑하던 미국의 TV 언론은 연예, 오락물 위주의 방송 산업에 자리를 내주고 있다.

4. access, 이 웹사이트를 통해 국회 도서관에 접속하여 다양한 서비스와 정보를 접할 수 있습니다.

5. rebate, 오염이 심각한 도시는 하이브리드 자동차(휘발유와 전기 혼합차)를 구매하고 기존 방식의 휘발유 차를 재활용할 수 있도록 반환하는 주민들에게 일정액을 돌려줄 수 있다.

6. audition, 브라이언은 나에게 변사들을 우리 녹음실 중 하나로 데려가서 오디션을 해 보겠느냐고 물었다.

7. first-aid, 비록 법으로 누구나 부상자들을 응급 치료해야 할 의무가 있지만, 자동차들이 잠깐 멈추지도 않고 도로 사고 현장을 지나가는 광경은 그리 드문 일이 아니다.

8. wave, 그가 차 안에서 너무나도 당황한 모습을 하고 있는 것을 보았을 때, 나는 속도를 늦추고 그에게 손을 흔들며 미소 짓지 않을 수 없었다.

9. start, 많은 한국인들은 조기영어교육이 자녀들에게 학문적, 사회적 성공의 유리한 출발점을 제공할 것이라는 생각을 지니고 있다.

10. dimension, DVD에 수록된 특집 영상은 영화 감상에 흥미로운 새로운 지평을 열어준다.

11. Once I take them to one of my studios, I am going to give a big party.

12. Thank you for giving me a start on translating the web site.

13. When I passed him sitting in his car, he was giving way to another car.

14. She gave me a cheerful wave, but she was shedding tears.

15. The production gave an audition to 200 people but hired no one.

DAY 13 HAVE ❶

1. agreement, 양측은 법적 요금을 누가 낼 것인지에 대해 합의를 보았다.

2. check-ups, 자기 몸이 건강한지 정기적으로 검진을 받아 보는 것은 자신을 돌보는 삶의 일부분이다.

3. affair, 그녀의 남편은 자신이 그녀의 친구들 중 한 명과 바람을 피웠다는 사실을 강하게 부인했다.

4. argument, 나는 협의를 가로막는 비합리적인 사람하고는 논쟁하고 싶지 않다.

5. baby, 우리에겐 이미 세 명의 아이가 있지만 아이를 하나 더 가지려고 하는 중이다.

6. go, 와서 한번 해 봐! 혼자서 할 수 있으면 더 뿌듯할 거야.

7. chat, 어제 사무실에서 상사와 그 계획의 추진 상황에 대한 이야기를 나누었다.

8. check, (구매) 결정을 내리기 전에 그 차가 도난당하거나 손상된 적이 없는지 재빨리 점검을 해봐라.

9. arrangement, 그 부부는 이혼했지만 자녀를 위해 정기적으로 만나기로 협의했다.

10. abortions, 점점 더 많은 여성들이 낙태를 했다는 것을 터놓고 말하며 자신들의 이야기를 지지 집단 내에서 나누고 있다.

11. Management announced that it had an agreement with the unions to secure welfare services.

12. Some women go through emotional difficulties in deciding to have an abortion.

13. The discussion panelists had a long argument over the current nuclear issue.

14. The doctor advised him to have a physical check-up but he just ignored the advice.

15. They had just a short chat together but felt attracted to each other.

DAY 14 HAVE ❷

1. attitude, 그 교수는 사회적 환경이 건강하지 못한 데 대해 몹시 부정적인 태도를 지니고 있다.
2. affection, 그는 분명히 자기 애완동물에 강한 애정을 갖고 있다.
3. bent, 사진 대회에서 상을 받았을 때, 난 내가 예술적 소질이 있다는 것을 깨달았다.
4. choice, 경찰 단속이 사방에서 동시에 몰려 들어오자, 그 범죄자들은 항복할 수밖에 없었다.
5. benefit, 그 쇼핑몰은 인구 밀집 지역으로부터 막대한 이익을 얻고 있다.
6. clue, 그들은 바이러스에 감염된 컴퓨터를 어디로 가야 적절하게 치료할 수 있는지 전혀 실마리를 잡지 못하고 있다.
7. assurance, 그 나라는 정권에 어떤 공격도 가해지지 않으리라는 확실한 보장을 얻지 못하고 있다.
8. advantage, 그 회사는 경쟁 업체에 비교 우위를 지니고 있다.
9. addiction, 일부 정치인은 권력에 대한 심각한 중독을 지닌 것처럼 보인다.
10. access, 수백만 명의 가난한 나라의 에이즈 환자들은 잠재적으로 생명을 구할 수 있는 약을 여전히 얻지 못하고 있다.
11. The business consulting firm has unique access to up-to-date financial information.
12. Once you have an addiction to the Internet, it will take over your life.
13. This web site has the advantage of being accessible by any user.
14. She has more affection to her family than to her social activities.
15. Having a positive attitude is the key to success.

DAY 15 HAVE ❸

1. insight, 다른 사람들과 의사소통을 잘하고 싶다면 다른 사람들이 뭘 생각하고 느끼는지를 간파해야 한다.
2. effect, 교토 의정서는 지구 온난화에 중대한 영향을 끼칠 것이다.
3. credibility, 교사로서 십대에게 신뢰를 얻으려면, 그 비결은 그들이 필요로 하고 원하고 사용할 수 있는 것을 당신이 소유하는 것이다.
4. difficulties, 학교 숙제에 어려움을 느끼는 학생은 학습에 흥미를 잃지 않도록 격려해 주어야 한다.
5. urge, 큰 소음을 듣고 나니 창밖을 내다봐야 할 것 같은 강한 충동을 느꼈다.
6. cause, 무서워서 움츠러들 이유 없어. 넌 옳은 일을 하고 있는 거야.
7. agenda, 노조는 의료 복지 서비스 이용에 대한 사안을 의제로 갖고 있었다.
8. connections, 체포된 자들은 테러 조직과 연결되어 있다는 혐의를 받고 있다.
9. comment, 경찰은 문서작업이 모두 완료되기 전까지는 아무 말도 하지 않을 것이다.
10. differences, 일란성 쌍둥이라도 신체적 차이가 있을 수 있습니다. 서로 환경이 다를 수 있기 때문이죠.
11. Both players had a big difference of opinion, but they cooperated well with

each other.

12. If you have any comments, please send an e-mail to this address.

13. I had an urge to hold her hand.

14. The meeting has too many agenda points so participants could not focus on one.

15. Simplicity and accessibility is one of the requirements for a web site to have credibility.

DAY 16 HOLD ❶

1. election, 그 정권은 자유선거를 하겠다는 약속을 깨고 독재에 반대하는 시민운동을 진압했다.

2. power, 그 법은 효력이 발생한 후에도, 3년 동안은 우리에게 아무런 힘을 발휘하지 못한다.

3. meeting, 위원회는 그 문제의 절차적 사안을 결정하기 위한 회의를 여는 데 동의했다.

4. balance, 소수 정당과 무소속 정치인들은 국회에서 힘의 균형을 유지하고 있는 세력들이다.

5. key, 이 나라를 경기 침체에서 끌어내 줄 열쇠를 쥔 정책은 무엇인가?

6. talks, 그 나라들은 현재의 핵 위협에 관해서 비밀리에 다자간 회담을 열었다.

7. conference, 지난주에 교육부는 10대의 성교육 문제를 토론하기 위한 회의를 열겠다고 발표했다.

8. reins, 정부의 권한을 쥐고 있던 몇몇 정치인이 그 나라를 전쟁으로 이끌고 간 것이 정당화될 수 있다고 생각하는가?

9. auction, '고래 친구들'이 기금마련 경매행사를 엽니다. 입찰할 수 있는 멋진 물건들이 많을 것입니다.

10. summit, 한 정부 보고서에 따르면 남북한 양국은 2개월 이내에 정상회담을 개최할 수도 있다고 한다.

11. When do you think the two Koreas will hold a summit again?

12. Once a year, the school holds an auction to raise money for its scholarship fund.

13. These days, many wives hold power over their husbands.

14. The NGO held a "green conference" to organize an environmental campaign.

15. Schools demand teachers (should) hold the balance between strictness and generosity.

DAY 17 HOLD ❷

1. views, 이 문제들에 대해 다른 의견을 지닌 사람들은 자신의 의견을 설득력 있는 주장으로 뒷받침해야 한다.

2. patent, 신기술 도입자들은 자신들이 그 기술에 대한 특허를 가져야 한다고 주장했고, (결국) 권리가 그

들에게 주어졌다.

3. position, 그 교육 좌담회는 석좌 교수직을 맡고 있는 네 명의 구성원을 토론자로 소개했다.

4. office, 한국에서는 대통령이 5년 임기로 공직을 맡으며 재선에 출마할 자격을 갖지 못한다.

5. share, 점점 경쟁이 치열해지는 시장에서 그 회사의 점유율을 유지하려면 더 많은 투자가 이루어져야 한다.

6. promise, 새 하이브리드 운송 수단은 연료의 효율성을 개선할 가망이 있다.

7. inquiry, 군대는 의문사에 대해 조사하는 것을 완강히 거부했다.

8. values, 자본주의자들은 이윤의 극대화 외에는 어떤 것에도 가치를 부여하지 않는다.

9. rank, 향수를 만드는 데 사용되는 모든 꽃들 가운데, 빨간 장미는 가장 뛰어난 것으로 생각되어 왔다.

10. record, 한 달에 125대의 자동차를 판 기록을 가지고 있는 슈퍼맨을 한 명 소개하겠습니다.

11. Who holds the world record for the 100m sprint?

12. The woman holds the position of spokesperson of the party.

13. This new learning strategy may hold promise for improving achievement.

14. The venture company holds the patent on the stem cell technology.

15. Some home-schooling supporters hold a critical view on school education.

DAY 18 HOLD ❸

1. tongue, 뭘 보거나 듣든 간에 입 다물고 있어. 이 방에선 아무 소리도 내지 않는 게 중요해.

2. fire, 경찰은 범죄자들이 다가오는 동안 방아쇠를 당기지 말라는 명령을 받았다.

3. tune, 우리 밴드에 들어올 음악에 재능이 있고 선율을 맞출 줄 아는 새 멤버를 찾고 있는 중이야.

4. moisture, 공기가 뜨거워지면 습기를 머금을 수 있는 용량이 증가하고 상대 습도는 내려간다.

5. territory, 그 나라는 자유의 확산을 이루기보다는 영토를 차지하려 했다는 의혹을 받았다.

6. line, 전화 끊지 말고 기다리시겠어요? 부장님이 안에 계신지 볼게요.

7. attention, 그 연사의 연설은 수많은 청중의 관심을 15분 이상 붙들고 있었다.

8. hostage, 지난주 폭도에게 인질로 잡힌 8명의 노동자들이 풀려나 고국의 품으로 넘겨졌다.

9. breath, 그 괴물이 알아서 나타나지 않으면 어쩌지요? 우리는 그저 여기서 숨죽이고 앉아 있는 건가요?

10. hands, 메리가 그에게 손을 내밀었을 때, 그는 잠시 망설이더는 마침내 장갑을 벗었다.

11. We held our breath in fear.

12. After holding hands with his girlfriend, the young man wondered what was next.

13. The movie completely held the watchers' attention throughout two hours.

14. The first sergeant ordered his men to hold fire but no one could hear his voice.

15. The boy succeeded in holding the girl's attention by showing a magic trick.

DAY 19   KEEP ❶

1. files, 그 대통령은 애국법과 테러리즘을 자신의 행동을 정당화해 줄 수단으로 삼아 합법적으로 자국 국민들에 대한 정보파일을 갖고자 한다.

2. faith, 무신론이 전 세계에 널리 퍼지고 있다. 이것 때문에 많은 사람들은 신에 대한 믿음을 지키는 것에 도전을 받고 있다.

3. engagement, 그 회사는 계약을 유지하기 위해 온갖 노력을 다 기울였지만 결국 실패하고 말았고, 파산했다.

4. value, 내구성과 디자인이 좋은 제품은 가치가 오래 간다. 그런 제품을 폐기하거나 신상품으로 대체할 필요는 없다.

5. statistics, 한 국가의 인구 성장을 파악하기 위해서는 모든 출생에 대해 통계를 낼 필요가 있다.

6. diary, 매일 혹은 매주 일기를 써야 한다는 규칙은 없다. 그러나 몇몇 사람은 그게 쓸모 있다는 것을 안다.

7. account, 그는 모든 영수증과 지출 내역을 장부에 기입하고 매분기 말에 재정 보고서를 작성해야 한다.

8. record, 그 제조업자는 재료의 양이 아무리 적을지라도 모든 재료의 공급자와 수입자를 기록해 둔다.

9. promise, 저는 민주주의에 대한 사람들의 믿음이 한 정치인으로 하여금 자신의 약속을 지키게 할 수 있다고 생각합니다.

10. resolutions, 많은 사람들이 새해의 운동 결심을 지켜나가는 데 실패합니다만 스스로 하는 모든 약속은 지켜낼 만한 가치가 있습니다.

11. The president should keep his promise and release the imprisoned environmental activists.

12. Keeping a diary makes us reflect on everyday life.

13. He still keeps his resolution to stop smoking.

14. The pastor chose death as a reason to keep his faith as a Christian.

15. It is necessary to keep records for all the meetings for clear communication.

DAY 20   KEEP ❷

1. peace, 이 지역에서 UN이 해야 할 일은 정전에 합의한 갈등 세력 간에 평화를 유지하는 것이다. 그들은 전쟁보다는 대화를 통해 의견의 차이를 해결해야 한다.

2. distance, 살인범을 뒤쫓고 있는 그 형사는 자신이 중요한 용의자로 지목한 매혹적인 여인으로부터 거리를 유지했다.

3. control, 학대자는 폭력이 다른 사람을 장악하고 통제할 수 있는 효과적인 방법이기 때문에 학대 행위를 시작하고 또 계속한다.

4. pace, 산업은 인구 이동 및 욕구 변화에 보조를 맞추어야 한다. 그렇지 않으면 살아남지 못한다.

5. secret, 그녀는 더 이상 비밀을 참지 못하기라도 하듯 갑자기 얼굴이 빨개졌다. 그녀는 모든 것을 털어놓아야 한다는 충동을 느꼈다.

6. sight, 목표에 시선을 고정하고 기나긴 여정도 처음엔 작은 한 걸음부터 시작한다는 걸 기억해야만 한다.

7. perspective, 과거를 바라보고 우리의 그림자라고 생각하는 것에서 무언가를 배우려면 관점을 유지하는 게 중요하다.

8. balance, 환경은 동물과 식물의 균형을 유지하는 것이 매우 중요하다.

9. shape, 네 셔츠는 새 것 같아. 어떻게 자동차 서랍 속에서 모양이 그대로일 수 있는 거지?

10. eye, 걱정 말아요. 천정에 24시간 고객을 감시하는 카메라 몇 대를 설치했으니까요.

11. The box was too weak to keep the shape of the cake.

12. The government keeps control of the stock market.

13. Will you keep an eye on my kids until I get back?

14. She kept her distance from the young boss to avoid co-workers' attention.

15. Keeping a secret is far more difficult than making one.

DAY 21 KEEP ❸

1. temper, 그는 토론을 할 때 자주 큰소리로 말해서 결국 다투게 된다. 그는 화를 참을 필요가 있다.

2. hand, 그는 연극을 좋아한다. 잘 알려진 CEO임에도 불구하고 카터는 공연 예술에 계속 관심을 두려고 노력했다.

3. company, 우리가 정기적으로 만나는 사람들이나 친구들은 우리의 삶에 영향을 끼친다. 따라서 우리는 그들과 좋은 관계를 갖기 위해 노력해야 한다.

4. track, 그것은 수입, 세금, 지출을 기록해 둘 수 있는 무료 스프레드시트이다.

5. house, 집안 살림을 하는 것이 여자의 의무라는 생각은 변화하고 있다. 남편은 진정으로 평등한 관계를 이뤄 내기 위해 실제적인 노력을 할 필요가 있다.

6. contact, 컴퓨터와 인터넷으로 우리는 쉽게 뉴스 기사의 제목을 확인할 수 있고 가까운 친지 혹은 친구들과 연락할 수 있다.

7. watch, 아이들이 물살이 빠른 강 근처에 있을 때는 항상 지켜보세요, 언제나요.

8. grip, 교육부 장관은 교사들이 학생을 통제하기 위한 더 많은 간섭과 전략을 이용할 수 있도록 현직 교사들을 교육할 계획이다.

9. change, 제가 듣기로는 어떤 나라에서는 잔돈을 안 받는 것이 무척 실례가 되는 일이라고 해서, 저는 보통 잔돈을 받습니다.

10. pets, 애완동물을 기르는 것이 동물의 자유권을 훼손합니까? 아니면 그 반대입니까?

11. Keeping a pet can reduce the loneliness of the old.

12. In spite of studying abroad, he kept contact with friends in his homeland.

13. Here is 5000 won. Keep the change.

14. I think he needs to keep his temper under control. Don't you agree?

15. I feel it is difficult to keep company with alumni once they get married.

DAY 22　MAKE ❶

1. purchase, 리처드는 그의 여자 친구를 위해 물건을 샀다. 하지만 그녀는 그가 산 것에 대해 실망스러워했다.
2. improvement, 정부의 억압에도 불구하고 사람들은 민주주의의 진보를 위해 투쟁하고 있다.
3. withdrawal, 은행이 휴일에 문 닫을 경우에 대비해서 그는 계좌에서 돈을 인출해야 한다.
4. offer, 그녀는 그녀의 고객들에게 항상 적절한 제안을 한다. 고객들은 그녀의 능력을 신뢰한다.
5. investment, 요즘 이 전자 회사의 주식 가치가 상승하고 있다. 사람들은 주가가 오르기 전에 투자를 서둘러야 한다.
6. apology, 그가 그렇게 어리석은 실수를 저지르지 않는다면, 그가 사과할 필요는 없을 거라고 나는 생각한다.
7. recommendation, 너의 기말 보고서에서 너의 분석과 의견에 기초한 제안을 할 수 있다.
8. profit, 그 회사는 사람들이 그들의 무료 소프트웨어를 판매하고 이익을 얻는 것은 허용하지만, 그것을 배포할 권리를 제한하는 것은 허용하지 않는다.
9. payment, 이 인터넷 사이트는 방문자가 더 이상 신용카드로만 결제하기를 요구하지 않는다. 통장에서 계좌이체도 할 수 있다.
10. response, 당신이 주저 없이 우리의 편지에 대한 답변을 보내주었으면 합니다. 그래야 이 문제에 대해 중요한 결과를 낳을 수 있는 신속한 결정을 내릴 수 있습니다.
11. He has to make a payment of the rent within a week.
12. She made no response to his proposal.
13. After becoming equipped with new facilities, the company made good profit.
14. He made a sincere apology to her, but she thought it was fake.
15. The photographer made recommendations for various digital cameras and lenses.

DAY 23　MAKE ❷

1. conversation, 교사는 정이 많아야 하며, 학생들과 대화를 할 수 있는 능력을 지녀야 한다.
2. statement, 정부는 대통령이 현 정치적 상황에 상당한 불만을 가지고 있던 한 고위 관리에 의해 암살되었다고 발표했다.
3. appointment, 가능한 시간에 약속을 정하기 위해서는 아래의 전화번호로 우리에게 전화하십시오. 아니면 직접 우리 사무실을 방문해도 됩니다.
4. call, 당신이 국제전화를 하기를 원한다면 번호를 누르기 전에 '0'을 눌러야 합니다.
5. mess, 내 아들이 어질러 놓은 것을 청소하는 데 두 시간이 걸렸다. 난 정말 지쳤다.
6. speech, 백악관은 부시 대통령이 텍사스에서 이라크 전쟁에 대한 연설을 할 것이라고 밝혔다.
7. noise, 당신이 특별히 나쁜 상황에 있지 않다면 소음을 내면 곰은 달아날 것이다.

8. reference, 혁명론자들은 역사의 진보를 강조하기 위해 마르크스의 '공산당 선언'을 언급했다.

9. contact, 유감스럽게도 당신의 학문적 기대를 충족시켜줄 수 있는 다른 대학과 접촉하기를 권합니다.

10. reservation, 이 호텔은 미리 예약하기를 권합니다. 그렇지 않으면 오랫동안 기다리거나 최악의 경우 다른 호텔을 찾으셔야 합니다.

11. Please check the conference room schedule before making a reservation.

12. Students are required to make contact with their professor at the beginning of the course.

13. During the election campaign, the presidential candidate made a speech about reducing taxes.

14. The ASEAN leaders made a statement on the future of Asia.

15. The kid always made a mess of his room, but his parents thought it was a sign of his creativity.

DAY 24 MAKE ❸

1. start, LCD 시장은 연초 순조로운 출발을 했지만, 2월부터는 가격이 하락했다.

2. contributions, 모든 사람들이 내전 중에 파괴되었던 마을을 재건하는 데 기여했다.

3. difference, 나는 나의 신체적 장애가 세계기록을 경신하는 데 아무런 차이도 가져오지 않는다고 믿는다. 나는 내가 과거에 그랬던 것처럼, 좌절하지 않을 것이다.

4. visit, 당신이 방문을 원한다면 미리 알려 주십시오. 그러면 우리는 더 나은 상담을 제공할 것입니다.

5. point, 요점을 지적하는 그녀의 제스처는 청중의 주의를 끄는 데 효과적이었다. 모든 이들이 고개를 끄덕였다.

6. error, 인터뷰 동안에 그는 너무 긴장한 나머지 그의 잘못된 행동을 옹호하는 데 무의식적인 실수를 저질렀다.

7. discovery, 그는 줄기세포를 이식하는 기술의 획기적인 발견을 위해 노력하고 있고, 이는 언젠가 힘든 질병의 치료법을 제공할 것으로 기대된다.

8. assessment, 환경단체들은 터널 공사가 시작되기 전에 국립공원에 대한 광범위한 평가가 이루어져야 한다고 주장한다.

9. arrest, 경찰은 바에서 살해된 청년의 살인사건 용의자를 검거했다. 목격자들은 그가 술이 엎질러진 것에 대한 싸움 도중 칼에 찔렸다고 증언했다.

10. haste, 삼성은 정전에 의한 전기 기기의 손실을 복구하기 위해 서두르고 있습니다. 하지만 아직 정전의 원인을 찾지 못하고 있습니다.

11. The prosecutor made an arrest of the suspect right before he fled abroad.

12. The government asked the ambassador to make haste in the final negotiation.

13. It took her one week to make an assessment of all the students' essays.
14. What kind of job should I take to make a contribution to Korean society?
15. "Your attitude makes an action. Your action makes a difference," read the picket.

DAY 25 SHOW ❶

1. goodwill, 로마인들은 전쟁에서는 잔인했지만 그들 편에 선 사람에게는 선의를 베풀었다고 전해진다.
2. profit, 80년대에 TV 네트워크는 그들의 뉴스 부서가 이윤을 내도록 요구하기 시작했으며, 이로써 뉴스 부서가 광고주의 손 안에 있게 되었다.
3. ability, 마이클이 많은 관객 앞에서 피아노 연주 실력을 보여주었던 서울 클래식 경연대회는 매우 성공적이었다.
4. way, 가장 어려운 점은 그곳에는 너에게 문제를 이해할 수 있는 방법을 알려 줄 사람이 아무도 없다는 것이다. 너는 그것을 스스로 해야만 한다.
5. door, 우리 회사는, 자기 시간이라고 해도, 흡연을 하는 직원을 몰아내기로 결정했다.
6. film, 우리가 제작 스튜디오를 방문했을 때, 그들은 큰 화면에 영상을 보여주었다.
7. leadership, 주지사는 계속해서 우리 지역 사회에 대한 그의 지도력과 헌신을 보여준다.
8. teeth, 그 개는 으르렁거리거나 이빨을 드러내며 위협하거나 짖을 수도 있다.
9. deference, 중국, 인도, 미국 같은 이 지역 강대국들이 아세안 포럼에 참여함으로써 아세안에 경의를 표하는 것은 아세안이 여전히 중요하다는 것을 증명하는 것이다.
10. passport, 세관원이 당신에게 여권을 제시하라고 할 것이며 당신의 가방을 자세히 조사할 것입니다.
11. The hardest thing is that there is no one to show his or her leadership in pedagogical areas.
12. School authorities showed the door to the students who were protesting against the administration.
13. I am always asked to show my teeth when I smile.
14. She showed great ability in comedy and soon became a millionaire.
15. Showing deference to a national flag does not mean that we support the current government.

DAY 26 SHOW ❷

1. partiality, 이 대회에 출품된 모든 제품은 특정 브랜드에 대한 기호를 갖고 있지 않는 심사위원단이 맛을 평가합니다.
2. faith, 너의 부모님은 너에게 신뢰를 보이셨다. 너에게 새 차를 주신 것은 그들이 너에게 새로운 책임을

맡길 정도로 너를 가치 있게 여기신다는 사실을 보여준다.

3. unease, 법원은 평화적이고 뜻을 전하려는 시위에는 관대하지만 시위가 '질서'를 위협할 때는 상당한 우려를 나타낸다.

4. flair, 이것은 퍼즐이 들어간 한 시간 분량의 선다형 시험이다. 하지만 그것은 수학에 재능을 보이는 학생들에게는 즐길 만한 것이다.

5. hand, 그는 절대 그의 패를 드러내지 않기 때문에 포커를 잘 치는 사람임에 틀림없다. 그는 그의 감정을 표면 아래로 숨기며, 침착한 상태를 유지한다.

6. diplomacy, 대화방에서는 다른 사람들과의 절충의 미덕을 보여주십시오. 욕을 하거나 무례한 행동을 하는 사람은 누구든지 퇴실을 권고 받을 것입니다.

7. affection, 나는 그가 무대에 섰을 때, 그가 청중에게 보여주었던 애정과 그의 잠재성에 감명 받았다.

8. mercy, 그는 자비를 받을 자격이 없는 사람에게조차 기꺼이 자비를 베풀었다.

9. concern, 경찰은 최근 살인, 강간, 인신매매와 같은 악성 범죄의 증가에 대해 우려를 표합니다.

10. respect, 여자는 자신에게 말할 때나 자신에 대해 얘기할 때 자신을 존중해 주는 남편이 필요하다. 언제나 다른 사람들에게 아내를 칭찬하며 결코 아내를 얕보지 않아야 한다.

11. He made an impressive appeal to students who show a flair for puzzles.

12. Citizens showed their concern about the establishment of the new government.

13. You can't show your hand so soon, or you'll give away too much information.

14. The nurse showed the mercy of taking the beggar to her home and treating him.

15. Mother showed unease when her son said he would quit his job and start his own business.

DAY 27 SHOW ❸

1. promise, 그는 신인왕으로서의 유망함을 보였지만 부상으로 한동안 쉬어야 했기 때문에 그의 잠재력이 완전히 발휘된 것처럼 보이지 않는다.

2. bias, 오하이오의 노동 가정에 대한 최근의 설문 조사는 흑인에 대한 편견을 보여주었다.

3. approval, 학장은 본래의 서명이 아니라 지장을 사용해서 지불하는 새로운 시스템을 승낙했다.

4. tendency, 그 단체는 부분으로 분리되지 않고 전체로 함께하기를 원하는 경향을 보여준다.

5. sign, 불행히도 그 작가가 성숙의 기미를 보여줄 것이라는 나의 개인적인 바람은 첫 번째 문단을 읽고 나서 이내 사라졌다.

6. world, 이제 크리스마스 시즌이다. 그리고 당신의 관대함을 모든 이에게 보여줄 수 있는 좋은 기회이다.

7. change, 만델라 씨에 의해 행해진 에이즈 연구는 성행위의 변화를 보여준다.

8. proof, 그 대학의 입학 허가를 받으려면 영어 실력을 증명해 보여야 한다는 것을 아셔야 합니다.

9. pattern, 이 영화는 전형적인 정신분석 패턴을 보여준다. 주인공의 정신적 갈등과 이상적 행동은 유아기 그와 그의 부모님 사이의 관계에 기인한다.

10. world, 박지성은 지난 첼시와의 경기에서 골든골을 기록함으로써 다리 부상에서 완전히 회복되었음을 세상에 보여주었다.

11. He showed the world that his potential can be fulfilled.

12. People sometimes show a bias against the elderly or the disabled.

13. His paintings show a pattern of distorting established "truths."

14. This statistics shows the tendency that young people are getting more and more uninterested in politics.

15. His statement shows the proof that he is one of the accomplices in the crime.

DAY 28 TAKE ❶

1. day off, 100명이 넘는 노동자들이 비영리 기구에 그들의 기술과 시간을 기부하기 위해 하루 직장에 가지 않을 것이다.

2. message, 제가 전화를 받을 수 없거나 사무실에 없는 사람들을 위해 메시지를 받아 놓겠습니다.

3. break, 너는 잠깐 쉬면서 몸을 쭉 뻗어 피를 통하게 할 필요가 있다. 휴식 없이 오랜 시간 동안 앉아 있는 것은 해로울 수 있다.

4. pill, 나는 남편이 단지 매일 약만 먹고 점차 간 기능을 되찾기를 희망한다.

5. picture, 나는 디지털 카메라로 나의 학교 주위에 있는 풍경을 찍었다.

6. course, 경제학개론을 들은 적이 없는 학생은 이 수업을 들어야 한다.

7. second, 나는 인터뷰가 시작되기 전에 너의 생각을 모을 잠깐의 시간을 가지라고 충고한다.

8. test, 만약 네가 계획된 날에 시험을 못 본다면, 보강 시험 날짜를 미리 잡는 것은 너의 책임이다.

9. chance, 그는 그녀가 자신의 저녁 초대를 거절하리라는 것을 알고 있었지만, 어쨌든 시도해 보았다.

10. orders, 이 중국 음식점에서는 문자메시지로도 배달 주문을 받는다.

11. I took a chance and invited the prettiest and most popular girl to the dance.

12. During my absence, ask the secretary to take a message.

13. The waiter took our order, but never came back to deliver our food.

14. The doctor told my father to take the pill twice a day, but he just drank every day.

15. I took a day off as I had caught a cold. I slept all day long.

DAY 29 TAKE ❷

1. trouble, 읽기 능력이 부족한 사람은 내용으로부터 저자의 의도를 애써 추론하려 하지 않는다. 그래서 그들의 독해 능력 점수는 예상보다 낮다.

2. delight, X세대들은 낡은 방법을 파괴하기를 즐긴다. 이전 세대들은 때때로 그들의 행동을 이해하지 못한다.

3. jump, 나는 야망 있는 여성이 매우 능력 있고 명석하다면 이 회사에서 가장 높은 자리까지 올라갈 수 있다고 생각한다.

4. look, 나는 우리 회사의 보안 체계를 면밀히 살펴보면서 몇 가지 결점을 발견했다.

5. effort, 한국 사람은 미묘한 방식으로 자신의 감정을 표현하려고 노력한다. 그러나 미국 사람은 좀 더 직설적이고, 요점으로 바로 넘어간다.

6. shape, 만약 당신이 각 점들을 이으면, 결과로 나오는 선은 그림 7에서 보이는 것과 같은 형태가 될 것입니다. 그것은 당신에게 익숙한 모양일 것입니다.

7. breath, 돌고래는 숨 쉬는 것이 필요할 때, 물 표면으로 올라온다.

8. interest, 나는 전 국민이 환경운동에 대해 더 많은 관심을 가지기를 희망한다.

9. note, 더 많은 정보를 원하신다면 인터넷상으로 등록해야 한다는 점을 유념하시기 바랍니다.

10. turns, 여행이 길어서 우리는 교대로 운전을 했다.

11. He admitted that he failed to take note of recent advances in human rights.

12. This activity requires each student to take a turn as a class discussion leader.

13. After taking a deep breath, he ran to her.

14. I took delight in participating in the civil movement. However, my parents wanted me to make money.

15. My friend took the trouble to drive me to the station, and I made it home in time.

DAY 30 TAKE ❸

1. place, 정보 통신 기술은 전통적인 교수법을 대체할 뿐만 아니라 교사와 학생 사이의 관계도 변화시키고 있다.

2. care, 사람들은 국가가 요람에서 무덤까지 그들을 보호하는 것이 타당하다고 생각한다.

3. aim, 저자들은 통계에 관한 몇 가지 신화를 목표로 삼았고 그것들을 서문에 소개하고 있다. 그러나 내용은 과학적, 사회적 맥락을 알지 못하면 이해하기가 쉽지 않다.

4. action, 기계가 고장 났을 때 즉각적인 조치를 취하는 것이 유리할 수 있다.

5. charge, 너의 나이를 고려해 보면, 좀 더 나은 음식을 먹고 더 많은 운동을 해서 너의 건강에 책임을

져야 할 시기이다.

6. issue, 대통령이 이 프로젝트를 문제 삼지만 않는다면, 너의 계획은 통과될 것이다.

7. point of view, 그들은 매우 효율적인 자본 시장과 상호작용하고자 하는 금융업자의 관점을 가지고 있다.

8. risk, 공학자들은 아무도 재정적인 도움을 주려 하지 않아서 위험을 무릅쓰며 새로운 과학기술을 개발하는 것을 꺼린다.

9. advantage, 영어 어휘 학습에서 사전을 충분히 활용해라. 특히 제2언어 학습자를 위해 만들어진 사전이 도움이 될 것이다.

10. part, 32명의 학생이 MBA 입학 과정에서의 에세이의 중요성에 초점을 맞춘 MBA 글쓰기 워크숍에 참석했다.

11. Once you enroll, you'll take advantage of e-learning.

12. Prominent scientists will take part in the conference and make speeches.

13. He took a big risk in trying to rescue her from the burning building.

14. The right-wing professor took issue with the government's socialist labor policy.

15. The local government should take immediate action for the increasing aging problems.

Days 01-30 Final Check-up

1. do, 영어 수업 시간에 우리가 할 수 있는 활동이 몇 가지 있다. / 그녀는 사업을 같이 할 만한 사람이 아니다. / 우리는 영화를 보는 것 말고, 운동을 함으로써 스트레스를 해소할 수 있다. / 한 나라가 다른 나라를 부당하게 대할 권리는 없다.

2. hold, 그 박물관은 3월 1일에 경매를 열어 미술작품을 팔 예정이다. / 그 사냥꾼은 곰이 그의 시야에 들어올 때까지는 사격을 하지 않을 것이다. / 사토는 수분을 그리 많이 함유하지 않는다. / 그 강의는 대부분 학생들의 관심을 끌지 못했다.

3. got, 나는 농구팀 감독을 만날 기회를 얻었다. / 그녀는 브로드웨이에서 노래함으로써 명성을 얻었다. / 나는 부서에서 그룹 관리자로 승진했다. / 나는 내 카메라 폰을 이용해서 그 여배우의 사진을 찍었다.

4. take, 너는 좀 쉬어야겠다. / 모든 종업원이 새해 첫날은 쉴 것입니다. / 나는 종종 작은 것에서 기쁨을 얻는다. / 나는 여행을 좋아했고, 위험을 무릅쓸 만큼 젊었다.

5. had, 우리는 서로 생기 넘치게 잡담을 했다. / 그녀는 초대를 받아들이는 것 외에 달리 선택의 여지가 없었다. / 그 치료는 확실히 효과가 있었다. / 그녀는 자신이 불구라는 것을 알았지만 세상을 보고 싶은 마음이 간절했다.

6. (a), This page gives details of the badminton leagues we play in. (이 페이지는 우리가 뛰고 있는 배드민턴 리그에 대해 상세한 내용을 담고 있다.)

7. (d), The software company makes a huge profit from the new system. (그 소프

트웨어 회사는 새 시스템으로 막대한 이익을 낸다.)

8. (e), **The thief was so cautious that the detective could not find any clue that he committed the crime.** (그 도둑은 너무 조심스러워서 형사는 그가 범행했다는 실마리를 하나도 찾을 수 없었다.)

9. (c), **The Prime Minister has yet to keep his promise to reduce taxes.** (수상은 아직 세금을 줄이겠다는 약속을 지키지 않았다.)

10. (b), **A recent survey of working families in Ohio showed a bias against black people.** (오하이오의 노동 가정에 대한 최근의 설문 조사는 흑인에 대한 편견을 보여주었다.)

11. views, 이 문제에 다른 관점을 가진 사람들은 설득력 있는 논지로 자신들의 의견을 뒷받침해야 한다.

12. point, 너는 분명 요점을 파악하지 못하고 있어. 가장 간단한 것들을 이해하는 데 얼마나 걸리는 거니?

13. track, 경찰은 MP3파일의 불법 유포를 뒤쫓고 있다. 그러나 인터넷 사용자들은 계속 새로운 방법을 개발하여 그들의 감시를 피하고 있다.

14. effort, 한국인은 자신의 감정을 미묘한 방식으로 표현하고자 애쓴다. 하지만 미국인은 좀 더 직접적이고 바로 요점을 말한다.

15. share, 점차 경쟁이 치열해지는 시장에서 그 회사의 점유율을 유지하려면 추가 투자가 필요하다.

16. Who holds the world record for the 100m sprint?

17. Will you keep an eye on my kids until I get back?

18. It took her one week to make an assessment of all the students' essays.

19. During my absence, ask the secretary to take a message.

20. The president has to find a replacement for the prime minister by next week.

DAY 31 Business and Economy

1. plunged into a long recession, 우리가 장기 경제 침체에 빠졌다고 생각하십니까? 저는 곧 빠져나올 것이라 생각합니다.

2. launched a new product, 우리는 신제품을 출시했다. 그런데 슬프게도 아무도 알아채지 못하는 것 같다.

3. reduce warfare expenditures, 그 고위 관료는 군비 축소 계획에 동의했다.

4. exceeded our budget, 지출이 예산을 초과했습니다. 500달러가 있었는데 2만 달러를 써 버렸어요.

5. maintain the insurance, 그는 보험을 유지하고 싶었지만 필요한 돈이 없었다.

6. (c), 그 문제에 대하여 정부의 입장은 나뉜다. 국무총리는 예산 증액을 주장하는 반면 재정경제부 장관은 감액이 필요하다고 말한다.

7. (a), 모든 세일즈맨은 경쟁을 인식해야만 한다. 시장은 비슷한 상품들로 점점 포화 상태가 되어 가고 있다.

8. (d), 그는 상속세를 내지 않기 위해서 자기 자산의 반을 아들 이름으로 돌려놓았다.

9. (a), 당신은 새로운 주식 발행의 영향에 대해 고려해야 한다. 신주 발행은 회사의 투자자 홍보(IR)에 엄청

난 영향을 미칠 수 있다.

10. (c), 가격을 낮추는 것이 판매 부진에 대한 만병통치약은 아니다. 그것은 고객들에게 당신의 제품이 최고 품질이 아니라는 인상을 줄 수도 있다.

11. The NGO is trying to balance its budget without getting aid.

12. The company issued 2 classes of shares.

13. The DVD market has lost substantial revenue from widespread illegal copies.

14. The company went bankrupt as soon as my uncle acquired 3,000 shares.

15. The defrauder claimed the insurance. It turned out later that he hurt himself.

DAY 32   Finance

1. declared sudden bankruptcy, 나는 우리 CEO가 갑작스럽게 파산을 선언한 그날을 잊을 수가 없다.

2. qualify for disability payments, 귀하는 장애인을 위한 장애인 수당을 받을 수 없습니다. 불면증은 장애로 간주되지 않습니다.

3. opened a secret account, 그 부패 관료는 자신의 더러운 자금을 은닉하기 위해서 해외에 비밀 계좌를 개설했다.

4. charge high fees, 신용카드로 현금을 인출하지 마. 은행이 높은 수수료를 청구하잖아.

5. attract new investment, 그의 사업 계획은 새 투자를 끌어들이는 데 실패했고 그는 회사를 떠났다.

6. (a), 이체한도를 초과할 경우에 추가 요금을 내셔야 할 겁니다.

7. (b), 그 도둑은 지역 은행에서 대출을 신청하려다가 체포되었다.

8. (b), 그녀는 돈을 많이 벌고 있다. 매달 1만 5천 달러를 자신의 계좌에 입금한다.

9. (b), 연방준비위원회(FRB)는 경제가 안정을 유지하도록 하기 위해 이자를 통제할 수 있는 권한을 가지고 있다.

10. (c), 영수증이 없으면 전자제품에 대해 환불을 받을 수 없으니 주의하세요.

11. You need to submit your receipt to get a refund.

12. It seems that shopping is the aim of her life. She always wastes money.

13. He closed his account after his girlfriend got fired from the bank.

14. He draws his pension at the local welfare center.

15. We tried to escape from bankruptcy.

DAY 33   Work and Office

1. have a meeting, 무엇보다 회의가 정말 필요한지를 생각해 보라. 단지 회의하기 위해 회의하는 것은

시간과 자원의 낭비다.

2. understand the bottom line, 나는 그가 요지를 이해하도록 만들 수 없었다. 그는 회계에 있어서는 완전히 바보였다.

3. win the construction contract, 그 팀이 공사 계약을 따낼 것이 확실하다. 그 계약은 20억 달러의 가치가 있다.

4. give a presentation, 내가 정말 프리젠테이션을 해야 해? 난 그저 일상적인 이메일 한 통이면 충분하다고 생각했어.

5. run the office, 그는 이메일과 원격 회의 시스템만으로 사무실을 운영할 수 있다고 말한다. 하지만 사무실을 운영하는 데는 면대면 접촉과 개인적인 소통이 필요하다.

6. (a), 그 헤드헌터는 나에게 꽤 경쟁력 있는 연봉을 제시했다. 하지만 난 그 일이 맘에 들지 않았다.

7. (c), 두 회사는 배타적인 양해각서(MOU: Memorandum of Understanding)를 교환함으로써 그 거래를 마무리했다.

8. (d), 이사회는 그를 마케팅 부문의 고위 매니저로 승진시켰다. 그것은 이제 그가 국내와 국외 마케팅 모두를 책임진다는 것을 의미한다.

9. (c), 여행사의 직원은 나에게 비행기를 탈 수 있다는 확인을 해주었다. 하지만 비행기는 폭설로 취소되었다.

10. (c), 회사를 차리는 것은 시작점에 불과하다. 운영은 다른 이야기다.

11. The president shut down the factory because of the workers' strike.

12. The boss gave me confirmation on the reservation.

13. The meeting was canceled and his salary was dramatically cut.

14. You must make a written contract and sign it.

15. I admit that she deserves the rapid promotion.

DAY 34 Information

1. respect my privacy, "그만 참견하고 제 프라이버시를 존중해 주시죠."라고 그녀는 귀찮은 표정으로 말했다.

2. are denied access, 유효한 허가증을 소지하지 않은 기자들은 기밀 정보를 열람할 수 없습니다.

3. save your document, 지금껏 써 온 것을 날리지 않으려면, 될 수 있는 한 자주 문서를 저장하십시오.

4. released its special report, 당국은 그 범행에 대한 경찰 조사에 근거한 특별 보고서를 내놓았다.

5. take a safety tip, 제가 말하는 안전수칙을 잘 들으세요. 화학 약품을 선반에 다시 올려놓은 다음 물러서십시오.

6. (b), 이 인터넷 포털 사이트는 최근 활동에 대한 뉴스를 정기적으로 업데이트한다.

7. (b), 과학자들은 지구 온난화 징후에 관한 세계 곳곳의 정보를 수집하고 있다.

8. (c), 사실을 해석하는 방법이 다르면 완전히 다른 결론에 이를 수 있다.

9. (c), 보안 프로그래머들은 그들의 암호가 뚫렸을 때 수치심을 느낀다. 반면에 해커들은 보안 시스템에 침

투하는 것을 자랑스럽게 여긴다.

10. (b), 추상적인 주제들에 대해 그만 이야기하고 세부 사항들에 대해 좀 토론하자.

11. Only the intelligence source has the program to crack this code.

12. If you are interested in this proposal, I'll send you further details in a week.

13. The intelligence agency seriously violated privacy by wiretapping people.

14. The government will issue a report on the FTA negotiations.

15. He gave me some tips about how to increase the number of web site visitors.

DAY 35 The Internet

1. surf the net, 그의 취미는 웹서핑이다. 그는 온갖 유용한 웹사이트들을 알고 있다.

2. download the program, 난 프로그램을 다운로드해야 한다. 컴퓨터에 있는 비디오 클립을 볼 수가 없다.

3. hacked the system, 시스템에 뭔가 이상이 있다. 누군가가 시스템을 해킹했다.

4. filter the spam mail, 요즘에 쓰레기 메일이 너무 많다. 우린 스팸 메일들을 걸러 내기 위해 소프트 웨어를 구매할 필요가 있다.

5. scan for viruses, 그는 어떻게 안티바이러스 소프트웨어가 컴퓨터에 있는 바이러스들을 찾아내는지 에 대해 설명해 주었다.

6. (b), 그 메일 저에게 포워딩해 주시겠어요? 제 메일 서버에 문제가 생겨서 메일을 받지 못했거든요.

7. (d), 난 내 블로그를 만드는 게 어렵다. 난 컴맹이거든. 나한테 팁 좀 알려 줄 수 있니?

8. (d), '확인' 텍스트 박스에 암호를 다시 입력해 주세요.

9. (c), 웹사이트에 로그인 안 하고 네 블로그에 덧글을 남길 수 있니?

10. (d), 온라인에 너무 오래 접속해 있는 건 네 건강에 좋지 않아. 웹서핑을 줄이고 야외 활동 시간을 늘리 도록 노력해 보렴.

11. How much time do you spend online a day?

12. You have to make it a habit to logout from a web site.

13. I forgot my password so I was not able to access the web site.

14. Instructions on how to uninstall this program are available.

15. Simply open the e-mail and read the message.

DAY 36 Press and Media

1. pass religious censorship, 이집트의 TV쇼는 곧 종교 검열을 통과해야 할 것이다. 정보부 장관 은 TV 드라마가 이집트 사회의 가치를 존중해야만 한다고 선포했다.

2. draw up the Communist Manifesto, 마르크스와 엥겔스는 '공산당 선언' 을 써서 자신들의 혁명적 사상을 세상에 선포하기로 결심했다.

3. grab headlines, 극심한 재난 사고들이 언론 머리기사를 장식하면서, 날씨 의존형 사업에 위협이 되는 것과 같은 좀 더 일상적인 기상 변화는 사실상 주목 받지 못하고 지나간다.

4. carries an editorial, 〈인터내셔널 헤럴드 트리뷴〉은 오늘 러시아 연방의 계속되는 재정난을 다루는 〈뉴욕 타임스〉 사설을 실었다.

5. convene a diplomatic conference, 현재 많은 나라들이 총재에게 외교 회담을 열어 제안된 수정본을 심의할 것을 요청해 왔다.

6. (d), 여러분의 기사를 저희에게 보내시려면 '특종 제출' 버튼을 클릭하십시오.

7. (c), 그는 자기 회사가 2주 안에 합병되리라는 소식을 누설했다.

8. (d), 나는 한때 스포츠 잡지 몇 개를 구독했었지만 지금은 사진 관련 서적을 사는 데 돈을 쓴다.

9. (b), 정보원을 밝히지 않고 구절들을 이용하는 것은 전형적인 표절 케이스야.

10. (c), 그는 그 쇼를 20년간 맡아 왔어. 이제 그의 방송은 그가 술집에서 친구들과 얘기하는 것만큼이나 자연스러워.

11. The magician hosted the magic show in his own house.

12. The reporter drank 3 bottles of soju and revealed the source of his scoop.

13. He really wanted to submit a scoop to the magazine and become famous.

14. I received the dramatic news that the tortoise beat the hare in the race.

15. They started to issue a magazine on how to make a lot of money.

DAY 37 Opinion

1. voiced their opposition, 학생들은 학장의 공약에 대해 반대의 목소리를 높였다. 그들은 또한 학교 행정에 대한 그의 보수적 견해에 대해서도 반대했다.

2. handle students' diverse complaints, 교사의 자질 중 하나는 학교 교육에 관한 학생들의 다양한 불만을 다루는 능력이다.

3. express their opinion, 부끄럼을 타는 사람은 사람들 앞에서 자신의 의견을 이야기하기를 주저한다. 하지만 그들 중 몇몇은 개인적인 의사소통에는 매우 능하다.

4. reached a general consensus, 그들은 전반적인 합의에 이른 것으로 보인다. 하지만 그들은 세부적인 면에 있어서 의견이 다르다.

5. Defend your political position, 인권을 보호하는 쪽이라면 너의 정치적 견해를 고수하라. 지역에서 일하고 있는 활동가들과 효과적인 관계를 갖는 것이 도움이 될 것이다.

6. (c), 우리는 논쟁을 시작하자마자 경쟁자들을 제압해야 한다.

7. (d), 우리는 당신의 정치적 견해를 지지하지 않는다. 하지만 우리는 당신의 의사 표현의 자유는 존중한다.

8. (b), 아이들로 하여금 인종적 편견을 피하도록 돕는 데 있어 문화 교육의 역할이 매우 중요하다.

9. (d), 어떻게 그 결정을 뒤집을 수 있습니까? 그 결정은 양자간의 오랜 협상의 결과물이었습니다.

10. (c), 그는 그 공장의 민영화에 대한 반대를 철회할 것으로 보인다. 그의 전략가들은 그가 새 정부의 민간부문에 관한 정책을 지지하는 것이 필요하다는 결론에 이르렀다.

11. Old people don't change their opinion. Young people don't have any opinion.

12. We need the chairman's confirmation to reverse the decision.

13. The party decided to withdraw the objection and support the candidate.

14. He seems to have corrected his bias towards black people.

15. The statesman declared his opposition to the party's economic policy.

DAY 38 Family and Social Relationships

1. build a long-term relationship, 우리는 그들과 장기적인 관계를 세워 나가야 한다. 그들은 우리에게 전략적으로 중요하다.

2. seek a divorce, 현재 불행의 탈출구로서 이혼하려 하지 마라.

3. have a childless marriage, 그녀는 자녀 없는 결혼생활을 원했지만, 그녀의 남편은 자녀가 있다면 결혼이 더 행복해질 것이라고 계속해서 주장했다.

4. launch a multidisciplinary team, 그 대학의 심리학자들과 신경 과학자들은 언어습득을 연구하기 위해 여러 전문 분야로 이루어진 통합 연구팀을 출범시킬 계획이다.

5. bring up a family of 6 boys, 난 어머니를 정말로 존경한다. 어머니는 혼자 6명의 아이를 키워야 했지만 불평 한 마디 없었다.

6. (b), 그녀에겐 부모가 한 분도 없었다. 그녀는 고아였다.

7. (d), 비정부 기구들과 정부는 지구온난화 문제를 다루는 데 있어서 사회적 연대를 보여주었다. 그들은 공동 집회를 조직했다.

8. (c), 그는 지위가 매우 빠르게 상승했다. 그의 삶의 유일한 목표는 그 회사의 최고경영자가 되는 것처럼 보였다.

9. (a), 당신이 욕망을 이겨낸다면, 자기의 적을 공격하는 다른 이보다 더욱 용감한 사람이다. 왜냐하면 가장 어려운 승리는 자기 자신에 대한 것이니까.

10. (c), 이혼을 경험한다는 것은 죽음과도 같을 수 있다. 왜냐하면 겪게 되는 정서가 가까운 사람을 잃는 일과 비슷하기 때문이다.

11. She asked her husband for a quick divorce but he refused.

12. The Iraq war promoted solidarity among Middle East countries.

13. They formed an alliance against the Mafia, but the Mafia didn't care what they did at all.

14. Students and teachers formed a project team to settle the problem.

15. Improve relationships with your peers and families.

DAY 39 Social Concerns

1. overcome the unfair prejudice, 일부 서양인들이 아시아인들에 대해 가지고 있는 부당한 편견을 극복하는 것은 매우 어렵다.

2. gives equal opportunity, 사회는 모든 이에게 동등한 기회를 부여한다고 말한다. 그러나 내 생각에 이 세상은 참 불공평하다.

3. respects equal rights, 페미니즘 교육이 여성의 권리 신장에만 초점을 두는 것은 아니다. 오히려 그것은 남성과 여성의 동등한 권리를 존중한다.

4. reduce urban poverty, 도시의 빈곤 문제를 줄이기 위한 그의 아이디어는 웃긴 것이었다. 그는 우리가 다 시골로 이사 가야 된다고 주장했다.

5. ensure national security, 우리는 한반도의 안전을 보장해야 한다. 그것이 통일의 초석이다.

6. (a), 국제 적십자사는 UN에 긴급 구호를 요청했다.

7. (d), 정부는 대통령 방문 기간 중 일어날 수 있는 위협에 대비하여 보안을 강화했다.

8. (a), 세계 석유 공급에 따라 중동에서는 때로 군사적 충돌이 일어나기도 한다.

9. (b), 갈등을 해결하고자 하는 미국의 노력이 우리가 이라크에서 목도하는 상황에 커다란 차이를 주지는 않을 것이다.

10. (c), TV 방송에 나오는 것에 관심이 있는 사람은 누구나 이 대회에 참가 신청할 수 있습니다. 카메라 앞에서 자신을 표현할 기회를 잡으세요!

11. They launched a local campaign to promote child welfare.

12. Some ambassadors abuse the diplomatic privilege they have.

13. They approached the problem in a new way.

14. We should protect human rights anytime, anywhere.

15. The queen granted enormous privileges to the knight.

DAY 40 Customs and Habits

1. observe social conventions, 그는 사회적인 관습을 지키길 거부하고 자기 자신의 기준을 세우려 노력한다. 가끔씩 그것이 사람들에게 상처를 준다.

2. introducing Russian fashion, 그녀는 러시아 패션을 한국에 소개해서 큰돈을 벌었다. 그녀가 죽은 후 그녀의 모든 재산은 패션 학교를 만드는 데 기부되었다.

3. following the prevalent practice, 몇몇 남성들은 배우자에게 폭력을 저지르는 만성적 행태를 따르고 있고, 그 숫자는 매년 증가하고 있다.

4. fostering the culture, 그 활동가는 평화의 문화를 진척시키기 위하여 헌신했다. 그녀는 다름 아닌

평화가 폭력적이고 비이성적인 시대에 대한 대안이라고 생각했다.

5. broke with the routine, 그는 VIP들을 위한 전용 공간 사용 관행을 깼다. 그의 의견에 따르면 어떤 사람이든 앞줄의 자리를 얻을 기회를 가질 만했다.

6. (d), 정장에 넥타이를 매는 서양의 풍습을 우리가 지킬 필요는 없다.

7. (d), 어떤 커플들은 계속 독립적인 남성과 의존적 여성이라는 고정관념을 강화시킨다.

8. (b), 우리는 우리보다 나이 든 분들로부터 전통을 이어받는다. 그러나 우리는 새로운 전통을 만들어 갈 수도 있다.

9. (c), 저는 코카인 중독으로 삶이 송두리째 바뀐 사람들을 치료해 오고 있습니다.

10. (d), 백인이 가진 흑인 고정관념에 문제를 제기하는 캠페인이 어느 정도 성공을 거두었다.

11. Parents should help their children acquire the habit of keeping a journal.

12. You need the help of experts to overcome Internet addiction.

13. We have to develop new values while cherishing good traditions.

14. I make a habit of reading 2 books a month.

15. Wearing turtleneck shirts became a fashion trend in the 80's.

DAY 41 War and Peace

1. wage a spiritual war, "우리는 이 혼돈의 시대에 영적인 전쟁을 수행해야 합니다." 목사는 말했다. 청중들은 동의하며 고개를 끄덕였다.

2. resume trade negotiations, 그들이 곧 무역 협상을 재개할 것 같지는 않다. 그들의 관점에는 공감대가 없다.

3. bear arms, 무기를 소지하는 것은 우리의 권리이다. 만약 범죄자들이 무기를 가지고 있다면, 우리도 가지고 있어야 한다.

4. gained, reliable allies, 미국은 이라크전 초기에 믿을 만한 동맹들이 많이 있다고 생각했다. 그러나 그 수가 점차 감소하고 있다.

5. ratified the treaty, 한국 정부는 2년 전 그 조약을 비준했다. 하지만 조약을 이행하기 위한 어떤 조직도 설립되지 않았다.

6. (c), 그녀의 친구들은 그녀가 군인으로 입대하기 위해 대학원을 그만두기로 결심했다는 소식을 믿을 수 없었다.

7. (b), 우리는 오래된 권총 몇 자루를 가지고 있었음에 반해 적들은 최신식 미사일로 무장하고 있었다.

8. (c), 저는 군대가 우리에게 발포하기 시작한 그 순간을 잊을 수 없습니다. 그것은 광주에서의 비극의 시작이었지요.

9. (b), 황금시간대 쇼 진행자인 제임스가 자신의 쇼에서 동성애에 대한 고정관념을 이용하고 있다는 이유로 비난을 사고 있다.

10. (a), 돈이 되기보다는 오히려 돈을 잃을 수도 있는 협상은 시작하거나 임하지 마라.

11. Keeping the peace is more difficult than making peace.

12. We always think about how to be good fighters. But what we have to learn is how not to make enemies.

13. As soon as they opened the negotiations, they started shouting at each other.

14. We lost an important ally in the election. The campaign will be tougher than we thought.

15. As the government refused to agree on the treaty, most of the NGOs expressed their regret.

DAY 42 Politics and Institution

1. made an election pledge, 그는 모든 사람을 행복하게 해 주겠다고 공약했다. 그러나 주지사로서의 그의 행동은 모든 사람을 불행하게 했다.

2. manages foreign and international affairs, 대통령은 대개 외무나 국제 업무를 맡는 한편 부통령은 국내 문제를 다룬다.

3. won the second election, 클린턴은 두 번째 선거에서 승리하여 합해서 8년 임기를 채웠다.

4. launched an anti-drug campaign, 그가 지난달 마약 반대 운동을 시작한 것은 모순이다. 그는 한때 마약상이었다고!

5. caused a bribery scandal, 그의 돈 욕심이 뇌물 스캔들을 일으켰다. 그는 그 기업인으로부터 100만 달러 가까이를 받았다.

6. (a), 나는 링컨이나 마틴 루터 킹 목사처럼 위대한 연설을 하고 싶다.

7. (d), 수상은 부패 스캔들 때문에 NGO 단체들로부터 심한 압력을 받았다.

8. (a), 난 그 건방진 후보자에 반대표를 던졌네.

9. (c), 정부가 에너지 비용을 인상하는 새로운 정책을 내놓았지만, 많은 사람들은 여전히 회의적이었다.

10. (b), 나는 1960년까지 기다려 선거를 치렀고, 52퍼센트의 지지로 당선되었다.

11. They formed a joint committee to fight against juvenile smoking.

12. We need to develop a strict policy for environmental protection.

13. He betrayed his pledge and joined the other team.

14. His date with a teenage girl caused a national scandal.

15. The President gave a keynote address at the OECD annual conference.

DAY 43 Liberty and Responsibility

1. accepted no responsibility, 그 일에 대해서 그는 책임을 인정하지 않았다. 그는 손을 씻었고 더

이상 그 일과 관련이 없었다.

2. prove the allegation, 시위대는 경찰을 폭력과 희롱 혐의로 고소했다. 그러나 그 주장에 대한 증거는 없었다.

3. gain independence, 결국, 그는 부모님으로부터 독립하기 위해 집을 떠날 수밖에 없었다.

4. impose his or her will, 아무도 자기 의지를 타인에게 억지로 강요할 수 없다.

5. lay a claim, 당신은 재산에 대한 소유권을 주장할 수 있습니다. 그러나 실제 소유주가 되기 위해서는 법정에서 당신의 권리를 증명해야만 합니다.

6. (c), 우리는 열린 토론회를 열 것입니다. 그곳에서 여러분은 완전한 표현의 자유를 누릴 수 있습니다.

7. (c), "어떤 사람들은 운이 너무 좋아." 그는 이렇게 중얼거리며 자기 실패를 다른 사람 탓으로 돌렸다.

8. (a), 용의자들은 고소되었고 마약 밀수입과 관련하여 재판이 있을 예정이다.

9. (a), 저는 그를 포기하지 않을 것이지만, 제임스는 살 의지가 없는 것처럼 보여요.

10. (c), 나는 계약을 파기한 것이 나라는 것을 알고 있었지만, 전적인 책임을 질 용기 또한 없었다.

11. Mothers always have to carry the burden of childcare. They need to share it with their husbands.

12. The soldier tried to shift the blame onto someone else.

13. It is not necessary for you to take part in this environmental movement. I only did so to fulfill my moral obligation.

14. John vehemently denied charges of importing illegal medication.

15. The public health administration placed the responsibility of addressing AIDS issues on individuals rather than on the government.

DAY 44 Law

1. tackle juvenile crimes, 경찰은 청소년 범죄에 대응하려고 노력하고 있다. 하지만 범죄는 급격히 증가하고 있다.

2. appealed against the sentence, 그녀는 종신형 선고에 항소했다. 그녀는 살인을 저질렀을 때 약물의 영향을 받았다고 줄곧 주장했다.

3. presided over the court, 노동과 자본에 대한 진보적 관점으로 유명한 김 판사가 재판을 주재했다. 사람들은 그 노동조합 간부에 대한 무죄 판결을 기대했다.

4. faced the public accusation, 그 사람은 뇌물에 대한 공공의 비난에 직면했다. 그는 2만 달러를 그 국회의원에게 건넸다.

5. charged the defendant, 검사는 피고를 뇌물죄로 기소했다. 그는 모든 혐의를 부인했다.

6. (b), 검찰은 증거 불충분으로 고소를 취하하기로 결정했다.

7. (d), 그 재판은 수사관들이 증인을 찾을 시간을 주기 위해 휴정되었다.

8. (a), 검찰 총장은 그의 취임식에서 어떤 일이 있어도 그 법을 집행하겠다고 말했다.

9. (b), 당신 탓을 하는 건 아닙니다만, 당신이 우리 아버지를 곤란에 빠뜨리도록 가만있지는 않을 테니 알아 두시오.

10. (d), 박 씨는 범인에게 자비를 베풀었다. 박 씨가 아니었더라면 그는 종신형을 받았을 것이다.

11. The lawyer failed to supply alibis for the defendant.

12. The judge halted the trial when one of the witnesses tried to commit suicide.

13. He has committed a series of heinous crimes since he was 14 years old.

14. We don't want to go to court to solve this labor issue.

15. The judge was supposed to pass a sentence on the accused.

DAY 45 Food

1. sprinkle cheese, 요리법에는 샐러드에 치즈나 아니면 좋아하는 토핑 아무거나 뿌리라고 되어 있다.

2. consume meat, 몇몇 급진적인 환경론자들은 거의 고기를 먹지 않는다. 그들은 육고기 섭취가 환경오염의 주된 이유 중의 하나라고 생각한다.

3. sipped her drink, 술을 홀짝대더니 그녀는 운전할 것이 걱정되기 시작했다. 결국 그녀는 택시를 불러 안전하게 귀가했다.

4. skip your meals, 식사 거르지 마세요. 발표하는 일이 꽤나 에너지를 소모시키므로 금방 지쳐 버릴 겁니다.

5. blend all ingredients, "우리는 대접에 재료를 다 섞어 버리지 않습니다. 여기 다른 그릇 하나가 더 필요하겠네요."라고 요리사가 말했다.

6. (a), 내 경험에 따르면, 맛있는 국수를 만들 때는 불을 조절하는 것이 무척 중요하다.

7. (d), 야채는 살짝 데쳐야 한다는 것을 명심해라. 왜냐하면 완전히 삶으면 영양소가 파괴될 수 있기 때문이다.

8. (b), 이 해물 요리점에서는 요리사가 생선을 손질해서 굽는 것을 앞에서 볼 수 있다.

9. (d), 난 양파를 빼고 샐러드를 버무리려 했지만, 엄마는 끈질기게 양파를 같이 섞으라고 말씀하셨다.

10. (a), 계란 너무 오래 삶지 마. 난 완숙이 돼서 딱딱한 건 싫어.

11. Shall I fry or boil the egg?

12. He uses wine to tenderize meat.

13. She dressed the salad and prepared some wine for her friends.

14. Add some salty ingredients to the turkey. It tastes bland.

15. Chop the vegetables and pour them into the boiling stew.

DAY 46 Health

1. made a substantial donation, 그는 작년에 자선 단체에 200만 달러나 기부했다. 그러나 그는

지난주에 도둑임이 밝혀졌다.

2. contracted lung cancer, 그는 3년 후에 폐암에 걸렸다는 것을 알았지만 너무 늦었다.

3. inflict emotional pain, 너의 이기적 행동이 다른 사람들에게 감정적으로 고통을 줄 수 있다는 것을 명심해라.

4. prescribed an effective treatment, 그 의사는 내가 담배를 줄일 수 있도록 효과적인 처방을 해 주었다. 지금은 술 마실 때를 제외하고 거의 담배를 피우지 않는다.

5. underwent a twelve hour operation, 그녀는 12시간의 수술을 아무런 합병증 없이 성공적으로 받았다. 그것은 정말 기적이었다.

6. (d), 의사들은 그 증상이 무좀이라고 확인했다.

7. (c), 많은 부모들은 아이가 육체적 질병에 걸리지 않도록 하기 위해 노력한다. 그러나 내 생각에는 아이들이 비도덕적인 행동에 면역성을 키우고 있다는 사실을 부모들은 더 중요하게 생각해야 할 것 같다.

8. (c), 미역은 여성들이 분만 후에 빨리 회복할 수 있도록 도움을 준다고 믿어진다.

9. (d), 항생제를 부적절하게 복용한다면, 당신의 몸은 항생제에 내성이 생길 것입니다.

10. (a), 난 내가 저혈압 때문에 헌혈을 할 수 없다는 것을 알게 되었다.

11. He gets gloomy whenever he takes his antibiotics.

12. There was no way to save him. He lost too much blood.

13. Too much stress lowers your immunity to the flu.

14. This medicine will speed your recovery. But don't take more than 2 pills a day.

15. I cannot believe that my daughter has had medical treatment for a drug addiction.

DAY 47 Clothing

1. pull my coat, 바람 때문에 나는 코트를 더욱 단단히 끌어당겼다. 이번 여행을 2월이 아니라 여름에 떠났었더라면 좋았을 텐데.

2. drying clothes, 바람 부는 날이 옷 말리기에는 적격이지만 성가신 일이기도 하다. 바람이 불어 잔디에 옷이 떨어지니까.

3. peered over his glasses, 그의 삼촌은 컴퓨터 키보드 두드리는 걸 멈추더니 안경 너머로 나를 쳐다보셨다.

4. smoothed down her skirt, 비록 남자 친구는 오늘 오후가 되어서야 돌아올 것인데도 그녀는 응접실에서 바삐 나오면서 치마를 매만졌다.

5. tailor his or her style, 훌륭한 언론 대변인은 적절하게 자신의 연설 양식과 내용을 일반 대중을 위해 조절해야만 한다.

6. (c), 한 명이 자기 소매를 걷어 올리더니 자기 숫자를 보여주었는데, 숫자가 팔에 문신으로 새겨져 있었다.

7. (d), 그들이 가까워지자 남자들 중의 한 명이 자신의 모자에 살짝 손을 대고 인사했다. "좋은 아침이오."

8. (d), 그는 자루를 둘러매듯 자기 망토를 어깨 위로 걸쳤다.

9. (a), 그 아이는 이제 엄마의 도움 없이도 단추를 채울 수 있다.

10. (a), 아버지께서는 당신의 가죽 구두를 매일 깨끗하게 닦으시곤 하셨다.

11. He undid the four buttons that held the shirt together.

12. Where should I get my shoes resoled?

13. Just wait a second while I take these wet clothes off.

14. It has been known for centuries that different cultures have different styles of clothes.

15. At the left side of the picture is a nobleman donning a fedora hat.

DAY 48 Weather

1. Snow piled up, 눈이 50센티미터나 쌓였다. 아이들은 즐거워했고 어른들은 걱정했다.

2. Rain was pouring down, 그 세 건의 살인 사건 사이에는 한 가지 공통점이 있다. 사건이 일어났을 때 비가 쏟아지고 있었다는 것이다.

3. The dense fog lifted, 짙은 안개는 해가 뜨자마자 걷혔다. 우리는 다시 길을 떠났다.

4. The thunder rolled, 천둥이 울렸다. 우리는 온갖 종류의 무서운 귀신 얘기들을 하기 시작했다.

5. Frost has formed, 자동차 앞 유리에 성에가 꼈다. 그래서 나는 출근하기 전에 그것을 문질러 닦아내야 한다.

6. (c), 한때 일출 보는 것을 좋아했었다. 그러나 크면서 일몰을 더 좋아하게 되었다.

7. (b), 바람이 잦아들었고 그해 가장 큰 산불도 더 이상 번지지 않았다.

8. (c), 우리가 서 있는 얇은 얼음이 금이 가기 시작했다. 모두들 공포에 휩싸였다.

9. (c), 오늘의 일기예보는 이 지역에 번개가 칠 수 있다고 예측했다.

10. (c), 먹구름이 산 위에 높게 드리워져 있다.

11. As lightning flashed outside the window, the baby started to cry.

12. Dark clouds were gathering right over my head.

13. In the morning, he found frost had set in in his back yard.

14. Thick fog came down the hill. We could only see our own hands and feet.

15. The boring rain finally let up and the sun began to shine. All things seemed to revive.

DAY 49 Sports

1. kick a ball, 그 여자는 우리 집 벽에다 공을 차고는 했다. 자기는 펠레 같은 선수가 되고 싶다고 했었다.

2. enter the regional contest, 전체 24개의 팀이 지역 예선에 참가할 것입니다. 이 중 두 개의 팀이 월드 매치에 참가할 수 있는 기회를 갖게 됩니다.

3. outwitted, main opponent, 마이클은 라이벌 상대를 이겼지만, 많은 사람들은 그가 세계를 기만했다고 생각한다.

4. broke the long-standing record, 그녀는 올림픽에서 오래도록 바뀌지 않던 기록을 깼다. 이제 그녀는 세계에서 가장 빠른 여성이다.

5. defended, title, 그녀는 퀴즈쇼에서 라이벌과 싸워 자신의 타이틀을 지켜 냈다. 이제 아무도 그녀를 멈출 수 없다.

6. (c), 그는 그 한 발을 놓쳤고 결국 경기에서 패했다. 그의 경력에서 가장 비참한 순간이었다.

7. (c), 그는 환상적인 오버헤드킥으로 동점을 만들었다.

8. (a), 그 골키퍼는 일곱 경기에서 단 두 골만을 허용했다.

9. (c), 심판은 저 선수가 명백한 반칙을 범했는데도 그에게 벌칙을 주지 않았다.

10. (d), 국가 대표 여자 핸드볼팀은 결승전에서 이기기 위해 필사적으로 싸웠지만 결국 지고 말았다.

11. My head coach appealed for the penalty kick, but rather was awarded a penalty.

12. He lost the game and lost his love.

13. His goal took the score to 3-2. The stadium was filled with excitement.

14. He set the Korean record. Now his target is the world record.

15. We have to face the toughest opponent on earth, laziness.

DAY 50 Travel and Transportation

1. deny visas, 내가 아는 한 캐나다 주재 미국 비자 발급소는 납득할 만한 이유도 없이 캐나다인에게 비자 발급을 거절하지는 않는다.

2. acted as our tour guide, 그가 우리 관광 가이드를 했는데, 그가 한 것이라고는 우리에게 온통 바가지를 씌운 것밖에 없다.

3. going on a pilgrimage, 유학은 순례 여행과 같다. 대단한 인내와 명확한 목표를 요한다.

4. steer a ship, 회사를 경영하는 것은 배를 조종하는 것과 같다. 기술뿐 아니라 많은 경험과 지혜가 필요하다.

5. pedal his bicycle, 내 동생은 우리에게 손을 흔들고는 언덕 위로 자전거 페달을 밟아 오르기 시작했다.

6. (d), 우리는 택시를 타려고 생각 중이었는데 그 백만장자가 우리를 위해 헬리콥터를 빌려주었다.

7. (b), 그는 논산 행 열차에 올라탔다. 그의 부모님은 건강을 빌면서 눈물로 그를 배웅하셨다.

8. (d), "지하철을 이용하시오."라고들 하지만 장애인이 이용하기에는 무척 어렵다.

9. (a), 할아버지가 돌아가셨다는 말을 듣자마자, 그는 집으로 가는 첫 번째 비행기를 탔다.

10. (c), 직항편이 있나요? 아니면 비행기가 어딘가 경유해서 가나요?

11. When the police started to move, they had already boarded the plane.
12. I take the subway rather than the bus because it is faster.
13. We had a stopover in Hong Kong.
14. This year we don't need to be issued a visa for a short trip to Japan.
15. I can't forget the moment when she said, "I want to be your guide for all of your life."

DAY 51 Language

1. lowered the tone, "이건 정말로 너와 나 사이의 비밀이다." 그러고는 그녀는 목소리를 낮추었다.
2. opened a serious conversation, 간부진은 심각한 얘기를 꺼내기에 앞서 날씨에 대한 짤막한 대화를 나누었다.
3. acquired her strong accent, 그 외국인은 남서부 지방으로 이주한 후 악센트가 강해졌다. 나는 그 악센트를 이해하기가 매우 힘들었다.
4. The term, coined, Neocon이라는 용어는 보수 사상의 '새로운 물결'을 언급하기 위해 만들어진 말이었다.
5. attracted highly critical comments, 그 사건은 광범위한 언론 취재를 받았다. 동시에 대중으로부터 상당한 비판의 소리도 들었다.
6. (c), 그 노인은 자신의 변호사를 통해 성명을 내고, 자신의 결백을 주장했다.
7. (d), 인간은 언어를 이해하고 사용하는 데 필요한 언어적 능력을 타고난 것 같다.
8. (b), 교장은 모든 교사들에게 커리큘럼에 작은 변화가 있을 것이라는 메모를 보냈다.
9. (d), 난 그처럼 말문이 막히는 상황에서 적절하게 할 말을 찾지 못했다.
10. (b), 레오나르도 다 빈치는 르네상스에 기여한 바로 인해 특별히 언급할 만하다.
11. I'm getting sick of trying to find the right words to make her feel better.
12. Have you heard any mention of the affair?
13. I have received detailed comments from the professor on my research paper.
14. In a job interview, relax yourself and soften your tone.
15. This center is a good place to learn sign language.

DAY 52 Study and Academic Work

1. dropped the class, 나는 그 수업 수강을 그만두었다. 강사가 한 것이라고는 지겹고 음탕한 농담뿐이었다.
2. prepare, doctoral dissertation, 그는 박사 과정의 전업 학생이었다. 그러나 재정상의 어려움으

로 그는 철도 노동자로 돈을 벌면서 박사 논문을 준비하는 것 외에 다른 선택을 할 수 없었다.

3. leveled bitter criticism, 사람들은 국회를 강하게 비난했다. 하지만 멍청한 정치인들은 그들이 한 일을 자랑스러워했다.

4. got an MA degree, 그는 이 자리에 적임자가 아니다. 그는 경제학 석사 학위를 가지고 있다. 하지만 우리는 공공 정책 박사 학위를 가진 사람이 필요하다.

5. practiced writing, 그녀는 설득력 있는 작가가 되기 위해 매일 작문 연습을 했다.

6. (a), 그들은 리더십에 관한 개론서를 공동 집필했다. 한 사람은 리더십의 원칙들을 설명했고 다른 한 사람은 실제적인 예시들을 보여주었다.

7. (b), 학생들은 뇌물을 받은 교수에게 에세이를 제출하기를 거부했다.

8. (b), 인문대학에 들어가기 위해서는 문학적 작문을 해야만 한다.

9. (c), 이 수업은 학생들이 다양한 장르의 문학을 비판적인 방식으로 읽도록 이끌어 준다.

10. (c), 나는 그 과목을 가까스로 통과했다.

11. You have to practice writing every day to be an original writer.

12. He changed his major after he wrote his doctoral dissertation.

13. I dropped the class because it was too demanding.

14. Movies focusing on same-sex themes are likely to provoke harsh criticism from conservative critics.

15. Please hand in your final essay to the department office.

DAY 53 Art

1. put on sweet music, 그녀는 나를 위해 달콤한 음악을 틀어 주었다. 그것은 내 어린 날들을 기억나게 해 주었다.

2. performed the traditional dance, 그녀의 남편이 드럼을 연주하는 동안 그녀는 전통무용을 공연했다. 그들의 완벽한 조화는 많은 승객들의 관심을 끌었다.

3. work on several paintings, 그는 아기들과 함께 있는 어머니들의 모습을 담은 그림 몇 점을 작업할 예정이다. 그는 모성애를 표현하는 데 관심을 가져 왔다.

4. molded the clay, 그녀는 찰흙을 빚어 소년의 모양으로 만들었다. 사실 그녀는 외아들을 비극적인 교통사고로 잃었다.

5. creates monumental sculptures, 그 예술가는 재활용 재료들과 버려진 전자제품들로 기념비적인 조각들을 창조한다.

6. (b), 그녀는 도예를 완성하기 위해 7년 이상 도자기를 구워 왔다.

7. (c), 그 전시회에는 예술 사진 작가에서부터 행위 예술가에 이르는 다양한 예술가들을 특집으로 한다.

8. (a), 그는 주로 서예에 쓰이는 한국 전통 붓을 유화에 사용했다.

9. (b), 왕은 자신의 동상을 주조하도록 명령했다.

10. (a).그 수업의 요구 사항 중에는 학급 앞에서 시를 한 편 암송하는 것도 포함되어 있다.

11. The statue of soldiers was cast in bronze, which was about 10 meters high.

12. Kahlo did some paintings of her own image. Each painting shows different aspects of her identity.

13. The teacher wanted his students to learn poetry by heart because he believed that literature makes people happy as well as stable.

14. More and more people choose to learn book crafts for hobby and practical purposes.

15. I'd rather use a roller than a brush to paint the wall.

DAY 54 Feelings

1. fueled the anger, 시는 낡은 빌딩들을 철거하는 계획을 밀어붙였고 이것은 주민들의 분노에 기름을 부었다.

2. feigned surprise, 소년은 크리스마스트리 밑에서 선물을 발견했을 때 놀란 척했다. 실은 지난밤 부모님께서 거기에 몰래 선물을 놓는 걸 봤다.

3. cried with happiness, 무죄가 선고되자 그녀는 기쁨의 눈물을 흘렸다. 그녀의 재판이 시작된 지 7년이 지났다.

4. was filled with hatred, 그는 조직범죄에 대한 분노로 가득했다. 하지만 그것에 대해 아무것도 할 수 없었다.

5. was tinged with sadness, 우리의 파티는 슬픔이 묻어 있었다. 우리는 우승을 차지했지만 팀원 중 두 명이 심각한 부상을 입었다.

6. (c), 나는 부유한 사람들을 시기하지는 않는다. 하지만 난 똑똑한 사람들이 정말 부럽다.

7. (a), 그녀는 축하객들 앞에서 노래를 해 달라는 요청을 받았을 때 당황스러워 얼굴이 빨개졌다.

8. (b), 사고에 대한 기억으로 그의 마음속에 혼자 있는 데 대한 깊은 두려움이 스며들었다.

9. (d), 대통령은 유명한 패션모델과 사랑에 빠졌다고 밝혔다. 사람들의 다음 관심은 그가 그녀와 결혼하느냐였다.

10. (d), 프랑스에서 영어가 광범위하게 펴져 사용되고 있다는 최근 사실에도 불구하고 프랑스 사람들은 그들의 국어인 불어에 대해 자부심을 가지고 있다.

11. She sought love from him, but all he gave her was pain and regrets.

12. The actress swelled with pride as she won the award of "Actress of the Year."

13. He was burning with hatred, but his voice was deep and slow.

14. The survivors of the disaster gathered together to overcome the fear of death.

15. The Danish cartoon depicting the Prophet Mohammad as a terrorist fueled widespread Muslim anger.

DAY 55 Interest and Concern

1. aroused my curiosity, 그의 불안한 행동이 내 호기심을 불러일으켰다.
2. increased awareness, 영토 분쟁으로 인해 두 나라 간에 그 문제에 관한 인식이 높아졌다.
3. widened its appeal, 그 웹사이트는 작년에 디자인과 레이아웃을 성공적으로 바꾼 덕분에 더욱 인기를 끌었다.
4. raising public concern, 조종사 노조는 정부 결정 이후에 총파업에 돌입할 것이다. 이로 인해 예상치 못한 교통 대란이 일어날까 대중들의 불안을 자아냈다.
5. take excessive care, 한 조사에 따르면, 십대들은 자신의 외모에 과도하게 신경을 쓰는 경향이 있다.
6. (c), 교사들은 학생들이 수업에 더 집중하도록 하는 경험의 부족에 대해 자주 고민한다.
7. (a), 아이들과 전쟁을 주제로 얘기 나눠 주신 관심과 노고에 감사드립니다.
8. (b), 공공복지 정책은 사회적 약자의 요구에 마땅한 관심을 기울여야 한다.
9. (c), 선생님의 단조로운 목소리는 나의 집중력을 잃게 만들었고 결국 잠에 빠지게 했다.
10. (a), 경기 호황을 기대하는 사람들은 돈을 주식에 투자하는 경향이 있다.
11. As young children watch TV, they show great interest in commercials.
12. Driving requires great concentration, especially when the weather is not in good condition.
13. Despite his desperate effort, he failed to meet everybody's expectations.
14. Traditional English classrooms attempted to heighten students' awareness on grammar and accurate use of English.
15. Young children usually pay attention to one thing at a time.

DAY 56 Values and Ideals

1. enjoy fame, 그 억만장자 가수는 돈이 필요하지도 않고 샌프란시스코에서 명예를 누리는 일에도 관심 없기 때문에, 레코드 가게에서 판매하려고 또 다른 앨범을 내는 일은 절대 없을 거라고 말했다.
2. have honor, 당신은 명예로운 채 부정직하게 행동할 수 있는가? 명예와 정직은 밀접하게 연관되어 있다는 사실을 기억해라.
3. betraying, ideal, 그 사람은 '영적으로' 말하자면 영적 순결에 대한 자신의 이상을 저버림으로써 형제회로부터 스스로를 제명시켰다.
4. bring great shame, 두 개의 스캔들 모두가 국가에 엄청난 치욕을 줄 것이며 정치와 경제적 영역에 도덕적 행동이 계속 부족했음을 상징적으로 보여주게 될 것이다.

5. (won, respect,) 그녀의 초기 작품에 대하여 비평가들은 그녀가 연기는 못했지만 점차 그들의 관심을 얻었다고 말했다.

6. (b), 그녀는 정말이지 각각의 모든 사람을 존중하는 것의 중요성을 모른다.

7. (c), 비록 성공적이지는 않지만 적어도 노력한다는 점에서 그를 인정해 주어라.

8. (c), 우리는 한국 시장이 회복될 것이라고 굳게 믿고 있다.

9. (d), 1968년 사회 정의를 원했던 세계의 젊은이들은 부당한 정치적 제한을 철폐하기 위해 노력했다.

10. (a), 한국 MP3 산업은 혁신적인 디자인과 사용자 친화적인 인터페이스라는 아이팟의 사례를 따를 필요는 없다.

11. The picture does not do her justice!

12. She simply broke every single promise she ever made me.

13. Set a good example for children rather than follow a bad one.

14. I have a belief in myself that I am a good English learner.

15. Those who have low self-confidence feel great shame at a little mistake.

DAY 57 Signs and Symbols

1. (unveiled the new logo,) 회사는 창립 기념일에 새로운 로고를 선보였다.

2. (left a big mark,) 나의 제일 좋은 셔츠에 빨간색 잉크 자국이 크게 남았는데 가장 가까운 화장실이 어디 있는지 모르겠네.

3. (took on human form,) 여신은 그 남자와 사랑에 빠졌다. 그녀는 그에게 접근하기 위해 인간의 형상을 취했다.

4. (sounded the warning,) 경찰은 국회의사당 앞의 시위자들에게 경보를 울렸다.

5. (wove a geometric pattern,) 그녀는 기하학적 문양을 점퍼에 바느질해 넣었다. 그건 거대한 귀갈이 보였다.

6. (a), 이집트에서는 많은 물건들이 쇠똥구리를 종교적 상징으로 표시한다. 그것은 태양 공을 굴리는 태양신을 표현한다.

7. (d), 사람들은 월드컵 축구팀이 지나갈 때 갖가지 색의 깃발을 흔들었다.

8. (d), 어떻게 드라큘라를 이길 수 있는지를 물었을 때, 그녀는 내게 십자가 표시를 해 보였다.

9. (a), 그 과학자 단체는 논쟁의 대상인 진화론을 흥미롭게 만드는 학술 연구를 공개했다.

10. (b), 해양경찰은 선박들에게 가까운 항구에 정박하라는 주의사항을 발부했다.

11. I like the skirt because it has a floral pattern on it.

12. He posted the notice reading "NO SMOKING" on the wall.

13. He is ready to make his mark at World Cup.

14. My doctor gave me a warning about the consequences of excessive exercising.

15. Each national flag displays the nation's own symbols.

DAY 58 Direction and Movement

1. delay, departure, 오전 6시 이전에는 그곳에 항공기 착륙이 허가되지 않아서 우리는 샌프란시스코에서 출발을 연기할 수밖에 없었다.
2. gather pace, 1940년대 말에 회복되기 시작해서 50년대에 서서히 속도가 붙기 시작했다.
3. taken the course, 구어 영어 강좌를 수강하여 필수 레벨을 취득한 학생들 또한 자격이 인정됩니다.
4. monitor the progress, 교육 위원회는 모든 학교의 진행 상황을 감독하여 비슷하게 엄격한 이행 수준을 유지하게 할 것이다.
5. made big advances, 낮은 인건비와 생산 기술의 향상으로 많은 아시아 국가들은 대단한 성장을 이룩했다.
6. (a), 잭의 가족은 두 아들이 돌아오기를 기다렸다.
7. (c), 여행 가이드가 그를 속이는 바람에 어느 지점에서 그는 길을 잃고 말았다.
8. (a), 장군은 총에 맞아 심한 부상을 입었으나 계속 진격해 나아갔다.
9. (a), 예상치 않았던 인플레이션은 시장이 방향을 잃게 했고 주식 투자자들은 불안해졌다.
10. (d), 남자는 길을 잃더라도 어느 길로 가야 할지 충고 받는 것을 좋아하지 않는다.
11. We also might not be facing in the right direction.
12. He suddenly turned off at the route 50 exit and began traveling north.
13. He covered the retreat of the Russian army successfully.
14. The teacher monitors his students' progress in learning and builds up a profile of each student.
15. Generally, high temperatures quicken the pace of a chemical reaction.

DAY 59 Danger

1. received a death-threat, 그 활동가는 최근 과격주의자들로부터 생명을 위협 받았으나 계속하여 운동을 조직해 나갔다.
2. offered a temporary emergency shelter, 홍수 피해자들에게 임시 긴급 대피소와 약간의 구호 물품이 제공되었다.
3. provides, the best protection, 이 자외선 차단 크림은 야외 활동시 피부 손상을 막아 주는 최고의 보호제입니다.
4. sounded the alarm, 보안 시스템의 경보가 울리자 은행 강도들은 도주를 시도했으나 경찰에 의해 체포되었다.
5. face the worst crisis, 인명 구조원들은 최악의 상황에서도 즉각적인 조치를 취할 수 있도록 훈련된

다. 그들은 프로로 인식된다.

6. (c), 정기적인 건물 보수 및 관리는 건물의 안전을 향상시켜 줍니다.

7. (b), 군비 확장 경쟁이 불러올 위험을 세계 모든 사람들은 잘 알고 있다.

8. (d), 그 끔찍한 비행기 참사에서 살아남은 사람이 있다면 기적일 것이라고 언론은 전했다.

9. (c), 지방 경찰청은 치명적인 자동차 사고를 방지하기 위해 길 곳곳에 과속방지턱을 설치했다.

10. (b), 당뇨병 환자는 음식에 많은 주의를 기울여야 한다. 특히, 당분이 많은 음식을 피할 필요가 있다.

11. A lot of accidents are caused by sleepy and drunken drivers.

12. We urge caution in the use of this life jacket in case of emergency.

13. Terrorism poses a serious threat to national security.

14. This equipment provides protection from potential hazards.

15. The government is considering the proposals to overcome the financial crisis of credit card companies.

DAY 60　Aid and Cooperation

1. follow the doctor's advice, 비용이 얼마가 든지 그 환자는 의사의 충고에 따르기로 결심했다.

2. brought, great comfort, 최근에 나는 막대한 재정 손실로 타격을 입고 힘들게 지냈다. 그러나 그녀의 격려는 그 모든 어려움 중에도 내게 커다란 위로가 되었다.

3. promote the cooperation, 회담의 목적은 양당 간의 협력을 증진시키고 다음 선거에서 막대한 지지를 이끌어 내는 데 있습니다.

4. needs assistance, 우리 형이 지난주에 수술을 했다. 아직도 움직일 때는 의사들의 도움이 필요하다.

5. receive little encouragement, 교사로부터 칭찬을 별로 듣지 못한 학생들은 성적이 좋지 않을 가능성이 높다.

6. (c), 한국과 일본은 2002 월드컵을 공동으로 개최하여 대단한 성공을 거두었다.

7. (b), 나보고 당신 편을 들어 달라 하지 마시오. 그런 얼토당토않은 요구로는 당신 친구들로부터 어떤 지지도 얻을 수 없을 것이오.

8. (b), 한 반전 단체가 주도하는 '정전(停戰)' 연합에서는 평화 관련 행사나 관련 쟁점에 관한 정보를 제공해 준다.

9. (c), 다음 웹사이트에서 이 노트북 컴퓨터를 유지하는 것에 관한 보다 자세한 지침을 제공해 줍니다.

10. (a), 언론 재벌의 정치인에 대한 뇌물사건을 폭로한 후, 그 신문은 재정적 도움을 줄 스폰서를 끌어 모으는 것이 어렵게 되었다.

11. The student association is collecting sponsors for next month's charity auction.

12. You should seek guidance from an expert on this matter before you jump to any conclusions.

13. My opinion received strong support from my colleagues.
14. He ignored his colleagues' advice, and then he made a mess of things.
15. Personality development of children requires long-term encouragement from their parents.

Days 31-60 Final Check-up

1. show, 어떤 사람들은 변호사에 대해 편견을 보인다. / 우리는 인종주의에 반대하는 국제적 단결을 보여 주기 위해 여기 모였습니다. / 그들은 분노를 자신들의 글로 보여준다.
2. hold, 그 나라는 임시 정부를 조직하기 위해 선거를 치를 것이다. / 라이온스가 축구 우승권자 타이틀을 가지고 있다. / 우리는 한국의 시장이 회복될 것이라는 강한 믿음을 가지고 있다.
3. keep, 매일 일기를 쓰는 것은 좋은 습관이다. / 우리는 그 지역에 평화를 유지하기 위해 군대를 보내야 한다. / 너는 약속을 지키는 편이 낫다.
4. took, 그의 골로 최종 점수가 3-2가 되었다. / 나는 지난 학기에 최대한의 과목을 들었다. / 그녀는 내게 그녀가 돌보는 모든 아이들의 사진을 보여주었다.
5. made, 그는 병원에 입원했을 때 내게 건강을 되찾겠노라고 약속했다. / 그 반전 운동은 보수 집단이라는 적을 만들었다. / 낮은 임금과 향상된 생산 기술 덕분에 많은 아시아 국가들이 큰 성장을 이룩했다.
6. (e), I couldn't make him understand the bottom line. He was a complete idiot when it came to accounting. (나는 그에게 재무 제표를 이해시킬 수 없었다. 그는 회계에 관한 한 완전히 바보였다.)
7. (b), I have to download the program. I cannot watch the video clip on my computer. (나는 그 프로그램을 다운로드해야 한다. 컴퓨터에서 비디오를 볼 수 없다.)
8. (a), Shy people are reluctant to express their opinion in public. However, some of them are really good at private communication. (부끄럼을 타는 사람들은 여러 사람 앞에서 자신의 의견을 말하는 것을 싫어한다. 하지만 그들 가운데 몇몇은 사적인 대화는 정말 잘 한다.)
9. (d), Not a few women have been working to stop the prevalent practice of family violence, but it is increasing year by year. (적지 않은 여성들이 만연하는 가정 폭력을 중지시키고자 일해 오고 있지만 그것은 해마다 증가하고 있다.)
10. (c), Lifeguards are trained to take immediate steps even when they face the worst crisis. They are considered professional. (인명 구조원들은 최악의 위기에 직면해서도 즉각적인 조치를 취할 수 있도록 훈련 받는다. 그들은 프로로 인식된다.)
11. promote the cooperation, 회담의 목적은 양당 간의 협력을 증진시키고 다음 선거에서 막대한 지지를 이끌어 내는 데 있습니다.
12. have honor, 너는 명예로우면서도 부정직하게 행동할 수 있겠어? 명예와 정직은 밀접히 연관되어

있다는 것을 명심해라.

13. prepare his doctoral dissertation, 그는 박사 과정 정규 학생이었다. 하지만 재정적 어려움 때문에 그는 박사 학위를 준비하면서 열차 노동자로 돈을 벌 수밖에 없었다.

14. inflict emotional pain, 당신의 이기적인 행동이 다른 사람의 감정에 상처를 줄 수도 있다는 것을 명심하세요.

15. gain independence, 결국 그는 부모님으로부터 독립하기 위해 집에서 나오는 수밖에 없었다.

16. He closed his account after his girlfriend got fired from the bank.

17. Only the intelligence source has the program to crack this code.

18. They formed an alliance against the Mafia, but the Mafia didn't care what they did at all.

19. His goal took the score to 3-2. The stadium was filled with excitement.

20. He changed his major after he wrote his doctoral dissertation.

Index

C

G

M

Q

R